Kälberer/Gölz-Kälberer
Werbungskosten von A bis Z

AF752924

Zusätzliche digitale Inhalte für Sie!

Dieses Buch bietet Ihnen mehr als nur eine gedruckte Version! Nutzen Sie die folgenden Möglichkeiten, die Ihnen für dieses Produkt in der NWB Datenbank zur Verfügung stehen.

Zusatz-Downloads

Weitere nützliche oder ergänzende Inhalte, wie z. B. Checklisten oder Kontenrahmen, stehen als Download zur Verfügung.

Online-Version

Sie haben das gedruckte Exemplar Ihres Buches nicht zur Hand oder möchten etwas schnell recherchieren? Dann nutzen Sie die Online-Version Ihres Buches. Diese steht Ihnen nach Eingabe des folgenden Freischaltcodes direkt zur Verfügung.

Schalten Sie sich Ihre digitalen Mehrwerte direkt frei:

Scannen Sie den QR-Code **oder** rufen Sie die Seite www.nwb.de auf.
Geben Sie den Freischaltcode ein und folgen Sie dem Anmeldedialog. Fertig!

Ihr Freischaltcode

BFCL-VUKZ-XYWD-KIJR-KDGB-LP

www.nwb.de

Werbungskosten von A bis Z

Praxisleitfaden für Steuerfachangestellte

Von
Prof. Dr. Daniel R. Kälberer LL. M.
Dipl.-Kffr. Beate Gölz-Kälberer

1. Auflage

nwb

ISBN 978-3-482-**68381**-7

1. Auflage 2025 - 1., unveränderter Nachdruck 2025

NWB Verlag GmbH & Co. KG
Eschstr. 22
44629 Herne
service@nwb.de

Satz: Reemers Publishing Services GmbH, Krefeld

Druck: mediaprint solutions, Paderborn

Um eine gute Lesbarkeit zu gewährleisten, verwenden wir in Fachtexten in der Regel geschlechtsspezifische Personenbezeichnungen. Selbstverständlich sind damit alle Menschen gleichermaßen gemeint.

VORWORT

„Es geht nicht darum, Grenzen zu verschieben, sondern ihnen den trennenden Charakter für die Menschen zu nehmen."

Richard von Weizsäcker (1920–2015), ehemaliger Bundespräsident

Werbungskosten gelten stiefmütterlich betrachtet als „Inspektorenmaterie", sind jedoch von größter praktischer Relevanz. Dies gilt umso mehr, da der sogenannte Steuer- und Abgabenkeil, d. h. die Belastung mit Lohnsteuer und Sozialversicherungsbeiträgen als Anteil der Arbeitskosten, in Deutschland für einen alleinstehenden Arbeitnehmer mit Durchschnittseinkommen bei 47,9 % liegt; im OECD-Durchschnitt beläuft sich dieser auf 34,8 % (OECD, Taxing Wages 2024, S. 16). Vor diesem Hintergrund sollen im Folgenden die Inhalte des Buches „Besteuerung der Einkünfte aus nichtselbstständiger Arbeit" der Autoren punktuell aufgegriffen, aktualisiert und mit Blick auf die Werbungskosten vertieft werden. Ein besonderes Augenmerk liegt dabei auf einer spezifischen Aufarbeitung der wichtigsten Regelungen, welche die gängige Rechtsprechung ebenso aufgreift wie die einschlägigen Verlautbarungen der Finanzverwaltung. Mit diesem Werbungskosten-Abc wird (angehenden) Steuerfachangestellten eine unmittelbare Arbeitshilfe an die Hand gegeben, die – unter gleichzeitiger Aufarbeitung des theoretischen Hintergrundwissens – eine sofortige Anwendung in der Praxis ermöglicht.

Die Autoren danken dem NWB Verlag, insbesondere Frau Alexandra Brundiers, für die gute Betreuung und Unterstützung des vorliegenden Werkes. Darüber hinaus möchten wir uns bei Frau Kordula Ziegelmann für die gute Zusammenarbeit im Rahmen unserer Autorentätigkeit für die Fachzeitschrift „Die Steuerfachangestellten" bedanken.

Hattenhofen, im April 2025

Prof. Dr. Daniel R. Kälberer LL. M.
Dipl.-Kffr. Beate Gölz-Kälberer

INHALTSVERZEICHNIS

ABBILDUNGSVERZEICHNIS

TABELLENVERZEICHNIS

ABKÜRZUNGSVERZEICHNIS

A	
Abb.	Abbildung
ABl EU	Amtsblatt der Europäischen Union
Abs.	Absatz
AEAO	Anwendungserlass zur Abgabenordnung
a. F.	alte Fassung
AfA	Abschreibung für Abnutzung
AG	Aktiengesellschaft
AI Act	Artificial Intelligence Act
AIG	Gesetz über steuerliche Maßnahmen bei Auslandsinvestitionen der deutschen Wirtschaft (Auslandsinvestitionsgesetz)
AktG	Aktiengesetz
Anm.	Anmerkung
Anm. d. Verf.	Anmerkung des Verfassers
AO	Abgabenordnung
Art.	Artikel
AStA	Allgemeiner Studierendenausschuss
AStG	Gesetz über die Besteuerung bei Auslandsbeziehungen (Außensteuergesetz)
Aufl.	Auflage
AUV	Verordnung über die Umzugskostenvergütung bei Auslandsumzügen (Auslandsumzugskostenverordnung)

B	
BBK	NWB Rechnungswesen (Zeitschrift)
BC	Zeitschrift für Bilanzierung, Rechnungswesen und Controlling (Zeitschrift)
BMF	Bundesministerium der Finanzen
BFH	Bundesfinanzhof
BFuP	Betriebswirtschaftliche Forschung und Praxis (Zeitschrift)
BGB	Bürgerliches Gesetzbuch
BGBl	Bundesgesetzblatt
B+P	Zeitschrift für Betrieb und Personal (Zeitschrift)
BRAO	Bundesrechtsanwaltsordnung
bspw.	beispielsweise
BStBl	Bundessteuerblatt
BT-Drucks.	Bundestagsdrucksache
Buchst.	Buchstabe
BUKG	Gesetz über die Umzugskostenvergütung für die Bundesbeamten, Richter im Bundesdienst und Soldaten (Bundesumzugskostengesetz)

BVerfG	Bundesverfassungsgericht
bzw.	beziehungsweise

C

CDU	Christlich Demokratische Union Deutschlands
CSU	Christlich-Soziale Union in Bayern

D

DB	Der Betrieb (Zeitschrift)
DBA	Doppelbesteuerungsabkommen
d. h.	das heißt
Doppelbuchst.	Doppelbuchstabe
DStJG	Deutsche Steuerjuristische Gesellschaft e.V.
DStR	Deutsches Steuerrecht (Zeitschrift)
DStRE	Deutsches Steuerrecht Entscheidungsdienst (Zeitschrift)
DStRK	Deutsches Steuerrecht kurzgefaßt (Zeitschrift)

E

Ed.	Edition
EFG	Entscheidungen der Finanzgerichte (Zeitschrift)
Erg.-Lfg.	Ergänzungslieferung
ELStAM	Elektronische Lohnsteuerabzugsmerkmale
ErbStG	Erbschaftsteuergesetz
EStDV	Einkommensteuer-Durchführungsverordnung
EStH	Einkommensteuer-Hinweise
EStR	Einkommensteuer-Richtlinien
etc.	et cetera
et al.	et alii (und andere)
EU	Europäische Union
EWR	Europäischer Wirtschaftsraum

F

f.	folgende
ff.	fortfolgende
FG	Finanzgericht
FinMin	Finanzministerium
FördG	Gesetz über Sonderabschreibungen und Abzugsbeträge im Fördergebiet (Fördergebietsgesetz)
FR	FinanzRundschau (Zeitschrift)

G	
GG	Grundgesetz
ggf.	gegebenenfalls
GmbH	Gesellschaft mit beschränkter Haftung

H	
H	Hinweis
HRG	Hochschulrahmengesetz
Hrsg.	Herausgeber

I	
i. d. F.	in der Fassung
i. H. des/der	in Höhe des / in Höhe der
i. H. von	in Höhe von
inkl.	inklusive
i. S. des/der	im Sinne des / im Sinne der
i. S. von	im Sinne von
IStR	Internationales Steuerrecht (Zeitschrift)
IT	Informationstechnologie
IuK	Informations- und Kommunikationstechnologie
i. V. mit	in Verbindung mit

K	
Kap.	Kapitel
Kfz	Kraftfahrzeug
KI	künstliche Intelligenz
km	Kilometer

L	
Lkw	Lastkraftwagen
LL. M.	Master of Laws
LStDV	Lohnsteuer-Durchführungsverordnung
LStH	Lohnsteuer-Hinweise
LStR	Lohnsteuer-Richtlinien

M	
MBA	Master of Business Administration
Mio.	Million
m. w. N.	mit weiteren Nennungen
MwStR	Mehrwertsteuerrecht (Zeitschrift)

N	
NJW	Neue Juristische Wochenschrift (Zeitschrift)
Nr.	Nummer
NVwZ	Neue Zeitschrift für Verwaltungsrecht (Zeitschrift)
NWB	NWB Steuer- und Wirtschaftsrecht (Zeitschrift)
NZG	Neue Zeitschrift für Gesellschaftsrecht (Zeitschrift)
O	
o. Ä.	oder Ähnliches
OECD	Organisation for Economic Co-operation and Development
OFD	Oberfinanzdirektion
OZG	Gesetz zur Verbesserung des Onlinezugangs zu Verwaltungsleistungen (Onlinezugangsgesetz)
P	
PC	Personal Computer
Pkw	Personenkraftwagen
R	
R	Richtlinie
RDW	Recht der Wirtschaft (Zeitschrift)
RET	Rethinking Tax (Zeitschrift)
Rz.	Randziffer
S	
SGB III	Drittes Buch Sozialgesetzbuch
SGB IV	Viertes Buch Sozialgesetzbuch
S.	Seite
s. o.	siehe oben
SPD	Sozialdemokratische Partei Deutschlands
SteuK	Steuerrecht kurzgefaßt (Zeitschrift)
SteuerStud	Steuer und Studium (Zeitschrift)
StuB	Unternehmensteuern und Bilanzen (Zeitschrift)
StuW	Steuer und Wirtschaft (Zeitschrift)
s. u.	siehe unten
T	
Tab.	Tabelle

U

u. a.	unter anderem
UWG	Gesetz gegen den unlauteren Wettbewerb

V

v.	vom
vgl.	vergleiche
VZ	Veranlagungszeitraum

Z

z. B.	zum Beispiel
ZfbF	Schmalenbachs Zeitschrift für betriebswirtschaftliche Forschung (Zeitschrift)
ZUR	Zeitschrift für Umweltrecht (Zeitschrift)
zzgl.	zuzüglich

1 Paradigmenwechsel im Steuerrecht

1.1 Das Steuerrecht im Zeichen der Zeit

Ökonomische Verwerfungen, gesellschaftliche Dynamiken und eine zunehmende Digitalisierung prägen unsere Zeit. Als im 16. Jahrhundert der Buchdruck den Weg zur Reformation ebnete oder die Erfindung der Dampfmaschine die industrielle Revolution einläutete, war dies mit einer Zeitenwende verbunden; dieser Umbruch vollzieht sich nun erneut.[1] Kern dieser **Transformation** ist ein integrativer Aushandlungsprozess, der ein enges Abstimmungsverhalten zwischen kulturellen, ökonomischen und wissenschaftlichen Herangehensweisen sowie sozialen Beziehungen erforderlich macht. Aus diesem iterativen und nicht zuletzt kommunikativen Prozess ergeben sich immer neue Herausforderungen, „in denen (sich) Gesellschaften oder gesellschaftliche Teilsysteme [...] irgendwie zurechtfinden müssen".[2] Denn auch wenn sich Veränderungen zumeist kontinuierlich abzeichnen, sprechen wir doch bereits von der „dritten industriellen Revolution" oder dem „zweiten Maschinenzeitalter".[3] Scheinbar unaufhaltsam durchdringen algorithmenbasierte Systeme sämtliche Bereiche unseres Lebens und vollziehen „eine technologisch-ökonomisch-gesellschaftliche Transformation von unvorhersehbarem Ausmaß".[4]

Versteht man die Digitalisierung als „strategisch orientierte Transformation von Prozessen, Produkten, Dienstleistungen bis hin zur Transformation von kompletten Geschäftsmodellen unter Nutzung moderner Informations- und Kommunikationstechnologien (IuK) mit dem Ziel, nachhaltige Wertschöpfung effektiv und effizient zu gewährleisten"[5], lässt sich an etablierten Praktiken nicht mehr festhalten.[6] Im **Spannungsverhältnis** von (individuellen) Beharrungskräften und langfristigem Wandel muss vielmehr stets neu darüber verhandelt werden, was Technologie leisten kann, welche gesellschaftlichen Ansprüche bestehen und inwieweit ein gemeinsamer Nenner gefunden werden kann.[7]

In diesen Kontext reiht sich auch der sogenannte **Artificial Intelligence Act** (AI Act). Denn angesichts zunehmender gesetzlicher Anforderungen wird sich in Zukunft ohne Technologieeinsatz (wohl) keine Compliance-stabile Steuerfunktion aufrechterhalten lassen. Hinzu treten gesellschaftspolitische Fragestellungen, z. B. bezüglich Nachhaltig-

1 Vgl. Kälberer, BC 2021 S. 417 f.
2 Vgl. Friesike/Sprondel, Träge Transformation, 2022, S. 8 und 12 (direktes Zitat auf S. 8).
3 Vgl. Breidenbach/Glatz, beck.digitax 2020 S. 18; Friesike/Sprondel, Träge Transformation, 2022, S. 17; Kälberer, BC 2021 S. 417 f.
4 Vgl. Salzborn, ZUR 2021 S. 513 (auch direktes Zitat).
5 Becker/Pflaum in Becker et al. (Hrsg.), Geschäftsmodelle in der digitalen Welt, 2019, S. 9.
6 Vgl. Brüheim/Lindyuk/Totzek, beck.digitax 2022 S. 192; Friesike/Sprondel, Träge Transformation, 2022, S. 9.
7 Vgl. Forêt/Groß/Schirrmeister, ZUR 2023 S. 187, Friesike/Sprondel, Träge Transformation, 2022, S. 9.

keit, Transparenz und (IT-)Sicherheit, wie sie zugleich im AI Act aufgegriffen werden. Mit diesem **präventiven Verbotsgesetz** soll der Einsatz von künstlicher Intelligenz (KI) in verschiedenen Anwendungsszenarien verboten bzw. von technischen, organisatorischen und rechtlichen Anforderungen abhängig gemacht werden.[8] Zweck des AI Acts ist es also, „das Funktionieren des Binnenmarkts zu verbessern und die Einführung einer auf den Menschen ausgerichteten und vertrauenswürdigen künstlichen Intelligenz (KI) zu fördern und gleichzeitig ein hohes Schutzniveau in Bezug auf Gesundheit, Sicherheit und die in der Charta verankerten Grundrechte, einschließlich Demokratie, Rechtsstaatlichkeit und Umweltschutz, vor schädlichen Auswirkungen von KI-Systemen in der Union zu gewährleisten und die Innovation zu unterstützen" (Art. 1 Abs. 1 AI Act).[9]

Sucht man nun nach dem Idealbild eines „rationalen Gesetzgebers, der wohlgeordnetes, praktikables und widerspruchsfreies Recht setzt", vermag man dieses – gerade im Steuerrecht – häufig nicht zu erkennen.[10] Denn gerade in Krisenzeiten versucht die Gesetzgebung durch Be- und Entlastungen **situative Antworten** auf aktuelle Herausforderungen zu finden. Als Herrschaft auf Zeit wird dem Regelungswillen des Gesetzgebers ein struktureller Mangel an Langzeitverantwortung nachgesagt, der angesichts einzelproblemorientierter Erfordernisse eine Maßnahmengesetzgebung betreibt.[11] So konstatierte bereits Kirchhof: „Der Regelungsbedarf scheint detaillierte und kurzfristige Antworten zu veranlassen. Der Regelungswille des Gesetzgebers ist durch die befristete Legislaturperiode bestimmt."[12] Gemeint ist ein **politisches Kurzzeitgedächtnis,** das zu einem sogenannten Aktions- bzw. Reaktionsrecht verleitet und als Ausgangsbefund der Steuergesetzgebung angesehen werden kann.[13]

Corona-Pandemie, Energieengpässe, Inflation und **verschlechterte Konjunkturaussichten** prägten zuletzt die Steuerpolitik des Gesetzgebers. Vor diesem Hintergrund wurden mit dem Steuerentlastungsgesetz 2022 vom 23.5.2022[14] (BGBl 2022 I S. 749) nicht nur der Grundfreibetrag und der Arbeitnehmer-Pauschbetrag rückwirkend angehoben, sondern auch eine einmalige Energiepreispauschale i. H. von 300 € in das Einkommensteuergesetz aufgenommen. Letztere sollte die geoökonomischen Verwerfungen auf den

---

8 Vgl. hierzu Kälberer, RET 2024 S. 66 f. m. w. N.

9 Verordnung (EU) 2024/1689 des Europäischen Parlaments und des Rates vom 13. Juni 2024, ABl EU L v. 12.7.2024.

10 Vgl. Drüen, StuW 2023 S. 43 (auch direktes Zitat). Nach der Rechtsprechung des BVerfG werden Fragen zur „Systematisierung und Katalogbildung aufgrund bestehender Gesetze" nicht als Verfassungsfragen verstanden, vgl. BVerfG, Beschluss v. 7.11.1995 - 2 BvR 413/88 u. a., NVwZ 1996 S. 471 (auch direktes Zitat).

11 Vgl. Drüen, StuW 2023 S. 45.

12 Kirchhof, NJW 1987 S. 3218.

13 Vgl. Drüen, StuW 2023 S. 45.

14 Vgl. hierzu bspw. Bergan, DStR 2022 S. 1017; Hörster, NWB 22/2022 S. 1542; Seifert, StuB 13/2022 S. 510.

Energie- und Rohstoffmärkten abfedern und sozial schwache Bevölkerungsgruppen entlasten.[15] Auch das Vierte Corona-Steuerhilfegesetz vom 19.6.2022[16] (BGBl 2022 I S. 911), das Wachstumschancengesetz vom 27.3.2024[17] (BGBl 2024 I Nr. 108) oder das Steuerfortentwicklungsgesetz vom 23.12.2024[18] (BGBl 2024 I Nr. 449) sind in diesem Kontext zu nennen.[19]

Im Ergebnis ist das Steuerrecht tief **in die marktwirtschaftliche Ordnung eingebettet** und erfährt durch technologische Innovationen, geänderte Lebensweisen, zunehmende Mobilität sowie neue Geschäfts- bzw. Verbraucheranforderungen einen strukturellen Wandel.[20] Prägendes Element sind dabei die Modalitäten des Wirtschaftens, die den Rahmen für das Steuerrecht vorgeben. Ändern sich diese, muss letztlich über Anpassungen im Steuersystem nachgedacht werden.[21]

Vor diesem Hintergrund ist der Steuergesetzgeber angehalten, sowohl technische als auch wirtschaftliche und gesellschaftliche Veränderungen in seinen Betrachtungshorizont miteinzubeziehen.[22] Man mag deshalb auch von der **„Zeitlichkeit" des Steuerrechts** sprechen, in der Fiskalerfordernisse, Verteilungsgerechtigkeit und die „Steuerpolitik als unternehmerischer Wachstumsmotor" in Einklang zu bringen sind.[23]

Und so durchdringen algorithmenbasierte Systeme scheinbar unaufhaltsam sämtliche Bereiche unseres Lebens und bewirken eine **grundlegende Veränderung betrieblicher Wertschöpfung.** Dieser Wandel stellt damit nicht nur das bestehende Steuersystem vor große Herausforderungen, sondern erfasst zugleich das gesamte steuerberatende Berufsumfeld, die Gerichtsbarkeit sowie die Finanzverwaltung.[24] „ELSTER, LAVENDEL, GINSTER, BIENE, ELFE, DIVA oder NACHDIGAL sind (schließlich) keine Tiere oder Pflanzen, sondern Abkürzungen für digitale Projekte der Finanzverwaltung."[25]

---

15 Vgl. Bergan, DStR 2022 S. 1233; Kälberer, Die Steuerfachangestellten 9/2022 S. 13.

16 Dazu in einem Überblick: Bolik/Nonnenmacher, StuB 13/2022 S. 481; Hörster, NWB 26/2022 S. 1832; Kälberer, Die Steuerfachangestellten 10/2022 S. 2.

17 Vgl. hierzu mithin Happe, BBK 8/2024 S. 348.

18 Vgl. Hechtner, NWB 1/2025 S. 1.

19 Vgl. hierzu bspw. Bergan, DStR 2022 S. 1233; Füssenich, NJW 2022 S. 2524; Kälberer, Die Steuerfachangestellten 10/2022 S. 2.

20 Vgl. Hoebbel/Regendantz/Stender, beck.digitax 2021 S. 22; Kälberer/Gölz-Kälberer, Besteuerung der Einkünfte aus nichtselbstständiger Arbeit, 2021, S. 8; Niemann/Schreiber, ZfbF 2020 S. 2.

21 Vgl. Drüen in Hey (Hrsg.), Digitalisierung im Steuerrecht, DStJG 2019 S. 1.

22 Vgl. Schön, StuW 2018 S. 214.

23 Vgl. Endres/Spengel in Gosch/Schnitger/Schön (Hrsg.), Festschrift für Jürgen Lüdicke, 2019, S. 126 (auch direktes Zitat); Schön, StuW 2018 S. 214. Vgl. auch Kälberer/Gölz-Kälberer, Besteuerung der Einkünfte aus nichtselbstständiger Arbeit, 2021, S. 8.

24 Vgl. Kälberer, Die Steuerfachangestellten 5/2023 S. 6.

25 Mellinghoff, RET 2022 S. 42.

Vor diesem Hintergrund lässt sich nicht mehr an etablierten Praktiken festhalten – im Dreiklang von Prozessen, Technologie und Organisation reicht es nicht mehr aus, lediglich digitale Technologien zu implementieren. Digitale Transformation besteht vielmehr aus einem **zusammenhängenden Prozess,** der ein tiefgreifendes Verständnis von relevanten Mechanismen, Problemen und Chancen erforderlich macht.[26]

Basierend auf großen Datenmengen und zumeist strukturierten Prozessen scheint das Besteuerungsverfahren geradezu prädestiniert für den Einsatz von **künstlicher Intelligenz** zu sein.[27] Beispiele hierzu liefern virtuelle Dialog-Assistenten wie der in Österreich seit August 2019 zum Einsatz kommende Chatbot „Fred", der die Steuerpflichtigen bei Zweifelsfragen zur Abgabe der Steuererklärung unterstützt.[28] Auch die KI-basierte Steuerung des Anmelde- und Steuerzahlungsverhaltens wäre denkbar, um die Erfüllung steuerlicher Pflichten effizienter und kostengünstiger zu gestalten.

Zu Recht wird deshalb nicht nur die Digitalisierung des Besteuerungsverfahrens gefordert, sondern auch die Schaffung **digitaler Kommunikations**- und **Datenaustauschmöglichkeiten** für eine standardisierte Kommunikation mit der Finanzverwaltung. So gibt es zwar seit einigen Jahren die elektronische Steuererklärung, die E-Bilanz und die elektronischen Lohnsteuerabzugsmerkmale (ELStAM)[29], doch sind wir noch weit von einem digitaltauglichen Prozess entfernt, der die Steuererklärung, die Übermittlung von Steuerbescheiden und die (Betriebs-)Prüfung in Gänze erfasst.[30]

„Um die Digitalisierung des Besteuerungsverfahrens auch bei der Bekanntgabe von Steuerbescheiden und anderen Steuerverwaltungsakten voranzubringen und den Bürokratieaufwand durch die postalische Bekanntgabe von Steuerverwaltungsakten nachhaltig zu verringern", wurde mit dem Vierten Bürokratieentlastungsgesetz vom 23.10.2024 (BGBl 2024 I Nr. 323) der Regelungsbereich des § 122a AO – in Anlehnung an die entsprechende Regelung in § 9 des Onlinezugangsgesetzes (OZG) – grundlegend modernisiert. So soll laut Gesetzesbegründung von der Möglichkeit zur Bekanntgabe eines Steuerverwaltungsakts durch Bereitstellung zum Datenabruf „insbesondere dann Gebrauch gemacht werden, wenn der Steuerbescheid, der Steuermessbescheid oder der Feststellungsbescheid auf einer im Verfahren ELSTER oder einem anderen sicheren Verfahren nach § 87a Absatz 6 AO elektronisch übermittelten Steuer- oder Feststellungserklärung beruht".[31] Damit wird die **digitale Bekanntgabe**

26 Vgl. Kälberer, Die Steuerfachangestellten 5/2023 S. 6.

27 Vgl. Wünnemann/Koller/Fochmann, DStR 2025 S. 8, sowie grundlegend zur Digitalisierung im Steuerrecht: Egner/Gries, BFuP 5/2024 S. 529.

28 Vgl. Drummler, beck.digitax 2024 S. 257.

29 Beachte dazu BMF, Schreiben v. 13.12.2024 - IV C 5 - S 2363/19/10007 :004, BStBl 2025 I S. 64 NWB QAAAJ-81962.

30 Vgl. Wünnemann/Koller/Fochmann, DStR 2025 S. 8.

31 BT-Drucks. 20/13015 S. 101.

von Steuerbescheiden ab 1.1.2026 zum Regelfall und ein bloßer „PDF-Bescheid" wird nicht mehr ausreichen.[32]

Dennoch hinkt das Steuerrecht dem technischen Fortschritt hinterher.[33] Denn gemessen an der nahezu vollständigen Umgestaltung des Steuer- und Finanzsystems durch die „Erzbergerschen Steuer- und Finanzreformen" 1919/20, verliefen die **Steuerreformprozesse** in Deutschland bisweilen recht **moderat.**[34] Dabei wurde das Steuer- und Finanzsystem zwar an die wirtschaftlichen und gesellschaftlichen Veränderungen angepasst, die Grundstrukturen blieben indes bestehen.

Die Anforderungen an einen **zeitgenössischen Steuer- und Wohlfahrtsstaat** sind allerdings nicht nur vielfältig, sondern auch konfliktträchtig.[35] Die Steuererhebung hat nämlich den materiellen Steueranspruch gegenüber jedem Steuerpflichtigen möglichst wirksam durchzusetzen. Einkommensteuerpflichtige Personen sollen also mit ihrem jeweiligen Einkommen zur Finanzierung der gesellschaftlichen Aufgaben beitragen.[36] „Dementsprechend ist die Einkommensteuer in ihrer Ausgestaltung als Jahressteuer und in ihrer kontinuierlichen Erhebung auch auf eine Belastungsgleichheit in der Zeit angelegt."[37]

Im Ergebnis sieht man sich – nicht zuletzt im Steuerrecht – mit einem zusammenhängenden Prozess konfrontiert, der von Missverständnissen geprägt und durch individuelle Hürden, Ideologien sowie kulturelle Unterschiede beeinflusst wird.[38] Der technologische Wandel verändert dabei den Blick auf die **nationale** und **internationale Besteuerung.** Dies betrifft nicht zuletzt die Aufteilung der Besteuerungsrechte, wenn wirtschaftliche Aktivitäten immer häufiger ohne physische Präsenz erbracht werden.[39]

Die zunehmende Transformation der Wirtschaft bringt letztlich **traditionelle Besteuerungskonzepte an ihre Grenzen.**[40] Damit rücken insbesondere Gewinne und Investitionen in den Fokus der (internationalen) Steuerpolitik; weniger mobil sind hingegen das Arbeitseinkommen und der Konsum. Angesichts dessen werden Steuern, die mit dem Aufenthaltsort und der wirtschaftlichen Tätigkeit natürlicher Personen verbunden sind,

32 Vgl. Wünnemann/Koller/Fochmann, DStR 2025 S. 8.

33 Vgl. Kofler/Mayr/Schlager, RdW 2017 S. 369.

34 Vgl. Bach, StuW 2019 S. 106.

35 Vgl. Bach, StuW 2019 S. 116.

36 Vgl. BVerfG, Beschluss v. 10.4.1997 - 2 BvL 77/92 NWB LAAAA-95911.

37 BVerfG, Beschluss v. 10.4.1997 - 2 BvL 77/92 NWB LAAAA-95911, und dazu auch Kälberer/Gölz-Kälberer, Besteuerung der Einkünfte aus nichtselbstständiger Arbeit, 2021, S. 11.

38 Vgl. Forêt/Groß/Schirrmeister, ZUR 2023 S. 187; Friesike/Sprondel, Träge Transformation, 2022, S. 17.

39 Vgl. Burger/Kälberer, IStR 2020 S. 412; Junkers, IStR 2019 S. 850; Lübbehüsen/Kahle in Lübbehüsen/Kahle (Hrsg.), Brennpunkte der Besteuerung von Betriebsstätten, 2. Aufl. 2019, S. 69, Rz. 1.17; Niemann/Schreiber, ZfbF 2020 S. 1; Reusch/Jüngling, beck.digitax 2020 S. 6; Schurowski, StuW 2021 S. 62.

40 Vgl. Reusch/Jüngling, beck.digitax 2020 S. 6; Winterhalter/Nickler, beck.digitax 2020 S. 49.

wesentlicher Bestandteil des Steuerrechts bleiben.[41] Gleichzeitig wird versucht, anhand des automatischen Austauschs von Finanzinformationen eine größtmögliche **Steuertransparenz** zu erreichen und darüber hinaus die grenzüberschreitende Zusammenarbeit der Finanzverwaltungen zu intensivieren.[42]

1.2 Arbeitnehmerbesteuerung, Werbungskosten und Steuergerechtigkeit

Mit der Erhebung von Steuern verfolgt der Staat in erster Linie das Ziel der **Einnahmenerzielung.**[43] Denn ausreichende Steuereinnahmen sind Grundbedingung der staatlichen Handlungsfähigkeit.[44] Das Steuerrecht dient insoweit „der Finanzierung der gesellschaftlichen Aufgaben",[45] als es „an wirtschaftlich-relevante und vom Gesetzgeber als besteuerungswürdig ausgewählte Lebenssachverhalte"[46] anknüpft; daneben ist es aber „auch ein Instrument der Verhaltenslenkung und der Wirtschaftspolitik".[47] Vor diesem Hintergrund beansprucht die Finanzierung des Staates „Finanzmittel, die vorhanden sind oder sein sollen, die aber je nach den rechtlichen Vorstellungen über Staat, Wirtschaft und Gesellschaft definiert werden".[48] Die Besteuerung kann deshalb auch als „ein direkter Eingriff in die (wirtschaftliche) Tätigkeit des [E]inzelnen (sowie in den Geld- und Güterkreislauf einer Volkswirtschaft)" verstanden werden.[49]

Steuern entfalten neben der **Belastungswirkung** stets auch eine **Gestaltungswirkung:**[50] „Die wirtschaftspolitische Relevanz des Steuerrechts geht damit weit über das klassische Verständnis steuerrechtlicher Lenkung durch Lenkungsteuern und Steuervergünstigungen hinaus".[51] Die Einflussnahme von Steuern auf **gesamtwirtschaftliche Prozesse**

41 Vgl. Niemann/Schreiber, ZfbF 2020 S. 1 und 4.

42 Vgl. Schurowski, StuW 2021 S. 62. Ausführlich zu den Prämissen der Datensammlung, des Informationsaustauschs und der Publizität im Steuerrecht: Kälberer, Kontroll- und Verifikationsmöglichkeiten der Finanzverwaltung im Zeichen der Digitalisierung, 2025, S. 1ff.

43 Vgl. Kälberer, Steuerliche Förderung der Energieeffizienz in Deutschland, 2019, S. 1; Kälberer, StuW 2020 S. 91; jeweils m. w. N.

44 Vgl. Woitok, StuW 2021 S. 17.

45 Weber-Grellet, DStR 2018 S. 1399.

46 Drüen in Hey (Hrsg.), Digitalisierung im Steuerrecht, DStJG 2019 S. 1.

47 Weber-Grellet, DStR 2018 S. 1400.

48 Vgl. Kirchhof, StuW 2017 S. 3 (auch direktes Zitat).

49 Recktenwald in Recktenwald (Hrsg.), Finanztheorie, 2. Aufl. 1970, S. 363.

50 Vgl. Birk, Das Leistungsfähigkeitsprinzip als Maßstab der Steuernormen, 1983, S. 68; Hey in Sieker (Hrsg.), Steuerrecht und Wirtschaftspolitik, DStJG 2016 S. 13.

51 Hey in Sieker (Hrsg.), Steuerrecht und Wirtschaftspolitik, DStJG 2016 S. 13, mit Verweis auf Birk, Das Leistungsfähigkeitsprinzip als Maßstab der Steuernormen, 1983, S. 1ff. Vgl. auch Weber-Grellet, NJW 2001 S. 3657.

ist insofern allseits verbreitet; das lenkende Steuerrecht ist unlängst Normalität.[52] So greift eine jede Steuer „irgendwie in das freie Spiel der wirtschaftlichen Kräfte ein", sodass eine völlig wettbewerbsneutral ausgestaltete Steuer weder existiert noch an sich denkbar wäre.[53]

In diesem Sinne enthält eine Steuer auch stets elementare Bestandteile des Wirtschaftsverwaltungsrechts;[54] das Steuerrecht ist **doppelfunktional.**[55] Wird nach der Wirkungsweise der Steuer gefragt, so erkennt man im reinen Geldentzug eine Belastungswirkung sowie im mikro- und makroökonomischen Zusammenhang eine Gestaltungswirkung.[56] Belegt der Steuergesetzgeber die Belastungswirkung nun mit einem bestimmten Verteilungszweck, spricht man auch vom **Lastenausteilungszweck** der Steuer; wird dagegen die Gestaltungswirkung der Steuer für politische Ordnungsziele eingesetzt, ist vom **Lenkungszweck** die Rede.[57]

Beide Zwecke sind grundsätzlich voneinander zu trennen; im Verteilungs- und im Lenkungszweck kommen die gesetzgeberischen Wertungsabsichten in unterschiedlicher Weise zum Ausdruck.[58] Es verwundert deshalb nicht, dass die Besteuerung ganz unterschiedliche Effekte hervorrufen kann, die nicht nur wirtschaftliche und fiskalische Folgen haben können, sondern auch sozialer oder politischer Natur sein können.[59] Vor diesem Hintergrund ist der Finanzmittelbedarf des Staates mit Fragen der **Verteilungsgerechtigkeit** und der **Wirtschaftspolitik** in Einklang zu bringen:[60]

- **Fiskalzwecknormen** haben die Funktion, den öffentlichen Finanzierungsbedarf des Gemeinwesens durch Verteilung der Gesamtsteuerlast auf die jeweiligen Steuersubjekte zu decken.[61] In der Sprache des § 3 Abs. 1 AO dienen Steuern einem öffentlich-rechtlichen Gemeinwesen zur Erzielung von Einnahmen und werden allen auferlegt, bei denen der Tatbestand zutrifft, an den das Gesetz die Leistungspflicht knüpft.[62]

---

52 Vgl. Birk, Das Leistungsfähigkeitsprinzip als Maßstab der Steuernormen, 1983, S. 3; Fischer in Cagianut/Vallender (Hrsg.), Steuerrecht – Ausgewählte Probleme am Ende des 20. Jahrhunderts, 1995, S. 30 f.; Hey in Sieker (Hrsg.), Steuerrecht und Wirtschaftspolitik, DStJG 2016 S. 12; Weber-Grellet, DStR 2018 S. 1400.

53 Vgl. BVerfG, Urteil v. 20.12.1966 - 1 BvR 320/57, 1 BvR 70/63, NJW 1967 S. 148 (auch direktes Zitat).

54 Vgl. Kirchhof, StuW 1984 S. 299; Weber-Grellet, NJW 2001 S. 3657.

55 Vgl. Weber-Grellet, NJW 2001 S. 3657; Weber-Grellet, DStR 2018 S. 1400. Vgl. auch Birk, Das Leistungsfähigkeitsprinzip als Maßstab der Steuernormen 1983, S. 68 ff. und S. 76 ff.

56 Vgl. Birk, Das Leistungsfähigkeitsprinzip als Maßstab der Steuernormen, 1983, S. 68.

57 Vgl. Birk, Das Leistungsfähigkeitsprinzip als Maßstab der Steuernormen, 1983, S. 69; Rodi in Dünkel et al. (Hrsg.), Strafrecht, Wirtschaftsstrafrecht, Steuerrecht, 2018, S. 741.

58 Vgl. Birk, Das Leistungsfähigkeitsprinzip als Maßstab der Steuernormen, 1983, S. 69.

59 Vgl. Recktenwald in Recktenwald (Hrsg.), Finanztheorie, 2. Aufl. 1970, S. 363.

60 Vgl. Endres/Spengel in Gosch/Schnitger/Schön (Hrsg.), Festschrift für Jürgen Lüdicke, 2019, S. 126.

61 Vgl. Tipke, Die Steuerrechtsordnung, Band 1, 2. Aufl. 2000, S. 77.

62 Vgl. auch Kälberer, Steuerliche Förderung der Energieeffizienz in Deutschland, 2019, S. 1; Kälberer, StuW 2020 S. 91, jeweils m. w. N., sowie Kälberer/Gölz-Kälberer, Besteuerung der Einkünfte aus nichtselbstständiger Arbeit, 2021, S. 12.

- **Vereinfachungszwecknormen** sollen mittels Typisierungen, Pauschalierungen, Freibeträgen oder auch Freigrenzen eine Erleichterung der Steuerrechtsanwendung bewirken. Insbesondere im „Massenbetrieb" der Besteuerung sollen Vereinfachungszwecknormen die Praktikabilität des Gesetzes wahren, was aber mit Ungleichheit einhergehen kann.[63]
- **Sozialzwecksteuern** treffen keine Steuerwürdigkeitsentscheidungen, sondern dienen im weitesten Sinne gesellschaftspolitischen Zielen, indem sie das Verhalten der Steuerpflichtigen durch gezielte Steuerentlastung oder Steuerbelastung beeinflussen.[64]

Abb. 1: Gesellschaftspolitische Zielsetzungen von Sozialzwecknormen

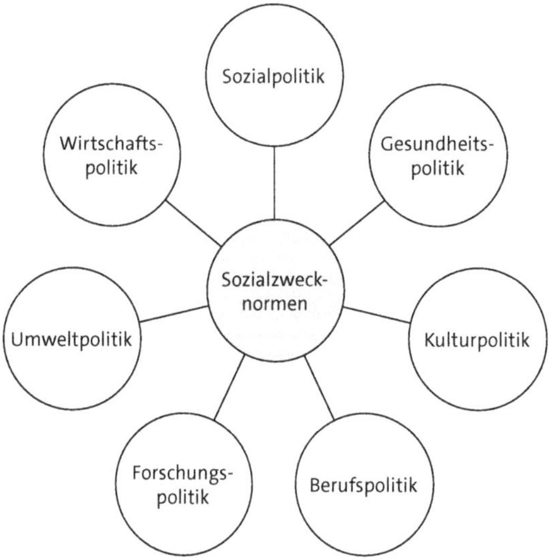

Angesichts seiner jede Lebenslage erfassenden Breitenwirkung scheint das Steuerrecht zuvorderst als parteipolitisches Vehikel für **„Stimmenfangpolitik"** prädestiniert zu sein.[65] Indem Steuerentlastungen aber mit unsystematischen Gegenfinanzierungsmaßnahmen erkauft und Gruppeninteressen zugunsten der Belastung einer anderen Gruppe erzielt werden, werden nicht nur die Grundprinzipien der Besteuerung (Nettoprinzip, Verlustverrechnung) missachtet, sondern auch das Gemeinwohl gefährdet.

63 Vgl. Hey in Tipke/Lang (Hrsg.), Steuerrecht, 25. Aufl. 2024, S. 84, Rz. 3.23; Tipke, Die Steuerrechtsordnung, Band 1, 2. Aufl. 2000, S. 80.

64 Vgl. Kälberer, Steuerliche Förderung der Energieeffizienz in Deutschland, 2019, S. 1; Kälberer, StuW 2020 S. 94.

65 Vgl. Hey in Tipke/Lang (Hrsg.), Steuerrecht, 25. Aufl. 2024, S. 77, Rz. 3.1.

Auch die seit Jahren anhaltenden punktuellen Bemühungen der Krisenbewältigung haben weniger zu einer Systemhaftigkeit des Steuerrechts beigetragen.[66] Folge dieser Unordnung „ist nicht nur Steuerunrecht, sondern auch erhebliche Steuerunsicherheit. Die institutionelle Unsicherheit der Besteuerung erzeugt Planungsunsicherheit und vermittelt dem Steuerzahler das Gefühl, Besteuerung lasse sich beliebig manipulieren."[67]

Fehlende Besteuerungsmoral schlägt sich in geringer Steuermoral nieder.[68] Nur „wer das Recht entwirrt, den Menschen seiner Privilegien entwöhnt, das Geheimnis eines Rechts in Zahlen entzaubert, gibt dem Recht seinen Auftrag zurück, Frieden zu wahren, Freiheit zu fördern, die Gesellschaft zu einen. Wer hingegen die Verteilungsfrage entparlamentarisiert, entmündigt den Wähler."[69] Folglich sind das **Verhältnismäßigkeitsprinzip** und der **Gesetzesvorbehalt** für das Steuerrecht erdacht worden und müssen dort auch ihre Wirkung entfalten.[70]

Entsprechendes gilt für das sogenannte Nettoprinzip, welches für den Einkommensteuerbegriff die maßgebliche wirtschaftliche Leistungsfähigkeit des Steuerpflichtigen erfassen soll. Zu unterscheiden sind das objektive und das subjektive Nettoprinzip:[71]

- Das **objektive Nettoprinzip** bestimmt, dass nur die Differenz aus den Erwerbseinnahmen und den betrieblichen bzw. beruflichen Erwerbsaufwendungen der Einkommensbesteuerung zugrunde gelegt werden soll.[72]
- Das **subjektive Nettoprinzip** stellt sicher, dass auch nicht erwerbsbezogene (private) existenzsichernde Aufwendungen steuerlich berücksichtigt werden. Insoweit sind Sonderausgaben (§§ 10 ff. EStG), der Familienleistungsausgleich (§ 31 EStG) oder die außergewöhnlichen Belastungen des Steuerpflichtigen gemäß §§ 33 ff. EStG zum Abzug zu bringen.[73] Auch die steuerliche Verschonung des Existenzminimums des Steuerpflichtigen und dessen unterhaltsberechtigter Familie fällt hierunter.[74]

66 Vgl. Hey in Tipke/Lang (Hrsg.), Steuerrecht, 25. Aufl. 2024, S. 76 f., Rz. 3.1.

67 Hey in Tipke/Lang (Hrsg.), Steuerrecht, 25. Aufl. 2024, S. 77, Rz. 3.2.

68 Vgl. Hey in Tipke/Lang (Hrsg.), Steuerrecht, 25. Aufl. 2024, S. 77, Rz. 3.2.

69 Kirchhof, DStR 2021 S. 2762.

70 Vgl. Kirchhof, DStR 2021 S. 2762.

71 Vgl. Wagner in Birk et al. (Hrsg.), Lohnsteuer, Werbungskosten, 4. Ed. 2024, Rz. 417; Wagner in Wolsztynski/Coenen/Krumm, Steuerrechtsschutz im Wandel der Zeit, 2024, S. 430 ff.

72 Vgl. BVerfG, Beschluss v. 19.11.2019 - 2 BvL 22-27/14, DStR 2020 S. 99, Rz. 109.

73 Vgl. BVerfG, Beschluss v. 19.11.2019 - 2 BvL 22-27/14, DStR 2020 S. 99, Rz. 109.

74 Vgl. Wagner in Birk et al. (Hrsg.), Lohnsteuer, Werbungskosten, 4. Ed. 2024, Rz. 419, mit Verweis auf BFH, Beschluss v. 29.9.2016 - III R 62/13, BStBl 2017 II S. 259 NWB WAAAF-89567, und BFH, Urteil v. 27.7.2017 - III R 1/09, BStBl 2018 II S. 96 NWB CAAAG-63544.

Im Ergebnis knüpft § 9 EStG[75] an den Regelungsbereich des § 2 Abs. 2 EStG an, wonach als Einkünfte aus nichtselbständiger Tätigkeit (§ 1 Abs. 1 Satz 1 Nr. 4 EStG) der Überschuss der Einnahmen über die Werbungskosten anzusetzen ist.[76] In der Folge bilden Werbungskosten das **steuermindernde Gegenstück** zu den Einnahmen i. S. des § 8 EStG und erfüllen in ihrer Besteuerungswirkung dieselbe Funktion wie die Betriebsausgaben bei den Gewinneinkünften (Land- und Forstwirtschaft, Gewerbebetrieb und selbständige Arbeit).[77]

Daraus resultiert sinngemäß eine **Gleichstellung der Einkunftsarten,** was nicht zuletzt auch in der einkunftsartenübergreifenden Anwendung des Netto- und Veranlassungsprinzips zum Ausdruck kommt. Im Übrigen sind die für Zwecke der Betriebsausgaben entwickelten Abgrenzungskriterien häufig auf die Werbungskosten anzuwenden, und § 9 Abs. 5 EStG eröffnet für bestimmte Sonderfälle die Anwendung von § 4 Abs. 5 Satz 1 Nr. 1 bis 4, 6b bis 8a, 10, 12 und Abs. 6 EStG bei den Überschusseinkünften.[78] Ihre Grenzen findet die Gleichbeurteilung indes, soweit „die Besonderheiten der jeweiligen Einkunftsarten eine einheitliche Auslegung auch im Wege der Rechtsfortbildung nicht zulassen".[79]

Und so vermag man zu erkennen, dass im Steuerrecht alles miteinander verwoben ist. „Der Finanzbedarf des Staates deckt sich ebenso aus dem Steueraufkommen in seiner Gesamtheit wie der Steuerzugriff den Einzelnen in der Summe aller direkten und indirekten Abgaben trifft. Unterschiedliche Phasen wirtschaftlicher Tätigkeit – Vermögenserwerb, Vermögensbestand und Vermögensverbrauch– stehen gleichrangig nebeneinander, wenn dem Prinzip der Besteuerung nach der Leistungsfähigkeit Geltung verschafft werden soll. Das Verhalten der Steuerpflichtigen wird durch eine Vielzahl von Anreizen aus unterschiedlichen steuerlichen Zusammenhängen beeinflusst – so dass der Staat bei der Verfolgung von Lenkungszwecken die Vielfalt der Steuerwirkungen auf einen Lebenssachverhalt in Rechnung stellen muss. Die Beratungspraxis darf nicht anders denken: Sie muss die Gestaltung individueller oder unternehmerischer Entscheidungen von sämtlichen Steuerwirkungen abhängig machen, die einer gewählten Transaktion nachfolgen können. Daher gilt: Nur wer die Steuerrechtsordnung in ihrer Totali-

75 Vgl. dazu grundlegend u. a. Bergkemper in Hey/Klein/Wendt (Hrsg.), Einkommensteuer- und Körperschaftsteuergesetz, Kommentar, 324. Erg.-Lfg. März 2024, § 9 EStG Anm. 241 ff.; Kreft in Hey/Klein/Wendt (Hrsg.), Einkommensteuer- und Körperschaftsteuergesetz, Kommentar, 324. Erg.-Lfg. März 2024, § 9 EStG Vor Anm. 1 ff.; Krüger in Weber-Grellet (Hrsg.), Einkommensteuergesetz, Kommentar, 44. Aufl. 2025, § 9 EStG Rz. 1 ff.; Stache, Werbungskosten, 3. Aufl. 2024, S. 1 ff.; Straßburger in Kirchhof/Kulosa/Ratschow (Hrsg.), Einkommensteuergesetz, Kommentar, Band 2, 2020, § 9 EStG Rz. 1 ff.; Thürmer in Brandis/Heuermann (Hrsg.), Ertragsteuerrecht, Kommentar, 172. Erg.-Lfg. Juli 2024, Werkstand: 174. Erg.-Lfg. November 2024, § 9 EStG Rz. 1 ff.; Wagner in Birk et al. (Hrsg.), Lohnsteuer, Werbungskosten, 4. Ed. 2024, Rz. 1 ff.

76 Vgl. Wagner in Birk et al. (Hrsg.), Lohnsteuer, Werbungskosten, 4. Ed. 2024, Rz. 416.

77 Vgl. Wagner in Birk et al. (Hrsg.), Lohnsteuer, Werbungskosten, 4. Ed. 2024, Rz. 416 und 421.

78 Vgl. Wagner in Birk et al. (Hrsg.), Lohnsteuer, Werbungskosten, 4. Ed. 2024, Rz. 421.

79 Wagner in Birk et al. (Hrsg.), Lohnsteuer, Werbungskosten, 4. Ed. 2024, Rz. 421.

tät und in ihren Einzelheiten vor Augen hat (einschließlich der vielen verborgenen Konnexe zwischen den Details der Einzelsteuergesetze und bis in den verfahrensrechtlichen Vollzug hinein), der wird in Auslegung, Anwendung und Fortentwicklung dieses Rechtsgebiets mit sicherem Schritt vorangehen können.“[80]

Dies gilt nicht zuletzt für die steuerlichen Reformideale der **Einfachheit und Gerechtigkeit,** die für den Steuerbürger, wie auch für die Steuerlehre, weit mehr als nur ein rechtspolitisches Projekt zu sein scheinen. Denn „nur derjenige, der es ernsthaft unternimmt, eine neue Kodifikation des Einkommensteuerrechts (oder des gesamten Steuerrechts) im Detail zu formulieren, kann wirklich verstehen, was eine Steuerrechtsordnung ‚im Innersten zusammenhält‘ – wo das Ideal der Einfachheit sich an der Komplexität der wirtschaftlichen Welt bricht, wo die inneren Widersprüche des politischen Systems einer Lösung der Logik entgegenstehen, und wo auch der status quo als Argument letztendlich verfangen darf.“[81] In dieser Erkenntnis lassen sich auch die drängendsten Herausforderungen der deutschen Steuerrechtsordnung in verschiedenen gesellschaftlichen und politischen Traditionen und Konstellationen unterschiedlich beantworten.[82]

80 Schön, StuW 2018 S. 302.

81 Vgl. Schön, StuW 2018 S. 303 (auch direktes Zitat; im Original zum Teil kursiv).

82 Vgl. Schön, StuW 2018 S. 303 mit Verweis auf das Wirken von Joachim Lang.

2 Einkünfte aus nichtselbständiger Arbeit im System der Einkommensteuer

2.1 Einordnung und Abgrenzung

Spricht man heutzutage von der „Arbeitnehmerbesteuerung“, meint man damit weniger einen Rechtsbegriff als eine **Vollzugsform im Einkommensteuersystem.**[83] Die Lohnsteuer gilt dabei als Erhebungsform der Einkommensteuer, die bei den Einkünften aus nichtselbständiger Arbeit durch den Steuerabzug vom Arbeitslohn erhoben wird und faktisch zu einer abschließenden Besteuerung führt. Als Massenfallrecht löst ein jedes Arbeitsverhältnis und eine jede Gewährung von Arbeitslohn den Steueranspruch aus. Insoweit kann die Lohnsteuer als eine Vorauszahlung auf die Einkommensteuerschuld angesehen werden, auch wenn es nicht zu einer Einkommensteuerveranlagung (vgl. § 46 Abs. 2 EStG) kommt; die Lohnsteuer ist letztlich keine eigenständige Steuerart.[84]

„Da die Einkünfte der Arbeitnehmer im Regelfall einfach festzustellen sind und der (haftungsbewehrte) Lohnsteuerabzug durch den Arbeitgeber erfolgt, ist auf der Einnahmenseite eine nahezu vollständige Erfassung gesichert. Arbeitnehmer können ihre Steuerlast daher meist nur durch Erwerbsaufwendungen senken, die als Werbungskosten abzugsfähig sind (§ 9 EStG).“[85] Die Lohnsteuer i.S. des § 38 Abs. 1 Satz 1 EStG adressiert damit die **individuelle Leistungsfähigkeit** eines jeden Einzelnen, wobei die Eigenheiten, die das Gesetz bei der Arbeitnehmerbesteuerung anordnet, systematisch erklärungs- und rechtfertigungsbedürftig bleiben;[86] hierzu gehören bspw.:

- der **Arbeitnehmer-Pauschbetrag** gemäß § 9a Satz 1 Nr. 1 Buchst. a EStG i.H. von 1.230 €,[87]
- der **abschmelzende Versorgungsfreibetrag** gemäß § 19 Abs. 2 EStG,

83 Vgl. Drüen in Drüen (Hrsg.), Besteuerung von Arbeitnehmern, DStJG 40/2017, S. 13.

84 Vgl. Wagner in Wolsztynski/Coenen/Krumm, Steuerrechtsschutz im Wandel der Zeit, 2024, S. 427.

85 Wagner in Wolsztynski/Coenen/Krumm, Steuerrechtsschutz im Wandel der Zeit, 2024, S. 429. Beachte thematisch zudem Wagner, FR 2023 S. 557.

86 Vgl. Drüen in Drüen (Hrsg.), Besteuerung von Arbeitnehmern, DStJG 40/2017, S. 44.

87 Beachte dazu auch Fissenewert in Hey/Klein/Wendt (Hrsg.), Einkommensteuer- und Körperschaftsteuergesetz, Kommentar, 320. Erg.-Lfg. August 2023, § 9a EStG Anm. 1 ff.; Krüger in Weber-Grellet (Hrsg.), Einkommensteuergesetz, Kommentar, 44. Aufl. 2025, § 9a EStG Rz. 1 ff.; Straßburger in Kirchhof/Kulosa/Ratschow (Hrsg.), Einkommensteuergesetz, Kommentar, Band 2, 2020, § 9a EStG Rz. 1 ff.; Thürmer in Brandis/Heuermann (Hrsg.), Ertragsteuerrecht, Kommentar, 172. Erg.-Lfg. Juli 2024, Werkstand: 174. Erg.-Lfg. November 2024, § 9a EStG Rz. 1 ff.

- die **legislativen Steuerbefreiungen** für verschiedene arbeitnehmerbezogene Geld- und Sachleistungen in § 3 EStG oder
- der **Rabattfreibetrag** des § 8 Abs. 3 EStG.[88]

Insoweit sieht das Gesetz „nur punktuelle und rechtfertigungsbedürftige Durchbrechungen für Arbeitnehmereinkünfte vor". Denn anders als die Abgeltungsteuer für Kapitaleinkünfte, bei der es sich um eine rechtliche Systemausnahme handelt, stehen die Einkünfte aus nichtselbständiger Arbeit i. S. des § 19 EStG „innerhalb der Systemwertung der synthetischen Einkommensteuer".[89] Die Lohnsteuer ist ihrem Charakter nach „eine Vorauszahlung auf die Einkommensteuerschuld des Arbeitnehmers"; sie wird bezahlt, **bevor** die Einkommensteuer gemäß § 36 EStG am Jahresende entsteht.[90] Angesichts ihrer relativ konstanten Aufkommensstärke, der hohen Verwaltungseffizienz und ihrer fast lückenlosen sowie hinterziehungsresistenten Erfassung besteht bei der Lohnsteuer jedoch nur geringer Reformbedarf.[91] Insoweit hat sich in weiten Teilen eine Art **„Vollzugszufriedenheit"** eingestellt.[92]

HINWEIS

Die Qualifikation der Arbeitnehmereinkünfte richtet sich nach den Einkunftsarten des § 2 Abs. 1 Satz 2 EStG. Sowohl traditionell als auch im internationalen Kontext handelt es sich hierbei um eine eigens normierte Einkunftsart. Dies wirft sogleich die Frage nach einer treffenden Einordnung des § 19 EStG im System der einkommensteuerlichen Einkünftequalifikation auf.[93]

Eckpfeiler der Arbeitnehmerbesteuerung ist die durch § 2 Abs. 2 Satz 1 Nr. 2 EStG angeordnete Ermittlung des **Überschusses der Einnahmen** über die Werbungskosten. Die Qualifikation der Einnahmen bestimmt sich hierbei nach § 8 EStG.[94] „Diese Vorschrift konkretisiert für die Überschusseinkünfte das Grundprinzip der Besteuerung nach der individuellen wirtschaftlichen Leistungsfähigkeit und erhebt den Vermögenszuwachs durch den Zufluss wirtschaftlicher Werte (Güter) zum maßgebenden Indikator der wirtschaftlichen Leistungsfähigkeit."[95]

88 Vgl. Drüen in Drüen (Hrsg.), Besteuerung von Arbeitnehmern, DStJG 40/2017, S. 14. Vgl. auch Kälberer/Gölz-Kälberer, Besteuerung der Einkünfte aus nichtselbstständiger Arbeit, 2021, S. 19.

89 Vgl. Drüen in Drüen (Hrsg.), Besteuerung von Arbeitnehmern, DStJG 40/2017, S. 13 f. (jeweils auch direkte Zitate).

90 Vgl. Drüen in Drüen (Hrsg.), Besteuerung von Arbeitnehmern, DStJG 40/2017, S. 12 (auch direktes Zitat); Heuermann, FR 2013 S. 354 f.; Krüger in Drüen (Hrsg.), Besteuerung von Arbeitnehmern, DStJG 40/2017, S. 145. Vgl. bspw. auch BFH, Beschluss v. 29.4.1992 - VI B 152/91, BStBl 1992 II S. 752 NWB OAAAA-94215.

91 Vgl. Drüen in Drüen (Hrsg.), Besteuerung von Arbeitnehmern, DStJG 40/2017, S. 44 f.

92 Vgl. Drüen in Drüen (Hrsg.), Besteuerung von Arbeitnehmern, DStJG 40/2017, S. 45. So auch Kälberer/Gölz-Kälberer, Besteuerung der Einkünfte aus nichtselbstständiger Arbeit, 2021, S. 19.

93 Vgl. Drüen in Drüen (Hrsg.), Besteuerung von Arbeitnehmern, DStJG 40/2017, S. 23 f.

94 Vgl. Drüen in Drüen (Hrsg.), Besteuerung von Arbeitnehmern, DStJG 40/2017, S. 28 f.

95 Drüen in Drüen (Hrsg.), Besteuerung von Arbeitnehmern, DStJG 40/2017, S. 29 m. w. N.

Anstelle einer vermögensorientierten Ergebnisermittlung anhand der wirtschaftlichen Entstehung gilt hierbei das **Zu- und Abflussprinzip** gemäß § 11 EStG.[96] Dies dient im Massenfallrecht der Vereinfachung und vermeidet belastende Aufzeichnungspflichten aufseiten des Arbeitnehmers.[97] Die Überschussermittlungsmethode ist also liquiditätsorientiert und folgt dem Konzept der sogenannten Quellentheorie.[98] Wichtigste Unterscheidungsmerkmale zwischen den Einkünften i. S. des § 19 EStG und denen aus Land- und Forstwirtschaft, Gewerbebetrieb und selbständiger Arbeit sind nunmehr:[99]

- Bei den Einkünften aus nichtselbständiger Arbeit wird die Einkommensteuer durch Abzug vom Arbeitslohn erhoben; dies ergibt sich aus § 38 Abs. 1 Satz 1 EStG.
- Nur für § 19 EStG gibt es den Arbeitnehmer-Pauschbetrag gemäß § 9a Satz 1 Nr. 1 Buchst. a EStG i. H. von 1.230 €.
- Darüber hinaus gibt es bei § 19 EStG weder Buchführung noch Bilanzierung; es handelt sich vielmehr um eine Überschussermittlungsart gemäß § 2 Abs. 2 Satz 1 Nr. 2 EStG.
- Anders als bei § 15 EStG fällt keine Gewerbesteuer an.
- Mangels Selbständigkeit wird zudem keine Umsatzsteuer fällig.
- Bezieher von Einkünften i. S. des § 19 EStG sind in aller Regel sozialversicherungspflichtig.

Anders als bei den Einkünften aus Land- und Forstwirtschaft oder aus Gewerbebetrieb folgt die Zuordnung zu den Einkünften aus nichtselbständiger Arbeit (§ 2 Abs. 1 Satz 1 Nr. 4 EStG i. V. mit § 19 EStG) nicht einem inhaltlichen Berufs- bzw. Tätigkeitsbild, sondern aus der besonderen **Rechtsbeziehung zwischen Arbeitnehmer und Arbeitgeber.** Arbeitnehmer- und Unternehmereigenschaft schließen sich aus. Entscheidend sind also die näheren Umstände, unter denen die Tätigkeit ausgeübt wird;[100] es geht letztlich um deren Wesensart.[101] Denn im Gegensatz zu § 20 Abs. 8 EStG oder § 21 Abs. 3 EStG hat der Gesetzgeber in § 19 EStG auf Subsidiaritätsregeln verzichtet.

Fraglich erscheint deshalb, wann von einer nichtselbständigen Tätigkeit auszugehen ist und wann im Einzelnen Arbeitnehmereinkünfte vorliegen. Antwort liefert hier der **kausale Zusammenhang** der persönlichen Arbeitsleistung eines Menschen für einen ande-

96 Vgl. Drüen in Drüen (Hrsg.), Besteuerung von Arbeitnehmern, DStJG 40/2017, S. 29; Grashoff/Mach, Grundzüge des Steuerrechts, 16. Aufl. 2023, S. 22, Rz. 67.

97 Vgl. Drüen in Drüen (Hrsg.), Besteuerung von Arbeitnehmern, DStJG 40/2017, S. 30.

98 Vgl. Grashoff/Mach, Grundzüge des Steuerrechts, 16. Aufl. 2023, S. 22, Rz. 66.

99 Vgl. von Campenhausen/Grawert, Steuerrecht im Überblick, 7. Aufl. 2024, S. 41. Vgl. wiederum Kälberer/Gölz-Kälberer, Besteuerung der Einkünfte aus nichtselbstständiger Arbeit, 2021, S. 19 f.

100 Drüen in Drüen (Hrsg.), Besteuerung von Arbeitnehmern, DStJG 40/2017, S. 15.

101 Vgl. BFH, Urteil v. 31.10.1989 - VIII R 210/83, BStBl 1990 II S. 532 NWB KAAAA-93266.

ren; also die Abgrenzung des Arbeitnehmers vom Arbeitgeber.[102] Weiterhin ist zu fragen, welche Einkunftsart im Vordergrund steht und die Beziehungen zu den anderen Einkünften verdrängt. Dies gilt nicht zuletzt für die Abgrenzung der Einkünfte i. S. des § 19 EStG von denen aus Kapitalvermögen gemäß § 20 EStG.[103]

Zusätzlicher Abgrenzungsbedarf besteht hinsichtlich der **sonstigen Einkünfte** gemäß § 22 EStG. So besagt § 2 Abs. 2 Nr. 2 Satz 1 LStDV zwar, dass auch Einnahmen aus einem früheren Dienstverhältnis, unabhängig davon, ob sie dem zunächst Bezugsberechtigten oder seinem Rechtsnachfolger zufließen, zum Arbeitslohn gehören. Bezüge, die ganz oder teilweise auf früheren Beitragsleistungen des Bezugsberechtigten oder seines Rechtsvorgängers beruhen, gehören aber nicht zum Arbeitslohn. Davon ausgenommen sind nur Beitragsleistungen, die Werbungskosten gewesen sind (§ 2 Abs. 2 Nr. 2 Satz 2 LStDV). Insbesondere Altersrenten aus der gesetzlichen Rentenversicherung unterliegen also nicht der Arbeitgeberbesteuerung: Da sie nicht unmittelbar vom früheren Arbeitgeber gewährt werden, handelt es sich um Einkünfte gemäß § 22 Nr. 1 Satz 3 Buchst. a EStG.[104]

2.2 Arbeitnehmerbegriff

Nur Arbeitnehmer können Einkünfte aus nichtselbständiger Arbeit erzielen. Da § 19 EStG den Begriff des Arbeitnehmers allerdings nicht definiert, ist auf die Legaldefinition des § 1 LStDV zurückzugreifen: Nach § 1 Abs. 1 Satz 1 LStDV sind Arbeitnehmer Personen, die in öffentlichem oder privatem Dienst angestellt oder beschäftigt sind oder waren und die aus diesem Dienstverhältnis oder einem früheren Dienstverhältnis Arbeitslohn beziehen. Zu den Arbeitnehmern gehören bspw. auch **beamtete Pensionäre,** die Versorgungsbezüge i. S. des § 19 Abs. 1 Satz 1 Nr. 2 und Abs. 2 EStG erhalten, sowie **Rechtsnachfolger von Arbeitnehmern** (z. B. Witwen); Letzteres ergibt sich aus § 1 Abs. 1 Satz 2 LStDV.[105]

Der **steuerliche Arbeitnehmerbegriff** hat eine eigenständige Natur und ist begrifflich nicht mit dem des Arbeits- und Sozialversicherungsrechts gleichzusetzen.[106] „Zwar kann es im Rahmen der steuerlichen Beurteilung als Indiz gewertet werden, wenn das Arbeitsrecht bzw. das Sozialversicherungsrecht ein nichtselbständiges Beschäfti-

102 Vgl. Drüen in Drüen (Hrsg.), Besteuerung von Arbeitnehmern, DStJG 40/2017, S. 24.

103 Vgl. BFH, Urteil v. 31.10.1989 - VIII R 210/83, BStBl 1990 II S. 532 NWB KAAAA-93266; Kälberer/Gölz-Kälberer, Besteuerung der Einkünfte aus nichtselbstständiger Arbeit, 2021, S. 20.

104 Gelegentlich wird die Einkünftequalifikation durch Begriffsähnlichkeiten erschwert. Während bspw. das Waisengeld unter § 19 Abs. 1 Satz 1 Nr. 2 EStG zu subsumieren ist, handelt es sich bei der Waisenrente um Einkünfte, die unter § 22 EStG fallen. Dazu und in der Gesamtschau: Kälberer/Gölz-Kälberer, Besteuerung der Einkünfte aus nichtselbstständiger Arbeit, 2021, S. 21.

105 Kälberer/Gölz-Kälberer, Besteuerung der Einkünfte aus nichtselbstständiger Arbeit, 2021, S. 21.

106 Vgl. Birk/Desens/Tappe, Steuerrecht, 27. Aufl. 2024, S. 225, Rz. 767, i. V. mit H 19.0 „Allgemeines" LStH.

gungsverhältnis annimmt. Es besteht jedoch in dieser Frage keine Bindung zwischen Arbeits- und Sozialversicherungsrecht einerseits und Steuerrecht andererseits."[107] Demzufolge ist die arbeits- und sozialversicherungsrechtliche Behandlung unmaßgeblich.[108] Wer aus steuerrechtlicher Sicht als Arbeitnehmer anzusehen ist, ist also unter Beachtung der Vorschriften des **§ 1 LStDV** nach dem Gesamtbild der Verhältnisse zu beurteilen. Danach können für eine Arbeitnehmereigenschaft insbesondere folgende Merkmale sprechen:[109]

- persönliche Abhängigkeit,
- Weisungsgebundenheit hinsichtlich Ort, Zeit und Inhalt der Tätigkeit,
- feste Arbeitszeiten,
- Ausübung der Tätigkeit gleichbleibend an einem bestimmten Ort,
- feste Bezüge,
- Urlaubsanspruch,
- Anspruch auf sonstige Sozialleistungen,
- Fortzahlung der Bezüge im Krankheitsfall,
- Überstundenvergütung,
- zeitlicher Umfang der Dienstleistungen,
- Unselbständigkeit in Organisation und Durchführung der Tätigkeit,
- kein Unternehmerrisiko,
- keine Unternehmerinitiative,
- kein Kapitaleinsatz,
- keine Pflicht zur Beschaffung von Arbeitsmitteln,
- Notwendigkeit der engen ständigen Zusammenarbeit mit anderen Mitarbeitern,
- Eingliederung in den Betrieb,
- Schulden der Arbeitskraft und nicht eines Arbeitserfolges,
- Ausführung von einfachen Tätigkeiten, bei denen eine Weisungsabhängigkeit die Regel ist.

107 BFH, Urteil v. 2.12.1998 - X R 83/96, BStBl 1999 II S. 537 NWB JAAAB-04868.
108 Vgl. H 19.0 „Allgemeines" LStH mit Verweis auf BFH, Urteil v. 2.12.1998 - X R 83/96, BStBl 1999 II S. 534.
109 H 19.0 „Allgemeines" LStH.

Diese Merkmale ergeben sich regelmäßig aus dem der Beschäftigung zugrunde liegenden **Vertragsverhältnis,** sofern die Vereinbarungen ernsthaft gewollt sind und tatsächlich durchgeführt werden.[110] Dabei sind die für oder gegen ein Dienstverhältnis sprechenden Merkmale ihrer Bedeutung entsprechend gegeneinander abzuwägen; die arbeitsrechtliche Fiktion eines Dienstverhältnisses ist steuerrechtlich hingegen nicht maßgebend.[111] Die steuerrechtliche Anerkennung des Vereinbarten setzt aber voraus, dass die Verträge zivilrechtlich wirksam zustande gekommen sind, inhaltlich dem zwischen Fremden Üblichen entsprechen und so auch durchgeführt werden.

Maßgebend für die Beurteilung ist die **Gesamtheit der objektiven Gegebenheiten.** Dabei kann einzelnen dieser Beweisanzeichen je nach Lage des Falles im Rahmen der Gesamtbetrachtung eine unterschiedliche Bedeutung zukommen. Dementsprechend schließt nicht jede Abweichung vom Üblichen notwendigerweise die steuerrechtliche Anerkennung des Vertragsverhältnisses aus. An den Nachweis, dass es sich um ein ernsthaftes Vertragsverhältnis handelt, sind umso strengere Anforderungen zu stellen, je mehr die Umstände auf eine private Veranlassung des Rechtsverhältnisses hindeuten.[112]

In diesen Kontext reihen sich insbesondere **Arbeitsverhältnisse zwischen Ehegatten** und anderen **nahen Angehörigen.** Hierbei können Arbeitsverträge zwischen Ehegatten steuerrechtlich nur dann anerkannt werden, wenn sie zivilrechtlich wirksam sind, tatsächlich durchgeführt werden und einem Fremdvergleich standhalten.[113] Damit wird auf die ständige Rechtsprechung des BFH abgestellt, wonach „Lohnzahlungen an einen im Beruf des Steuerpflichtigen mitarbeitenden Angehörigen [...] als Werbungskosten abziehbar [sind], wenn der Angehörige aufgrund eines wirksamen, inhaltlich dem zwischen Fremden Üblichen entsprechenden Arbeitsvertrags beschäftigt wird, die vertraglich geschuldete Arbeitsleistung erbringt und der Steuerpflichtige seinerseits die Arbeitgeberpflichten, insbesondere die der Lohnzahlung, erfüllt“. Wird die Beschäftigung nicht in Vollzeit ausgeübt, sind Unklarheiten hinsichtlich „der Wochenarbeitszeit für die steuerliche Anerkennung des Arbeitsverhältnisses unschädlich, wenn die konkrete Arbeitszeit des Angehörigen von den beruflichen Erfordernissen des Steuerpflichtigen abhängt und Unklarheiten deshalb auf die Eigenart des Arbeitsverhältnisses und nicht auf eine unübliche Gestaltung zurückzuführen sind“. Darüber

110 H 19.0 „Allgemeines“ LStH mit Verweis auf BFH, Urteil v. 14.12.1978 - I R 121/76, BStBl. 1979 II S.188 NWB QAAAA-91388; BFH, Urteil v. 20.2.1979 - VIII R 52/77, BStBl 1979 II S.414 NWB DAAAA-91417; BFH, Urteil v. 24.7.1992 - VI R 126/88, BStBl 1993 II S.155 NWB WAAAA-94354.

111 H 19.0 „Allgemeines“ LStH mit Verweis auf BFH, Urteil v. 8.5.2008 - VI R 50/05, BStBl 2008 II S.868 NWB HAAAC-84526.

112 H 4.8 „Arbeitsverhältnisse mit Kindern – Fremdvergleich“ 1. Spiegelstrich EStH.

113 Vgl. Birk/Desens/Tappe, Steuerrecht, 27. Aufl. 2024, S.226, Rz.769, sowie R4.8 Abs.1 EStR.

hinaus stellte der BFH klar, dass arbeitszeitbezogene Aufzeichnungen (z. B. Stundenzettel) lediglich Beweiszwecken dienen. Demzufolge sind sie „für die steuerliche Anerkennung eines Arbeitsverhältnisses zwischen nahen Angehörigen [...] nicht zwingend erforderlich".[114]

HINWEIS

Arbeitsverhältnis eines Ehegatten mit einer Personengesellschaft: Für die einkommensteuerrechtliche Beurteilung des Arbeitsverhältnisses eines Ehegatten mit einer Personengesellschaft, die von dem anderen Ehegatten aufgrund seiner wirtschaftlichen Machtstellung beherrscht wird – was bei einer Beteiligung zu mehr als 50 % regelmäßig der Fall ist –, gelten die Grundsätze für die steuerliche Anerkennung von Ehegattenarbeitsverhältnissen im Allgemeinen entsprechend. Beherrscht der Mitunternehmer-Ehegatte die Personengesellschaft nicht, kann allgemein davon ausgegangen werden, dass der mitarbeitende Ehegatte in der Gesellschaft die gleiche Stellung wie ein fremder Arbeitnehmer hat und das Arbeitsverhältnis deshalb steuerrechtlich anzuerkennen ist.[115]

Arbeitsverhältnisse zwischen Eltern und Kindern: Für die bürgerlich-rechtliche Wirksamkeit eines Arbeits- oder Ausbildungsvertrages mit einem minderjährigen Kind ist die Bestellung eines Ergänzungspflegers nicht erforderlich. Arbeitsverhältnisse mit Kindern unter 15 Jahren verstoßen jedoch im Allgemeinen gegen das Jugendarbeitsschutzgesetz; sie sind nichtig und können deshalb auch steuerrechtlich nicht anerkannt werden. Die Gewährung einer freien Wohnung und Verpflegung kann als Teil der Arbeitsvergütung zu behandeln sein, wenn die Leistungen auf arbeitsvertraglichen Vereinbarungen beruhen.[116]

Aufgrund der vielfältigen Formen des Wirtschaftens sind die einzelnen Merkmale, die entweder für oder gegen eine Arbeitnehmereigenschaft sprechen, gegeneinander abzuwägen und in einem Gesamtbild zu betrachten.[117] So ist auch der Begriff des Arbeitnehmers von dem des Unternehmers abzugrenzen. Im Zentrum steht hier die Frage nach der **Selbständigkeit,** denn während Unternehmer (§§ 13, 15, 18 EStG) selbständig tätig sind, sind es Arbeitnehmer nicht. Vor diesem Hintergrund verfügen Unternehmer nicht nur über gewisse Gestaltungsfreiheiten, sondern werden vor allem auf eigene Rechnung und Gefahr tätig. Man spricht hier von der **Unternehmerinitiative** und dem **Unternehmerrisiko.** Demgegenüber ist der Arbeitnehmer **weisungsgebunden** und wird auf Rechnung und Gefahr des Arbeitgebers hin tätig.[118]

114 BFH, Urteil v. 18.11.2020 - VI R 28/18, BStBl 2021 II S. 450 NWB JAAAH-73597. Vgl. hierzu auch Mader, B+P 2021 S. 331, sowie thematisch: BFH, Urteil v. 28.10.2020 - X R 1/19, BStBl 2021 II S. 283 NWB KAAAH-69762.

115 R 4.8 Abs. 2 EStR.

116 R 4.8 Abs. 3 EStR.

117 Vgl. H 19.0 „Allgemeines" LStH.

118 Vgl. Grashoff/Mach, Grundzüge des Steuerrechts, 16. Aufl. 2023, S. 66, Rz. 174; von Campenhausen/Grawert, Steuerrecht im Überblick, 7. Aufl. 2024, S. 39.

Beispiele für eine Arbeitnehmereigenschaft:

- **Amateursportler:** Amateursportler können Arbeitnehmer sein, wenn die für den Trainings- und Spieleinsatz gezahlten Vergütungen nach dem Gesamtbild der Verhältnisse als Arbeitslohn zu beurteilen sind.[119]
- **Apothekervertreter:** Ein selbständiger Apotheker, der als Urlaubsvertreter eines anderen selbständigen Apothekers gegen Entgelt tätig wird, ist Arbeitnehmer.[120]
- **Artist:** Ein Artist ist Arbeitnehmer, wenn er seine Arbeitskraft einem Unternehmer für eine Zeitdauer, die eine Reihe von Veranstaltungen umfasst, also nicht lediglich für einige Stunden eines Abends, ausschließlich zur Verfügung stellt.[121]
- **AStA-Mitglieder:** Der Vorsitzende und die Referenten des Allgemeinen Studierendenausschusses (AStA) sind Arbeitnehmer i.S. des Einkommensteuerrechts. Die an sie gezahlten Aufwandsentschädigungen sind als einkommensteuerpflichtiger Lohn zu behandeln.[122]
- **Chefarzt:** ein angestellter Chefarzt, der berechtigt ist, Privatpatienten mit eigenem Liquidationsrecht ambulant zu behandeln, und die wahlärztlichen Leistungen im Rahmen seines Dienstverhältnisses erbringt.[123]
- **Gelegenheitsarbeiter:** Gelegenheitsarbeiter, die zu bestimmten, unter Aufsicht durchzuführenden Verlade- und Umladearbeiten herangezogen werden, sind auch dann Arbeitnehmer, wenn sie die Tätigkeit nur für wenige Stunden ausüben.[124]
- **Musiker:** Nebenberuflich tätige Musiker, die in Gaststätten auftreten, sind nach der allgemeinen Lebenserfahrung Arbeitnehmer des Gastwirts; dies gilt nicht, wenn die Kapelle gegenüber Dritten als selbständige Gesellschaft oder der Kapellenleiter als Arbeitgeber der Musiker auftritt bzw. der Musiker oder die Kapelle nur gelegentlich spielt.[125]
- **Sanitätshelfer:** Sanitätshelfer des Deutschen Roten Kreuzes sind Arbeitnehmer, wenn die gezahlten Entschädigungen nicht mehr als pauschale Erstattung der Selbstkosten beurteilt werden können, weil sie die durch die ehrenamtliche Tätigkeit veranlassten Aufwendungen der einzelnen Sanitätshelfer regelmäßig nicht nur unwesentlich übersteigen.[126]

119 BFH, Urteil v. 23.10.1992 - VI R 59/91, BStBl 1993 II S. 303 NWB TAAAA-94423.
120 BFH, Urteil v. 20.2.1979 - VIII R 52/77, BStBl 1979 II S. 414 NWB DAAAA-91417.
121 BFH, Urteil v. 16.3.1951 - IV 197/50 U, BStBl 1951 III S. 97 NWB UAAAA-89642.
122 BFH, Urteil v. 22.7.2008 - VI R 51/05, BStBl 2008 II S. 981 NWB NAAAC-91438.
123 BFH, Urteil v. 5.10.2005 - VI R 152/01, BStBl 2006 II S. 94 NWB HAAAB-69139.
124 BFH, Urteil v. 18.1.1974 - VI R 221/69, BStBl 1974 II S. 301 NWB TAAAA-90940.
125 BFH, Urteil v. 10.9.1976 - VI R 80/74, BStBl 1977 II S. 178 NWB QAAAA-91187.
126 BFH, Urteil v. 4.8.1994 - VI R 94/93, BStBl 1994 II S. 944 NWB RAAAA-95076.

- **Vorstandsmitglied einer Aktiengesellschaft:** Der Vorsitzende des Vorstands einer Landesversicherungsanstalt ist deren Arbeitnehmer.[127]
- **Vorstandsmitglied einer Familienstiftung:** Bezüge des geschäftsführenden Vorstandes einer rechtsfähigen Familienstiftung gehören regelmäßig zu den Einkünften aus nichtselbständiger Arbeit.[128]

Wie bereits dargelegt, ist die arbeitsrechtliche Fiktion eines Dienstverhältnisses steuerrechtlich nicht maßgeblich;[129] das Dienstverhältnis i. S. des § 611 BGB muss aber zumindest faktisch durchgeführt werden, was § 1 Abs. 2 LStDV wie folgt hervorhebt: Ein Dienstverhältnis liegt vor, wenn der Angestellte (Beschäftigte) dem Arbeitgeber (öffentliche Körperschaft, Unternehmer, Haushaltsvorstand) seine **Arbeitskraft schuldet.** Dies ist der Fall, wenn die tätige Person in der Betätigung ihres geschäftlichen Willens unter der Leitung des Arbeitgebers steht oder im geschäftlichen Organismus des Arbeitgebers dessen Weisungen zu folgen verpflichtet ist.[130]

Abb. 2: Dienstverhältnis gemäß § 1 Abs. 2 LStDV

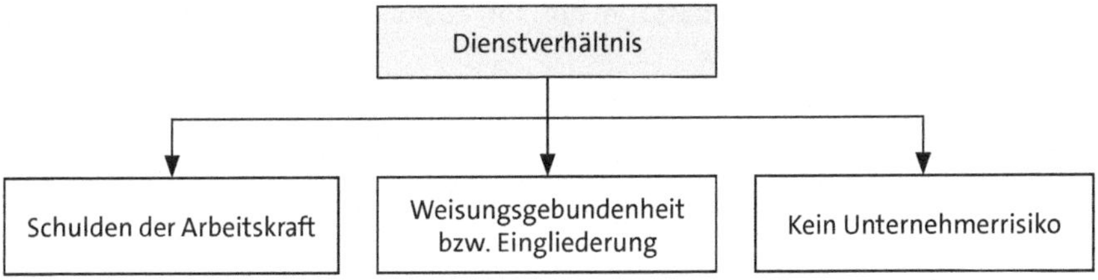

Gerade die in § 1 Abs. 2 LStDV genannte **Weisungsgebundenheit** kann auf einem besonderen öffentlich-rechtlichen Gewaltverhältnis beruhen (z. B. bei Beamten und Richtern) oder Ausfluss des Direktionsrechts sein, mit dem ein Arbeitgeber die Art und Weise, den Ort, die Zeit und den Umfang der zu erbringenden Arbeitsleistung bestimmt. Die Weisungsbefugnis kann dabei eng, aber auch locker sein, wie z. B. bei einem angestellten Chefarzt, der fachlich weitgehend eigenverantwortlich handelt. Entscheidend ist, ob die beschäftigte Person einer etwaigen Weisung bei der Art und Weise der Ausführung der geschuldeten Arbeitsleistung zu folgen verpflichtet ist oder ob ein solches Weisungsrecht nicht besteht.

127 BFH, Urteil v. 11.3.1960 - VI 172/58 U, BStBl 1960 III S. 214 NWB NAAAB-47539.

128 BFH, Urteil v. 31.1.1975 - VI R 230/71, BStBl 1975 II S. 358 NWB PAAAB-00300.

129 Vgl. H 19.0 „Allgemeines" LStH mit Verweis auf BFH, Urteil v. 8.5.2008 - VI R 50/05, BStBl 2008 II S. 868 NWB HAAAC-84526.

130 Vgl. Kälberer/Gölz-Kälberer, Besteuerung der Einkünfte aus nichtselbstständiger Arbeit, 2021, S. 23.

Maßgebend ist hier das **Innenverhältnis,** wohingegen die Weisungsgebundenheit im Auftreten der beschäftigten Person nicht nach außen hin erkennbar werden muss.[131] Im Weiteren kann die Eingliederung in einen Betrieb auch bei einer **kurzfristigen Beschäftigung** gegeben sein. Sie ist aber eher bei einfachen als bei gehobenen Arbeiten anzunehmen, wie es etwa bei einem Gelegenheitsarbeiter, der zu bestimmten unter Aufsicht durchzuführenden Arbeiten herangezogen wird, der Fall ist.[132]

Arbeitnehmer ist hingegen nicht, wer Lieferungen und sonstige Leistungen innerhalb der von ihm selbständig ausgeübten gewerblichen oder beruflichen Tätigkeit im Inland gegen Entgelt ausführt, soweit es sich um die Entgelte für diese Lieferungen und sonstigen Leistungen handelt (§ 1 Abs. 3 LStDV). Auch an dieser Stelle ist auf das **Gesamtbild der Verhältnisse** abzustellen. Dass dies im Einzelfall mit erheblichen Schwierigkeiten verbunden ist, zeigt der Fall eines Rundfunkermittlers.

So stellte der BFH fest, dass **Rundfunkermittler,** die im Auftrag einer Rundfunkanstalt Schwarzhörer aufspüren, keine Arbeitnehmer sind, wenn die Höhe ihrer Einnahmen weitgehend von ihrem eigenen Arbeitseinsatz abhängt und sie auch im Übrigen, insbesondere bei Ausfallzeiten, ein Unternehmerrisiko in Gestalt des Entgeltrisikos tragen; dies gilt unabhängig davon, dass sie nur für einen einzigen Vertragspartner tätig sind.[133]

Demgegenüber können **Stromableser** auch dann Arbeitnehmer sein, wenn zwischen den Vertragsparteien eine „freie Mitarbeit" vereinbart wurde und das Ablesen in Ausnahmefällen auch durch einen zuverlässigen Vertreter erfolgen darf.[134]

2.3 Sachlicher Bereich des Arbeitslohns

Einkünfte aus nichtselbständiger Arbeit kommen nur dann in Betracht, wenn sie aus Anlass eines Dienstverhältnisses für das **Zurverfügungstellen der eigenen Arbeitskraft** geleistet werden.[135] Einkünfte aus nichtselbständiger Arbeit erzielt also, wer Arbeitneh-

131 H 19.0 „Arbeitnehmer – Weisungsgebundenheit" LStH mit Verweis auf BFH, Urteil v. 15.7.1987 - X R 19/80, BStBl 1987 II S. 746 NWB QAAAA-92415.

132 H 19.0 „Arbeitnehmer – Weisungsgebundenheit" LStH.

133 H 19.0 „Arbeitnehmereigenschaft" LStH mit Verweis auf BFH, Urteil v. 2.12.1998 - X R 83/96, BStBl 1999 II S. 534 NWB JAAAB-04868.

134 H 19.0 „Arbeitnehmereigenschaft" LStH mit Verweis auf BFH, Urteil v. 24.7.1992 - VI R 126/88, BStBl 1993 II S. 155 NWB WAAAA-94354. So auch Kälberer/Gölz-Kälberer, Besteuerung der Einkünfte aus nichtselbstständiger Arbeit, 2021, S. 23 f.

135 Vgl. Drüen in Drüen (Hrsg.), Besteuerung von Arbeitnehmern, DStJG 40/2017, S. 25; Grashoff/Mach, Grundzüge des Steuerrechts, 16. Aufl. 2023, S. 66, Rz. 172; Strohner in Drüen (Hrsg.), Besteuerung von Arbeitnehmern, DStJG 40/2017, S. 501 (S. 512), und R 19.3 Abs. 1 Satz 1 LStR. Vgl. hierzu auch BFH, Urteil v. 13.8.2020 - VI R 1/17, BStBl 2021 II S. 104, Rz. 17 NWB BAAAH-62406. Für das Vorliegen mehrerer Tätigkeiten bzw. Nebentätigkeiten vgl. Kälberer/Gölz-Kälberer, Besteuerung der Einkünfte aus nichtselbstständiger Arbeit, 2021, S. 31 ff.

mer ist. Dabei fällt auf, dass § 19 Abs. 1 Satz 1 EStG den Begriff des Arbeitslohns nicht erwähnt. Vielmehr wird die Einkunftsart anhand einer Aufzählung von Regelbeispielen umschrieben, die im Rechtsverkehr üblicherweise als Arbeitslohn angesehen werden.[136] Vor diesem Hintergrund nennt § 19 Abs. 1 Satz 1 EStG:

- Gehälter, Löhne, Gratifikationen, Tantiemen sowie andere Bezüge und Vorteile für eine Beschäftigung im öffentlichen oder privaten Dienst; gemäß § 19 Abs. 1 Satz 1 Nr. 1 EStG,
- Zuwendungen des Arbeitgebers an seinen Arbeitnehmer und dessen Begleitpersonen anlässlich von Betriebsveranstaltungen (ab 110 €); gemäß § 19 Abs. 1 Satz 1 Nr. 1a EStG,
- Wartegelder, Ruhegelder, Witwen- und Waisengelder sowie andere Bezüge und Vorteile aus früheren Dienstleistungen, und zwar gemäß § 24 Nr. 2 EStG auch dann, wenn sie dem Rechtsnachfolger zufließen (§ 19 Abs. 1 Satz 1 Nr. 2 EStG),
- bestimmte Zuwendungen im Rahmen der betrieblichen Altersvorsorge; gemäß § 19 Abs. 1 Satz 1 Nr. 3 EStG.[137]

Zu den Einkünften aus § 19 Abs. 1 Satz 1 Nr. 1 EStG gehören neben Gratifikationen (Sonderzahlungen) vor allem Löhne und Gehälter; Letztere sind voneinander abzugrenzen. Denn während Gehälter **monatlich fest definierte Zahlungen** sind, können Löhne abhängig von den **gearbeiteten Stunden** oder der **erbrachten Leistung** variieren. Aus der in § 19 Abs. 1 Satz 1 Nr. 1 EStG verwendeten Formulierung „andere Bezüge und Vorteile" wird dabei deutlich, dass i. S. einer Generalklausel jedwede Einnahme, die aus dem Dienstverhältnis entspringt, erfasst werden soll.[138]

Konsequenterweise heißt es in § 2 Abs. 1 Satz 1 und 2 EStDV: Arbeitslohn sind alle Einnahmen, die dem Arbeitnehmer **aus dem Dienstverhältnis zufließen.** Es ist unerheblich, unter welchen Bezeichnungen oder in welcher Form die Einnahmen gewährt werden. Damit wird klargestellt, dass es sich quasi um einen **Brutto**arbeitslohn handelt, wobei es nach dem Wortlaut des § 19 Abs. 1 Satz 2 EStG nicht darauf ankommt, ob ein Rechtsanspruch hinsichtlich der Entlohnung besteht. In diesem Sinne gehört zum Bruttoarbeitslohn nicht nur der Arbeitnehmeranteil an der Rentenversicherung, sondern auch die Lohnsteuer, die der Arbeitgeber gemäß § 38 Abs. 3 EStG vom Lohn einzubehalten hat. Der Anteil des Arbeitgebers für die Zukunftssicherung seines Arbeitnehmers ist gemäß § 3 Nr. 62 EStG ebenso wie bestimmte andere Zuschüsse steuerfrei.[139]

---

136 Vgl. Breinersdorfer in Drüen (Hrsg.), Besteuerung von Arbeitnehmern, DStJG 40/2017, S. 106.

137 Vgl. Kälberer/Gölz-Kälberer, Besteuerung der Einkünfte aus nichtselbstständiger Arbeit, 2021, S. 24.

138 Vgl. Breinersdorfer in Drüen (Hrsg.), Besteuerung von Arbeitnehmern, DStJG 40/2017, S. 106.

139 Vgl. Birk/Desens/Tappe, Steuerrecht, 27. Aufl. 2024, S. 226, Rz. 770, sowie insgesamt auch Kälberer/Gölz-Kälberer, Besteuerung der Einkünfte aus nichtselbstständiger Arbeit, 2021, S. 25.

Welche Einnahmen zum Arbeitslohn gehören, ist letztlich unter Beachtung der Vorschriften des § 19 Abs. 1 EStG und § 2 LStDV sowie der hierzu ergangenen Rechtsprechung zu entscheiden. Danach sind Arbeitslohn grundsätzlich **alle Einnahmen in Geld oder Geldeswert,** die durch ein **individuelles Dienstverhältnis** veranlasst sind. Nach § 2 Abs. 2 LStDV gehören zum Arbeitslohn auch:

1. Einnahmen im Hinblick auf ein **künftiges Dienstverhältnis;**
2. Einnahmen aus einem **früheren Dienstverhältnis,** unabhängig davon, ob sie dem zunächst Bezugsberechtigten oder seinem Rechtsnachfolger zufließen. Bezüge, die ganz oder teilweise auf früheren Beitragsleistungen des Bezugsberechtigten oder seines Rechtsvorgängers beruhen, gehören nicht zum Arbeitslohn, es sei denn, dass die Beitragsleistungen Werbungskosten gewesen sind;
3. Ausgaben, die ein Arbeitgeber leistet, um einen Arbeitnehmer oder diesem nahestehende Personen für den Fall der Krankheit, des Unfalls, der Invalidität, des Alters oder des Todes abzusichern **(Zukunftssicherung).** Voraussetzung ist, dass der Arbeitnehmer der Zukunftssicherung ausdrücklich oder stillschweigend zustimmt. Ist bei einer Zukunftssicherung für mehrere Arbeitnehmer oder diesen nahestehende Personen in Form einer Gruppenversicherung oder Pauschalversicherung der für den einzelnen Arbeitnehmer geleistete Teil der Ausgaben nicht in anderer Weise zu ermitteln, so sind die Ausgaben nach der Zahl der gesicherten Arbeitnehmer auf diese aufzuteilen. Nicht zum Arbeitslohn gehören Ausgaben, die nur dazu dienen, dem Arbeitgeber die Mittel zur Leistung einer dem Arbeitnehmer zugesagten Versorgung zu verschaffen;
4. Entschädigungen, die dem Arbeitnehmer oder seinem Rechtsnachfolger als **Ersatz für entgangenen** oder **entgehenden Arbeitslohn** oder für die **Aufgabe oder Nichtausübung einer Tätigkeit** gewährt werden;
5. **besondere Zuwendungen,** die aufgrund des Dienstverhältnisses oder eines früheren Dienstverhältnisses gewährt werden, z. B. Zuschüsse im Krankheitsfall;
6. besondere Entlohnungen für Dienste, die **über die regelmäßige Arbeitszeit hinaus** geleistet werden, wie Entlohnung für Überstunden, Überschichten, Sonntagsarbeit;
7. Lohnzuschläge, die wegen der **Besonderheit der Arbeit** gewährt werden;
8. Entschädigungen für **Nebenämter** und **Nebenbeschäftigungen** im Rahmen eines Dienstverhältnisses.

Ein Veranlassungszusammenhang zwischen Einnahmen und einem Dienstverhältnis ist dann anzunehmen, wenn die Einnahmen dem Empfänger nur mit Rücksicht auf das Dienstverhältnis zufließen und sich als Ertrag seiner nichtselbständigen Arbeit darstellen. Letzteres ist erfüllt, wenn sich die Einnahmen im weitesten Sinne als Gegenleistung für das Zurverfügungstellen der individuellen Arbeitskraft erweisen.[140] Hinter jeder Lohnzahlung liegt also stets eine strukturelle Verbindung zwischen Arbeitslohn und Arbeitsverhältnis.[141] Gleichwohl ist die Zurechnung des geldwerten Vorteils zu einem erst **künftigen Dienstverhältnis** zwar nicht ausgeschlossen, bedarf aber der Feststellung eines eindeutigen Veranlassungszusammenhangs, wenn sich andere Ursachen für die Vorteilsgewährung als Veranlassungsgrund aufdrängen.[142] Vor diesem Hintergrund gehören zum Arbeitslohn bspw.:[143]

- der verbilligte Erwerb von **Aktien vom Arbeitgeber** (oder einem Dritten), wenn der Vorteil dem Arbeitnehmer oder einem Dritten für die Arbeitsleistung des Arbeitnehmers gewährt wird.[144]
- die Übernahme der Umlage für die Einrichtung des besonderen elektronischen **Anwaltspostfachs** einer angestellten Rechtsanwältin durch den Arbeitgeber.[145]
- die vom Arbeitgeber übernommenen Beiträge einer angestellten Rechtsanwältin zum deutschen **Anwaltverein.**[146]
- **Arbeitnehmeranteile** zur Arbeitslosen-, Kranken-, Pflege- und Rentenversicherung (Gesamtsozialversicherung), wenn der Arbeitnehmer hierdurch einen eigenen Anspruch gegen einen Dritten erwirbt.[147]
- die vom Arbeitgeber übernommenen Beiträge zur **Berufshaftpflichtversicherung** von Rechtsanwälten.[148] Übernimmt eine Rechtsanwaltssozietät den Versicherungsbeitrag einer angestellten Rechtsanwältin, die im Außenverhältnis nicht für eine anwaltliche Pflichtverletzung haftet, liegt Arbeitslohn regelmäßig nur i.H. des übernommenen Prämienanteils vor, der auf die in § 51 Abs. 4 BRAO vorgeschriebene Mindestversicherungssumme entfällt und den die Rechtsanwältin zur Erfüllung ihrer Versicherungspflicht nach § 51 Abs. 1 Satz 1 BRAO benötigt.[149]

---

140 So H 19.3 „Allgemeines zum Arbeitslohnbegriff" LStH mit Verweis auf BFH, Urteil v. 24.9.2013 - VI R 8/11, BStBl 2014 II S. 124 NWB NAAAE-48982. Eine Gegenleistung liegt hingegen nicht vor, wenn die Vergütungen die mit der Tätigkeit zusammenhängenden Aufwendungen nur unwesentlich übersteigen. BFH, Urteil v. 23.10.1992 - VI R 59/91, BStBl 1993 II S. 303 NWB TAAAA-94423.

141 Vgl. Strohner in Drüen (Hrsg.), Besteuerung von Arbeitnehmern, DStJG 40/2017, S. 522.

142 H 19.3 „Allgemeines zum Arbeitslohnbegriff" LStH mit Verweis auf BFH, Urteil v. 20.5.2010 - VI R 12/08, BStBl 2010 II S. 1069 NWB OAAAD-52053.

143 H 19.3 „Allgemeines zum Arbeitslohnbegriff – Beispiele" LStH.

144 BFH, Urteil v. 7.5.2014 - VI R 73/12, BStBl 2014 II S. 904 NWB OAAAE-68134.

145 BFH, Urteil v. 1.10.2020 - VI R 11/18, BStBl 2021 II S. 352 NWB CAAAH-70951.

146 BFH, Urteil v. 12.2.2009 - VI R 32/08, BStBl 2009 II S. 462 NWB KAAAD-17982.

147 BFH, Urteil v. 16.1.2007 - IX R 69/04, BStBl 2007 II S. 579 NWB YAAAC-43789.

148 BFH, Urteil v. 26.7.2007 - VI R 64/06, BStBl 2007 II S. 892 NWB AAAAC-53708.

149 BFH, Urteil v. 1.10.2020 - VI R 11/18, BStBl 2021 II S. 352 NWB CAAAH-70951, und BFH, Urteil v. 1.10.2020 - VI R 12/18, BStBl 2021 II S. 356 NWB MAAAH-70952.

- der geldwerte Vorteil aus dem verbilligten Erwerb einer GmbH-Beteiligung durch einen leitenden Arbeitnehmer des Arbeitgebers, selbst wenn nicht der Arbeitgeber, sondern ein Gesellschafter des Arbeitgebers die **Beteiligung** veräußert.[150] Gleiches gilt für den verbilligten Erwerb einer Beteiligung, der im Hinblick auf eine spätere Beschäftigung als Geschäftsführer gewährt wird,[151] sowie den verbilligten Erwerb einer GmbH-Beteiligung durch eine vom Geschäftsführer des Arbeitgebers beherrschte GmbH, wenn nicht der Arbeitgeber selbst, sondern ein Gesellschafter des Arbeitgebers die Beteiligung veräußert.[152]
- die vom Arbeitgeber übernommenen **Bußgelder,** die gegen bei ihm angestellte Fahrer wegen Verstoßes gegen die Lenk- und Ruhezeit verhängt worden sind.[153]
- die unentgeltliche bzw. verbilligte **Überlassung eines Dienstwagens** durch den Arbeitgeber an den Arbeitnehmer für dessen Privatnutzung.[154]
- **Entschädigungszahlungen,** die ein Feuerwehrbeamter für rechtswidrig geleistete Mehrarbeit erhält.[155]
- der **Forderungsverzicht** eines Gesellschafters einer Kapitalgesellschaft auf eine erdiente und werthaltige Pensionsanwartschaft i. H. des Teilwerts, soweit mit dem Verzicht eine verdeckte Einlage erbracht wird.[156]
- die vom Arbeitgeber übernommenen **Geldbußen und Geldauflagen** bei nicht ganz überwiegend eigenbetrieblichem Interesse.[157]
- die vom Arbeitgeber übernommenen Beiträge für die Mitgliedschaft in einem **Golfclub.**[158]
- Beiträge des Arbeitgebers zu einer privaten **Gruppenkrankenversicherung,** wenn der Arbeitnehmer einen eigenen unmittelbaren und unentziehbaren Rechtsanspruch gegen den Versicherer erlangt.[159]
- die vom Arbeitgeber übernommenen **Kammerbeiträge** für Geschäftsführer von Wirtschaftsprüfungs-/Steuerberatungsgesellschaften.[160]

150 BFH, Urteil v. 15.3.2018 - VI R 8/16, BStBl 2018 II S. 550 NWB QAAAG-87343.
151 BFH, Urteil v. 26.6.2014 - VI R 94/13, BStBl 2014 II S. 864 NWB SAAAE-71568.
152 BFH, Urteil v. 1.9.2016 - VI R 67/14, BStBl 2017 II S. 69 NWB FAAAF-85893.
153 BFH, Urteil v. 14.11.2013 - VI R 36/12, BStBl 2014 II S. 278 NWB VAAAE-53170.
154 BFH, Urteil v. 29.1.2009 - VI R 56/07, BStBl 2010 II S. 1067 NWB FAAAD-18506.
155 BFH, Urteil v. 14.6.2016 - IX R 2/16, BStBl 2016 II S. 901 NWB QAAAF-81841.
156 BFH, Beschluss v. 9.6.1997 - GrS 1/94, BStBl 1998 II S. 307 NWB HAAAA-96167, und BFH, Urteil v. 23.8.2017 - VI R 4/16, BStBl 2018 II S. 208 NWB PAAAG-62867.
157 BFH, Urteil v. 22.7.2008 - VI R 47/06, BStBl 2009 II S. 151 NWB XAAAC-96361.
158 BFH, Urteil v. 21.3.2013 - VI R 31/10, BStBl 2013 II S. 700 NWB CAAAE-40095, sowie zur Abgrenzung: BFH, Urteil v. 17.7.2014 - VI R 69/13, BStBl 2015 II S. 41 NWB NAAAE-74905.
159 BFH, Urteil v. 14.4.2011 - VI R 24/10, BStBl 2011 II S. 767 NWB NAAAD-85772.
160 BFH, Urteil v. 17.1.2008 - VI R 26/06, BStBl 2008 II S. 378 NWB KAAAC-72112.

- die kostenlose oder verbilligte Überlassung von qualitativ und preislich **hochwertigen Kleidungsstücken** durch den Arbeitgeber[161], soweit es sich nicht um typische Berufskleidung handelt (vgl. dazu R 3.31 Abs. 1 LStR).
- monatliche Zahlungen nach einer Betriebsvereinbarung (Sozialplan) zum **Ausgleich der durch Kurzarbeit** entstehenden Nachteile.[162]
- die innerhalb eines Dienstverhältnisses erzielten **Liquidationseinnahmen** eines angestellten Chefarztes aus einem eingeräumten Liquidationsrecht für gesondert berechenbare wahlärztliche Leistungen.[163]
- **Lohnsteuerbeträge,** soweit sie vom Arbeitgeber übernommen werden und kein Fall des § 40 Abs. 3 EStG vorliegt.[164] Bei den ohne entsprechende Nettolohnvereinbarung übernommenen Lohnsteuerbeträgen handelt es sich um Arbeitslohn des Kalenderjahrs, in dem sie entrichtet worden sind und der Arbeitgeber auf den Ausgleichsanspruch gegen den Arbeitnehmer verzichtet.[165] Entsprechendes gilt für übernommene Kirchensteuerbeträge sowie für vom Arbeitgeber zu Unrecht angemeldete und an das Finanzamt endgültig abgeführte Lohnsteuerbeträge.[166]
- vom Arbeitgeber **nachträglich** an das Finanzamt **abgeführte Lohnsteuer** für zunächst als steuerfrei behandelten Arbeitslohn.[167]
- freiwillige Zahlungen von Notaren an **Notarassessoren** für deren Vertretungstätigkeit.[168]
- von einem Dritten verliehene **Preise,** die den Charakter eines leistungsbezogenen Entgelts haben und nicht eine Ehrung der Persönlichkeit des Preisträgers darstellen.[169]
- die vom Arbeitgeber übernommenen Kosten einer **Regenerationskur;** keine Aufteilung einer einheitlich zu beurteilenden Zuwendung.[170]

---

161 BFH, Urteil v. 11.4.2006 - VI R 60/02, BStBl 2006 II S. 691 NWB UAAAB-89785. Zum überwiegend eigenbetrieblichen Interesse bei Überlassung einheitlicher Kleidung beachte BFH, Urteil v. 22.6.2006 - VI R 21/05, BStBl 2006 II S. 915 NWB RAAAC-16065.

162 BFH, Urteil v. 20.7.2010 - IX R 23/09, BStBl 2011 II S. 218 NWB XAAAD-52426. Entsprechendes gilt für den Zuschuss einer Beschäftigungsgesellschaft zum Transferkurzarbeitergeld, vgl. BFH, Urteil v. 12.3.2019 - IX R 44/17, BStBl 2019 II S. 574 NWB WAAAH-17068.

163 BFH, Urteil v. 5.10.2005 - VI R 152/01, BStBl 2006 II S. 94 NWB HAAAB-69139.

164 BFH, Urteil v. 28.2.1992 - VI R 146/87, BStBl 1992 II S. 733 NWB ZAAAA-94207.

165 BFH, Urteil v. 29.10.1993 - VI R 26/92, BStBl 1994 II S. 197 NWB DAAAA-94745.

166 BFH, Urteil v. 17.6.2009 - VI R 46/07, BStBl 2010 II S. 72 NWB ZAAAD-29333.

167 BFH, Urteil v. 29.11.2000 - I R 102/99, BStBl 2001 II S. 195 NWB JAAAA-88840.

168 BFH, Urteil v. 10.3.2015 - VI R 6/14, BStBl 2015 II S. 767 NWB ZAAAE-93758.

169 BFH, Urteil v. 23.4.2009 - VI R 39/08, BStBl 2009 II S. 668 NWB IAAAD-22759. So auch BFH, Urteil v. 21.11.2024 - VI R 12/22 NWB BAAAJ-87138.

170 BFH, Urteil v. 11.3.2010 - VI R 7/08, BStBl 2010 II S. 763 NWB SAAAD-43402.

- geldwerte Vorteile anlässlich von **Reisen:**[171] Veranstaltet der Arbeitgeber insbesondere sogenannte Incentive-Reisen, um bestimmte Arbeitnehmer für besondere Leistungen zu belohnen und zu weiteren Leistungssteigerungen zu motivieren, erhalten die Arbeitnehmer damit einen steuerpflichtigen geldwerten Vorteil, wenn auf den Reisen ein Besichtigungsprogramm angeboten wird, das einschlägigen Touristikreisen entspricht, und der Erfahrungsaustausch zwischen den Arbeitnehmern demgegenüber zurücktritt.[172] Ein geldwerter Vorteil entsteht nicht, wenn die Betreuungsaufgaben das Eigeninteresse des Arbeitnehmers an der Teilnahme des touristischen Programms in den Hintergrund treten lassen.[173]
- **Zuschüsse,** die eine AG Vorstandsmitgliedern zur freiwilligen **Weiterversicherung** in der gesetzlichen **Rentenversicherung** oder einem **Versorgungswerk** gewährt.[174]
- Überschüsse aus dem **Rückverkauf** der vom Arbeitgeber erworbenen **Genussrechte,** wenn der Arbeitnehmer sie nur an den Arbeitgeber veräußern kann.[175]
- **Sachbezüge,** soweit sie zu geldwerten Vorteilen des Arbeitnehmers aus seinem Dienstverhältnis führen: Fließt dem Arbeitnehmer Arbeitslohn in Form von Sachbezügen zu, sind diese ebenso wie Barlohnzahlungen entweder dem laufenden Arbeitslohn oder den sonstigen Bezügen zuzuordnen. Für die Besteuerung unentgeltlicher Sachbezüge ist deren Geldwert maßgebend. Erhält der Arbeitnehmer die Sachbezüge nicht unentgeltlich, ist dabei der Unterschiedsbetrag zwischen dem Geldwert des Sachbezugs und dem tatsächlichen Entgelt zu versteuern. Im Weiteren ist der Geldwert entweder durch Einzelbewertung zu ermitteln (vgl. R 8.1 Abs. 2 EStR) oder mit einem amtlichen Sachbezugswert anzusetzen (vgl. R 8.1 Abs. 4 EStR). Besondere Bewertungsvorschriften gelten nach § 8 Abs. 3 EStG für den Bezug von Waren oder Dienstleistungen, die vom Arbeitgeber nicht überwiegend für den Bedarf seiner Arbeitnehmer hergestellt, vertrieben oder erbracht werden, soweit diese Sachbezüge nicht nach § 40 EStG pauschal versteuert werden[176], sowie nach § 19a Abs. 1 Satz 5 EStG und § 3 Nr. 39 Satz 4 EStG für den Bezug von Vermögensbeteiligungen. Die Auszahlung von Arbeitslohn in Fremdwährung stellt indes keinen Sachbezug dar.[177]

171 Ausführlich dazu H 19.7 „Incentive-Reisen" LStH.

172 BFH, Urteil v. 9.3.1990 - VI R 48/87, BStBl 1990 II S. 711 NWB BAAAA-93350.

173 BFH, Urteil v. 5.9.2006 - VI R 65/03, BStBl 2007 II S. 312 NWB WAAAC-33445. Selbst wenn ein Arbeitnehmer bei einer von seinem Arbeitgeber veranstalteten sogenannten Händler-Incentive-Reise Betreuungsaufgaben hat, ist die Reise Arbeitslohn, wenn der Arbeitnehmer auf der Reise von seinem Ehegatten/Lebenspartner begleitet wird, vgl. BFH, Urteil v. 25.3.1993 - VI R 58/92, BStBl 1993 II S. 639 NWB OAAAA-94575.

174 BFH, Urteil v. 24.9.2013 - VI R 8/11, BStBl 2014 II S. 124 NWB NAAAE-48982.

175 BFH, Urteil v. 5.11.2013 - VIII R 20/11, BStBl 2014 II S. 275 NWB BAAAE-54623.

176 Beachte dazu ausführlich R 8.2 EStR.

177 R 8.1 Abs. 1 EStR. Auf die Sachbezugsfreigrenze nach § 8 Abs. 2 Satz 11 EStG wird zugleich hingewiesen.

- der **Erlass einer Schadensersatzforderung** des Arbeitgebers: Verzichtet der Arbeitgeber gegenüber dem Arbeitnehmer auf Schadensersatz nach einem während einer beruflichen Fahrt alkoholbedingt entstandenen Schaden am auch zur privaten Nutzung überlassenen Firmen-Pkw, ist der dem Arbeitnehmer aus dem Verzicht entstehende Vermögensvorteil nicht durch die 1-%-Regelung abgegolten. Der als Arbeitslohn zu erfassende Verzicht auf Schadensersatz führt nur dann zu einer Steuererhöhung, wenn die Begleichung der Schadensersatzforderung nicht zum Werbungskostenabzug berechtigt. Ein Werbungskostenabzug kommt nicht in Betracht, wenn das auslösende Moment für den Verkehrsunfall die alkoholbedingte Fahruntüchtigkeit war.[178] Werden Unfallkosten bis zu 1.000€ zzgl. Umsatzsteuer je Schaden in die Gesamtkosten einbezogen, kann der Arbeitgeber auf die Prüfung eines Schadensersatzanspruches verzichten.[179]
- Aufwendungen des Arbeitgebers für eine **„Sensibilisierungswoche"** der Arbeitnehmer.[180]
- Aufwendungen des Arbeitgebers für **Sicherheitsmaßnahmen** bei abstrakter berufsbedingter Gefährdung.[181]
- vom Arbeitgeber übernommene **Steuerberatungskosten** (inklusive Umsatzsteuer):[182] Hierzu gehören insbesondere sämtliche Leistungen, die mit der Erstellung der Einkommensteuererklärung des Arbeitnehmers oder seiner Angehörigen in Verbindung stehen (Erstellung der Steuererklärung, Vorbereitungsgespräche, Beantwortung der Fragen des Finanzamts, Steuerbescheidprüfung und Einspruchsverfahren, Beantragung Kindergeld, Beratungsleistungen, VIP-Services etc.)[183]
- **Surrogatleistungen** des Arbeitgebers aufgrund des Wegfalls von Ansprüchen im Rahmen der betrieblichen Altersversorgung.[184]

178 BFH, Urteil v. 24.5.2007 - VI R 73/05, BStBl 2007 II S.766 NWB KAAAC-48535. Beachte auch BFH, Urteil v. 27.3.1992 - VI R 145/89, BStBl 1992 II S.837 NWB AAAAA-94250.

179 H 8.1 Abs. 9 bis 10 „Schadensersatz" LStH. Für eine weitere Betrachtung vgl. Kälberer/Gölz-Kälberer, Besteuerung der Einkünfte aus nichtselbstständiger Arbeit, 2021, S. 30 f.

180 BFH, Urteil v. 21.11.2018 - VI R 10/17, BStBl 2019 II S.404 NWB XAAAH-10783.

181 BFH, Urteil v. 5.4.2006 - IX R 109/00, BStBl 2006 II S.541 NWB HAAAB-87536. Beachte aber zugleich BMF, Schreiben v. 30.6.1997 - IV B 6 - S 2334 - 148/97, BStBl 1997 I S.696.

182 BMF, Schreiben v. 12.12.2023 - IV B 2 - S 1300/21/10024 :005, BStBl 2023 I S.2179 NWB CAAAJ-55688 und dazu insbesondere Rz.344, wobei es sich im Rahmen einer Nettolohnvereinbarung anders verhält (vgl. Rz.345).

183 BMF, Schreiben v. 12.12.2023 - IV B 2 - S 1300/21/10024 :005, BStBl 2023 I S.2225, Rz.344 NWB CAAAJ-55688.

184 BFH, Urteil v. 7.5.2009 - VI R 16/07, BStBl 2010 II S.130 NWB NAAAD-25212.

- die vom Arbeitgeber übernommenen festen und laufenden Kosten für einen **Telefonanschluss** in der Wohnung des Arbeitnehmers oder für ein **Mobiltelefon,** soweit kein betriebliches Gerät genutzt wird,[185] es sich nicht um Auslagenersatz nach R 3.50 LStR i.V. mit § 3 Nr. 50 EStG handelt und die Telefonkosten nicht zu den Reisenebenkosten, Umzugskosten oder Mehraufwendungen wegen doppelter Haushaltsführung gehören,
- die Nutzung vom Arbeitgeber gemieteter **Tennis- und Squashplätze.**[186]
- **Umlagezahlungen** des Arbeitgebers an die Versorgungsanstalt des Bundes und der Länder.[187]
- ggf. Beiträge für eine und Leistungen aus einer **Unfallversicherung.**[188]
- Leistungen aus **Unterstützungskassen**[189], soweit sie nicht nach § 3 Nr. 11 EStG steuerfrei sind.[190]
- **Vermittlungsprovisionen:** Erhalten Arbeitnehmer von ihren Arbeitgebern Vermittlungsprovisionen, sind diese Arbeitslohn. Das Gleiche gilt für Provisionen, die ein Dritter an den Arbeitgeber zahlt und die dieser an den Arbeitnehmer weiterleitet. Provisionszahlungen einer Bausparkasse oder eines Versicherungsunternehmens an Arbeitnehmer der Kreditinstitute für Vertragsabschlüsse, die während der Arbeitszeit vermittelt werden, sind als Lohnzahlungen Dritter dem Lohnsteuerabzug zu unterwerfen. Wenn zum Aufgabengebiet des Arbeitnehmers der direkte Kontakt mit dem Kunden des Kreditinstituts gehört, z. B. bei einem Kunden- oder Anlageberater, gilt dies auch für die Provisionen der Vertragsabschlüsse außerhalb der Arbeitszeit.[191]

185 Betriebliche Datenverarbeitungs- und Telekommunikationsgeräte (§ 3 Nr. 45 EStG, R 3.45 LStR): Die Privatnutzung betrieblicher Datenverarbeitungs- und Telekommunikationsgeräte durch den Arbeitnehmer ist unabhängig vom Verhältnis der beruflichen zur privaten Nutzung steuerfrei. Die Steuerfreiheit umfasst auch die Nutzung von Zubehör und Software. Sie ist nicht auf die private Nutzung im Betrieb beschränkt, sondern gilt bspw. auch für Mobiltelefone im Auto oder PCs in der Wohnung des Arbeitnehmers. Die Steuerfreiheit gilt nur für die Überlassung zur Nutzung durch den Arbeitgeber oder aufgrund des Dienstverhältnisses durch einen Dritten. In diesen Fällen sind auch die vom Arbeitgeber getragenen Verbindungsentgelte (Grundgebühr und sonstige laufende Kosten) steuerfrei. Für die Steuerfreiheit kommt es nicht darauf an, ob die Vorteile zusätzlich zum ohnehin geschuldeten Arbeitslohn oder aufgrund einer Vereinbarung mit dem Arbeitgeber über die Herabsetzung von Arbeitslohn erbracht werden.

186 BFH, Urteil v. 27.9.1996 - VI R 44/96, BStBl 1997 II S. 146 NWB UAAAA-95746.

187 BFH, Urteil v. 7.5.2009 - VI R 8/07, BStBl 2010 II S. 194 NWB RAAAD-25215.

188 BMF, Schreiben v. 28.10.2009 - IV C 5 - S 2332/09/10004, BStBl 2009 I S. 1275 NWB QAAAD-31328, sowie BMF, Schreiben v. 15.3.2022 - IV C 5 - S 2334/19/10007 :007, BStBl 2022 I S. 242 NWB VAAAI-13390.

189 BFH, Urteil v. 28.3.1958 - VI 233/56 S, BStBl 1958 III S. 268 NWB LAAAA-89791.

190 Beachte auch R 3.11 Abs. 2 LStR.

191 R 19.4 LStR.

- **Verzinsungen von Genussrechten,** wenn die Höhe der Verzinsung völlig unbestimmt ist und von einem aus Arbeitgeber und einem Vertreter der Arbeitnehmer bestehenden Partnerschaftsausschuss bestimmt wird.[192]
- Ausgleichszahlungen, die der Arbeitnehmer für seine in der Arbeitsphase erbrachten **Vorleistungen** erhält, wenn ein im Blockmodell geführtes Altersteilzeitarbeitsverhältnis vor Ablauf der vertraglich vereinbarten Zeit beendet wird.[193]
- Entgelte für Werbung des Arbeitgebers auf dem Kennzeichenhalter des privaten Pkw des Arbeitnehmers, wenn dem mit dem Arbeitnehmer abgeschlossenen **„Werbemietvertrag"** kein eigenständiger wirtschaftlicher Gehalt zukommt.[194]

Zum Arbeitslohn gehören auch Einnahmen aus einem **früheren Dienstverhältnis,** unabhängig davon, ob sie dem Bezugsberechtigten oder seinem Rechtsnachfolger zufließen (§ 2 Abs. 2 Nr. 2 Satz 1 LStDV).[195] In erster Linie handelt es sich dabei um Pensionen und Werksrenten, die aufgrund einer Pensionszusage (Direktzusage) des früheren Arbeitgebers gewährt werden. Davon abzugrenzen sind Leibrenten, die als wiederkehrende Bezüge einer Person für die Dauer ihrer Lebenszeit gezahlt werden.[196] Die Besteuerung richtet sich dabei nach § 22 Nr. 1 Satz 3 Buchst. a Doppelbuchst. aa EStG und erfasst neben den Leibrenten auch andere Leistungen aus den gesetzlichen Rentenversicherungen, den landwirtschaftlichen Alterskassen, den berufsständischen Versorgungseinrichtungen und aus Rentenversicherungen i. S. des § 10 Abs. 1 Nr. 2 Buchst. b EStG.[197]

Vor diesem Hintergrund sind auch Leistungen aus Altersvorsorgeverträgen, Pensionsfonds, Pensionskassen und Direktversicherungen gemäß § 22 Nr. 5 Satz 1 EStG von den Einnahmen i. S. des § 19 Abs. 1 Satz 1 Nr. 2 EStG abzugrenzen. Handelt es sich hingegen um Warte-, Ruhe-, Witwen- oder Waisengelder bzw. um andere Bezüge und Vorteile aus früheren Dienstleistungen, ist wiederum § 19 Abs. 1 Satz 1 Nr. 2 EStG einschlägig. Wie bei den Direktzusagen auch sind diese Einnahmen **im vollen Umfang** den Einkünften aus nichtselbständiger Arbeit zuzurechnen (§ 24 Nr. 2 EStG i. V. mit § 19 Abs. 1 Satz 1 Nr. 2 EStG). Nicht zum Arbeitslohn gehören hingegen Bezüge, die ganz oder teilweise auf früheren Beitragsleistungen des Bezugsberechtigten oder seines Rechtsvorgängers beruhen, es sei denn, die Beitragsleistungen wurden als Werbungskosten erfasst.[198]

---

192 BFH, Urteil v. 21.10.2014 - VIII R 44/11, BStBl 2015 II S. 593 NWB HAAAE-81792.

193 BFH, Beschluss v. 15.12.2011 - VI R 26/11, BStBl 2012 II S. 415 NWB WAAAE-02931.

194 BFH, Urteil v. 21.6.2022 - VI R 20/20, BStBl 2023 II S. 87 NWB UAAAJ-25543.

195 Vgl. auch Hey in Tipke/Lang, Steuerrecht, 24. Aufl. 2021, S. 474, Rz. 8.480.

196 Beachte hierzu H 22.3 „Begriff der Leibrente" 1. Spiegelstrich EStH mit Verweis auf BFH, Beschluss v. 15.7.1991 - GrS 1/90, BStBl 1992 II S. 78 NWB NAAAA-94224.

197 H 22.3 „Allgemeines" EStH.

198 § 2 Abs. 2 Nr. 2 Satz 2 LStDV sowie Kälberer/Gölz-Kälberer, Besteuerung der Einkünfte aus nichtselbstständiger Arbeit, 2021, S. 28 f.

Auch Vorteile, die sich bei objektiver Würdigung aller Umstände nicht als Entlohnung, sondern lediglich als **notwendige Begleiterscheinung betriebsfunktionaler Zielsetzungen** erweisen, gelten nicht als Arbeitslohn. Insoweit ist ein rechtswidriges Tun keine beachtliche Grundlage einer solchen betriebsfunktionalen Zielsetzung.[199] Vorteile besitzen danach keinen Arbeitslohncharakter, wenn sie im ganz überwiegend eigenbetrieblichen Interesse des Arbeitgebers gewährt werden.

Dies wäre dann der Fall, wenn sich aus den Begleitumständen – wie etwa Anlass, Art und Höhe des Vorteils, Auswahl der Begünstigten, freie oder nur gebundene Verfügbarkeit, Freiwilligkeit oder Zwang zur Annahme des Vorteils und seine besondere Geeignetheit für den jeweils verfolgten betrieblichen Zweck – ergibt, dass diese Zielsetzung ganz im Vordergrund steht und ein damit einhergehendes eigenes Interesse des Arbeitnehmers, den betreffenden Vorteil zu erlangen, vernachlässigt werden kann.[200] Im Ergebnis handelt es sich um Leistungen des Arbeitgebers, die er im **ganz überwiegenden betrieblichen Interesse** erbringt. Ein ganz überwiegendes betriebliches Interesse muss also über das an jeder Lohnzahlung bestehende betriebliche Interesse deutlich hinausgehen.[201] Gemeint sind Fälle, in denen bspw. ein Vorteil der Belegschaft als Gesamtheit zugewendet wird oder in denen dem Arbeitnehmer ein Vorteil aufgedrängt wird,

- ohne dass ihm eine Wahl bei der Annahme des Vorteils bleibt und
- ohne dass der Vorteil eine Marktgängigkeit besitzt.[202]

Nach gefestigter Rechtsprechung des BFH kann „auch der Erlass einer Forderung (§ 397 Abs. 1 BGB), die dem Arbeitgeber gegen den Arbeitnehmer zusteht", als Arbeitslohn i. S. des § 19 Abs. 1 Satz 1 EStG anzusehen sein.[203] Mit **Urteil vom 13.8.2020** wurde zudem nochmals klargestellt, dass die Zahlung eines gegen den Arbeitnehmer gerichteten Bußgeldes durch den Arbeitgeber stets zu Arbeitslohn führt. Ein rechtswidriges Tun kann nämlich nicht Grundlage für eine betriebsfunktionale Zielsetzung sein und folglich nicht von einem eigenbetrieblichen Interesse herrühren.[204]

„Etwas anderes gilt bei der Zahlung eines gegen den Arbeitgeber verhängten Verwarnungsgeldes, selbst wenn dieses auf einer vom Arbeitnehmer begangenen Ordnungs-

199 So H 19.3 „Allgemeines zum Arbeitslohnbegriff" LStH mit Verweis auf BFH, Urteil v. 14.11.2013 - VI R 36/12, BStBl 2014 II S. 278 NWB VAAAE-53170.

200 So wiederum H 19.3 „Allgemeines zum Arbeitslohnbegriff" LStH mit Verweis auf BFH, Urteil v. 24.9.2013 - VI R 8/11, BStBl 2014 II S. 124 m. w. N. NWB NAAAE-48982.

201 H 19.3 „Allgemeines zum Arbeitslohnbegriff" LStH mit Verweis auf BFH, Urteil v. 2.2.1990 - VI R 15/86, BStBl 1990 II S. 472 NWB UAAAA-93241.

202 H 19.3 „Allgemeines zum Arbeitslohnbegriff" LStH mit Verweis auf BFH, Urteil v. 25.7.1986 - VI R 203/83, BStBl 1986 II S. 868 NWB QAAAA-92253.

203 Vgl. BFH, Urteil v. 13.8.2020 - VI R 1/17, BStBl 2021 II S. 104, Rz. 18 NWB BAAAH-62406 (auch direktes Zitat).

204 Vgl. Werth, DB 2021 S. 203; BFH, Urteil v. 13.8.2020 - VI R 1/17, BStBl 2021 II S. 106, Rz. 36 NWB BAAAH-62406.

widrigkeit beruht. Grund hierfür ist, dass es sich bei der Verhängung eines Verwarnungsgeldes um einen mitwirkungsbedürftigen Verwaltungsakt aus Anlass einer Ordnungswidrigkeit handelt, sodass die Entstehung der Schuld allein auf dem Einverständnis des Arbeitgebers beruht."[205] Somit zahlt der Arbeitgeber **seine eigene Schuld** und nicht die des Arbeitnehmers.[206] Verzichtet der Arbeitgeber aber auf einen gesetzlichen oder vertraglichen Regressanspruch gegen den Arbeitnehmer, so kann dennoch ein geldwerter Vorteil und damit Arbeitslohn i.S. des § 19 Abs. 1 Satz 1 EStG vorliegen.[207]

2.4 Abgrenzung der Erwerbs- von der Privatsphäre am Beispiel von Influencern

Personen, die in sozialen Medien über eine große Reichweite verfügen und Abonnenten bzw. Nutzer (sogenannte Follower) über einen längeren Zeitraum an sich binden, sind von zunehmender wirtschaftlicher Relevanz. Vor diesem Hintergrund hat sich seit den 2000er-Jahren eine gänzlich **neue Berufsgruppe** herausgebildet, deren Entstehen verschiedene **steuerliche Fragen** mit sich bringt.[208]

Basierend auf einem erkennbaren Wertekompass, fachlicher Expertise und einer sympathischen Ausstrahlung fungieren Influencer oftmals als Bindeglied zwischen einer Marke und ihrer Zielgruppe. Sie gewähren (scheinbar) ganz persönliche Einblick in ihr Leben und erwecken damit den Eindruck einer besonderen – mithin freundschaftlichen – Nähe. Nahezu beiläufig werden schließlich Produkte oder Dienstleistungen empfohlen, die von den Followern aufgrund der persönlichen Ansprache als besonders vertrauenswürdig wahrgenommen werden. Die dahinterstehende Werbestrategie wird als **Influencer-Marketing** bezeichnet und gilt als Unterform des sogenannten Native Advertising.[209]

Neben der Eignung als Werbe- und Vermarktungsbotschafter steht den Influencern ein **breites Spektrum an weiteren Geschäftsmodellen** zur Verfügung, die jedoch oftmals eine besondere Nähe zur persönlichen Lebensführung aufweisen. Dies gilt umso mehr, da auf verschiedenen sozialen Plattformen (wie z.B. YouTube, Instagram, TikTok oder

205 Werth, DB 2021 S. 203, i.V. mit BFH, Urteil v. 13.8.2020 - VI R 1/17, BStBl 2021 II S. 103 NWB BAAAH-62406.

206 Vgl. Werth, DB 2021 S. 203, i.V. mit BFH, Urteil v. 13.8.2020 - VI R 1/17, BStBl 2021 II S. 103 NWB BAAAH-62406.

207 Vgl. Werth, DB 2021 S. 203, i.V. mit BFH, Urteil v. 13.8.2020 - VI R 1/17, BStBl 2021 II S. 105 f., Rz. 33 bis 35 NWB BAAAH-62406, und so insgesamt auch Kälberer/Gölz-Kälberer, Besteuerung der Einkünfte aus nichtselbstständiger Arbeit, 2021, S. 27 f.

208 Vgl. dazu ausführlich Happe, BBK 20/2024 S. 934; Heine/Trinks, Influencer-Besteuerung, 2023, S. 1 ff., sowie Heine/Trinks, beck.digitax 2021 S. 386 (Petfluencer), Heine/Trinks, beck.digitax 2022 S. 2 (Food-Influencer), S. 78 (Beauty- und Fashion-Influencer), S. 168 (Fitness-Influencer), S. 230 (Travel-Influencer) und S. 302 (Gaming-Influencer); Heine/Trinks, beck.digitax 2024 S. 231; Hubert, StuB 2/2025 S. 45; Koke, SteuerStud 11/2023 S. 735, und Koke, SteuerStud 12/2023 S. 810.

209 Vgl. Böckenholt in Hasselblatt (Hrsg.), Münchener Anwaltshandbuch Gewerblicher Rechtsschutz, 6. Aufl. 2022, § 21 Rz. 67; Keller in Harte-Bavendamm et al. (Hrsg.), UWG, 5. Aufl. 2021, Rz. 32a zu § 2 UWG.

Twitch) Meinungen, Erfahrungen und Informationen ausgetauscht und geteilt werden können. Der so erzeugte „Content" ist zumeist auf ein bestimmtes Thema begrenzt, weshalb man auch in kategorisierender Weise Corporate Influencer, Fitness-Influencer und Travel-Influencer unterscheidet. Die Content-bezogene Aufteilung ist indes dynamisch und wird zumeist nicht vollständig sein; weitere Beispiele sind demnach Finanz-, Family- oder Food-Influencer.

Das **dahinterstehende Konzept** ist jedoch **oftmals identisch:** Einnahmen werden zumeist im Rahmen des sogenannten Affiliate-Marketings durch Konditionsmodelle wie Pay-per-Click oder Pay-per-View erzielt, bei dem ein Online-Händler die für ihn geschaffene Aufmerksamkeit vergütet. Neben Werbeeinnahmen und dem Affiliate-Marketing erhalten Influencer oftmals auch Produkte zur Verfügung gestellt, um diese medial wirksam zu präsentieren. Auch die Nutzung von Dienstleistungen und die Berichterstattung über diese können eine Einnahmequelle darstellen. Als weitere denkbare Einnahmequellen kommen der Verkauf eigener Produkte (Merchandising) oder auch Beratungstätigkeiten (z. B. Lifecoach, Finanztipps) in Betracht. Welche einkommensteuerlichen Folgen nun damit verbunden sind, ist anhand des Einzelfalls und der dahinterstehenden Ausgestaltung der Tätigkeit zu bewerten.[210]

Ertragsteuerliche Behandlung von digital agierenden Steuerpflichtigen (Influencer) – FinMin Schleswig-Holstein, Erlass vom 2.7.2024

Gewerbliche Einkünfte (§ 15 EStG):

- Eine gewerbliche Tätigkeit liegt vor, soweit nicht ausnahmsweise eine selbständige Arbeit gegeben ist. Regelmäßig liegen hinsichtlich der Werbeeinnahmen **Einnahmen aus Gewerbebetrieb** vor. Die Influencer erhalten für das Dulden von Werbeanzeigen im Zusammenhang mit ihren Beiträgen bzw. für das Bewerben von Produkten Geld und nicht für die Veröffentlichung von Inhalten, z. B. als Ausdruck einer künstlerischen oder schriftstellerischen Tätigkeit nach § 18 EStG. Der Handel mit eigenen Produkten wie z. B. Kleidung, Schmuck oder Kosmetikprodukten stellt hingegen einen typischen Gewerbebetrieb i. S. des § 15 Abs. 2 Satz 1 EStG dar.

Selbständige Einkünfte (§ 18 EStG):

- **Katalogberuf oder vergleichbare Qualifikation:** Bei der Tätigkeit als Berater muss darauf geachtet werden, ob der Influencer aufgrund seiner Ausbildung einen Katalogberuf i. S. des § 18 EStG mit seiner Tätigkeit ausübt oder eine vergleichbare Qualifikation vorweist. Eine für die Ausübung dieser Tätigkeit qualifizierte Ausbildung dürfte nur im Ausnahmefall vorliegen. Oftmals wird lediglich die eigene Erfahrung

210 Vgl. Nürnberg, Beck'sches Steuer- und Bilanzrechtslexikon, Stichwort: Influencer, 70. Ed. 2025; FinMin Schleswig-Holstein, Erlass v. 2.7.2024 - VI 3010-S 2240-190 NWB DAAAJ-74283.

aus dem eigenen Werdegang oder auch die eigene Anlagestrategie dargestellt. Eine entsprechende berufliche Qualifikation liegt dann regelmäßig nicht vor.[211]

- **Künstlerische Tätigkeit:** Eine künstlerische Tätigkeit liegt vor, wenn die Arbeiten nach ihrem Gesamtbild eigenschöpferisch[212] sind und über eine hinreichende Beherrschung der Technik hinaus eine bestimmte künstlerische Gestaltungshöhe erreichen.[213] Wird der Influencer im Rahmen der Produktplatzierung tätig, indem er die positiven Eigenschaften des Produktes hervorhebt, liegt keine künstlerische Tätigkeit vor. Die Werbetätigkeit bietet regelmäßig einen zu geringen Spielraum für die Entfaltung einer eigenen schöpferischen Leistung von künstlerischem Rang.
- **Schriftstellerische Tätigkeit:** Eine schriftstellerische Tätigkeit liegt vor, wenn die steuerpflichtige Person für die Öffentlichkeit schreibt und es sich dabei um den Ausdruck der eigenen Gedanken handelt. Es ist nicht erforderlich, dass das Geschriebene einen wissenschaftlichen oder künstlerischen Inhalt hat.[214] Für die Annahme von Einkünften aus selbständiger Arbeit ist es zwingend erforderlich, dass der Influencer die Einnahmen unmittelbar für die Berichterstattung erzielt und nicht nur mittelbar über Werbung. Ein Travel-Influencer kann folglich nur eine selbständige Tätigkeit ausüben, wenn die Reiseberichte objektiv und kritisch erfolgen. Hiervon kann nicht ausgegangen werden, wenn dieser für einen Auftraggeber im Rahmen einer Vertrauenswerbung tätig wird, z. B. wenn Reise- oder Übernachtungskosten übernommen werden.

Einkünfteermittlung – Betriebseinnahmen:

Als Betriebseinnahmen gelten sämtliche Zugänge in Geld oder Geldeswert, die durch den Betrieb veranlasst (und keine Einlagen) sind:

- **Werbeeinnahmen:** Durch das Hinterlegen von Links zu kommerziellen (wie z. B. Amazon) und nichtkommerziellen Anbietern auf der eigenen Webseite oder in Videobei-

211 Beachte: Ein Finfluencer, der über seine eigene Anlagestrategie berichtet, jedoch über keine entsprechende berufliche Qualifikation verfügt, erzielt gewerbliche Einkünfte, wohingegen eine Anwältin, die die sozialen Medien nutzt, um z. B. Verbraucher über ihre Rechte zu informieren, eine freiberufliche Tätigkeit ausübt. Werbeeinnahmen stellen gewerbliche Einkünfte dar. FinMin Schleswig-Holstein, Erlass v. 2.7.2024 - VI 3010-S 2240-190 NWB DAAAJ-74283.

212 Da die künstlerische Tätigkeit in besonderem Maße persönlichkeitsbezogen ist, kann sie als solche nur anerkannt werden, wenn der Künstler auf sämtliche zur Herstellung eines Kunstwerks erforderlichen Tätigkeiten den entscheidenden gestaltenden Einfluss ausübt. So H 15.6 „Künstlerische Tätigkeit" 3. Spiegelstrich EStH mit Verweis auf BFH, Urteil v. 2.12.1980 - VIII R 32/75, BStBl 1981 II S. 170 NWB EAAAA-91580.

213 So H 15.6 „Künstlerische Tätigkeit" 1. Spiegelstrich EStH mit Verweis auf BFH, Urteil v. 11.7.1991 - IV R 33/90, BStBl 1992 II S. 353 NWB EAAAA-94039.

214 Zugleich braucht der Schriftsteller weder Dichter, Künstler noch Gelehrter zu sein. H 15.6 „Schriftstellerische Tätigkeit" 1. Spiegelstrich EStH mit Verweis auf BFH, Urteil v. 14.5.1958 - IV 278/56 U, BStBl 1958 III S. 316 NWB JAAAA-89796.

trägen erhalten Influencer regelmäßige Umsatzbeteiligungen, die als Betriebseinnahme zu erfassen sind.

- **Sachzuwendungen und erhaltene Dienstleistungen:** Oftmals erhalten Influencer von anderen Unternehmen zu bewerbende Produkte oder Dienstleistungen. Hierbei handelt es sich nicht um Geschenke, sondern um ein Entgelt für die Tätigkeit des Bewerbens. Die ersparten Aufwendungen für die erhaltene Dienstleistung sind Entgelt für die Leistungen des Influencers (Berichterstattung über die Inanspruchnahme der Dienstleistung). Erhält eine Beauty-Influencerin z. B. eine kostenlose Maniküre und berichtet darüber, sind die üblicherweise zu zahlenden Entgelte für diese Behandlung als Gegenleistung für die Tätigkeit der Influencerin zu sehen. Hinsichtlich der überlassenen Produkte ist danach zu differenzieren, ob diese behalten werden dürfen oder ob sie an den Auftraggeber zurückgegeben werden müssen. Der zugewendete Vermögenswert bleibt ohne Gewinnauswirkung, wenn die durch ihn ersparten Aufwendungen durch den Betrieb veranlasst sind. Es liegt hierbei ein betrieblicher Aufwand in Form eines betrieblichen Werteverzehrs vor, sodass sich der Wert der Zuwendung mit den ersparten Betriebsaufwendungen ausgleicht. Werden Produkte mit dem Ziel überlassen, diese im Rahmen eines Preisausschreibens an die Follower weiterzugeben, handelt es sich ebenfalls um Betriebseinnahmen. Bei den Dienstleistungen oder Produkten, die der Influencer behalten darf, handelt es sich um Einnahmen in Geldeswert, die als Betriebseinnahme (§ 4 EStG) mit dem gemeinen Wert anzusetzen sind. Bei abnutzbaren Wirtschaftsgütern des Anlagevermögens bildet dieser die Bemessungsgrundlage für die Abschreibung für Abnutzung. Gibt der Influencer z. B. Kleidung, Lebensmittel oder Kosmetik an gemeinnützige Körperschaften ab oder entnimmt diese für seinen privaten Haushalt oder andere betriebsfremde Zwecke, handelt es sich hierbei ertragsteuerrechtlich um eine Entnahme i. S. des § 4 Abs. 1 Satz 2 EStG. Die Entnahme ist nach § 6 Abs. 1 Nr. 4 Satz 1 EStG gewinnerhöhend mit dem Teilwert im Zeitpunkt der Entnahme zu erfassen. Wahlweise kann die Entnahme davon abweichend mit dem Buchwert gemäß § 6 Abs. 1 Nr. 4 Satz 4 EStG bewertet werden, wenn diese Wirtschaftsgüter unmittelbar nach der Entnahme an eine gemeinnützige Körperschaft zur Verwendung für steuerbegünstigte Zwecke gespendet werden.

Einkünfteermittlung – Betriebsausgaben:

Betriebsausgaben sind Aufwendungen, die durch den Betrieb veranlasst sind (§ 4 Abs. 4 EStG). Eine betriebliche Veranlassung liegt vor, wenn die Aufwendungen **objektiv mit dem Betrieb zusammenhängen und subjektiv dem Betrieb zu dienen bestimmt** sind. Typische Betriebsausgaben können Kosten für die Ausstattung eines Büros, Reisekosten, Miet- und Leasingkosten oder auch Lizenzgebühren sein. Aufwendungen für Ernährung, Kleidung und Gesunderhaltung fallen grundsätzlich unter das Abzugsverbot des

§ 12 Nr. 1 EStG. Eine Aufteilung der Kosten in einen privaten und einen beruflichen Anteil scheitert oftmals am Fehlen eines sachgerechten Aufteilungsmaßstabs. Die Kosten für den Erwerb einer Internet-Domain sind nach § 5 Abs. 2 EStG als immaterielles Wirtschaftsgut zu aktivieren. Eine Berücksichtigung als Betriebsausgabe über Absetzungen für Abnutzung ist nicht möglich, da es sich um ein nicht abnutzbares Wirtschaftsgut handelt. Erst im Zeitpunkt der Veräußerung oder Entnahme erfolgt die entsprechende Gewinnminderung.

- **Reisekosten:** Reisekosten für ausschließlich betrieblich veranlasste Reisen (z. B. Messebesuche, Kundentermine) sind als Betriebsausgaben abziehbar. Ist die Reise sowohl betrieblich als auch privat veranlasst, sind die fixen Kosten (insbesondere An- und Abreise) im Verhältnis der erwerbsbedingten und der privaten Veranlassungsbeiträge zueinander aufzuteilen.[215] Sind Aufwendungen für eine Reise sowohl betrieblich als auch privat veranlasst und sind die getätigten Aufwendungen anhand objektiver Kriterien (z. B. Zeitanteile) aufteilbar, kann der betrieblich veranlasste Teil der Reisekosten als Betriebsausgabe berücksichtigt werden.[216] Bei aufwendigeren Auslands- wie auch Inlandsreisen muss sorgfältig abgewogen werden, ob für die Größe des Betriebs und für die Art seiner Betätigung die Reise überhaupt betrieblich veranlasst sein kann. Dies ist nach der Rechtsprechung des BFH insbesondere dann fraglich, wenn die Aufwendungen für die Reise im Verhältnis zur Größe und Bedeutung des Betriebs und auch im Hinblick auf die Reisedauer unangemessen erscheinen.
- **Bürgerliche Kleidung und Accessoires:** Nur Aufwendungen für typische Berufskleidung, die nicht auch zu privaten Anlässen getragen werden kann, sind als Betriebsausgaben berücksichtigungsfähig. Aufwendungen für bürgerliche Kleidung sind auch dann nicht als Betriebsausgaben abzugsfähig, wenn diese ausschließlich bei der Berufsausübung getragen wird.[217]
- **Kommerzialisierbarer Teil des Namensrechts:** Der kommerzialisierbare Teil des Namensrechts einer natürlichen Person stellt ertragsteuerrechtlich ein immaterielles Wirtschaftsgut dar, das eingelegt werden kann.[218] Von dem eingelegten Wirtschaftsgut ist das im Betrieb des Influencers geschaffene immaterielle Wirtschaftsgut, das nach § 5 Abs. 2 EStG weder einlagefähig noch abschreibbar ist, zu unterscheiden. Entscheidend hierfür sind der Zeitpunkt des Entstehens des Wirtschaftsgutes „Namensrecht“ und die Frage, ob zu diesem Zeitpunkt schon ein Gewerbe-

215 Vgl. BFH, Beschluss v. 21.9.2009 - GrS 1/06, BStBl 2010 II S. 672 NWB EAAAD-35188.

216 Vgl. FG Köln, Urteil v. 22.9.2021 - 12 K 1016/19 NWB QAAAJ-76655.

217 Vgl. Niedersächsisches FG, Urteil v. 13.11.2023 - 3 K 11195/21, NWB VAAAJ-63277; FG Köln, Urteil v. 22.9.2021 - 12 K 1016/19 NWB QAAAJ-76655.

218 Vgl. BFH, Urteil v. 12.6.2019 - X R 20/17, BStBl 2020 II S. 3 NWB UAAAH-32690.

betrieb besteht. Regelmäßig kommerzialisiert sich der Name des Influencers erst, wenn für die ausdrückliche Nutzung des Namens Geld gezahlt wird, d.h. der Gewerbebetrieb bereits besteht. Ein bloßes „Influencer"-Profil zusammen mit den „Followern" stellt noch kein (selbständiges) Wirtschaftsgut im steuerlichen Sinne dar.[219] Das BFH-Urteil vom 12.6.2019[220] ist auf diesen Fall nicht anwendbar. Sofern ein kommerzialisierter Teil des aufgrund einer Einlage zu aktivierenden Namensrechts besteht, muss der Bilanzposten bewertet werden. Als Kriterien können hierbei die Reichweite des Influencers (Anzahl der Follower) und auch die Zusammensetzung des Gewinns (Zahlung für Affiliate-Links, Dienstleistungen, eigene Produkte, geschaltete Werbung oder auch direkte Zahlungen für die Verwendung des Namens) herangezogen werden. Weiterhin muss die Abschreibungsdauer festgelegt werden. Hierbei ist die wirtschaftliche Nutzungsdauer des Namensrechts entscheidend. Das heißt: Wie lange hat der Name am Markt einen Wert, der sich in seiner Bekanntheit niederschlägt? Ausgehend von einer effektiven Schutzdauer von Patenten von 20 Jahren und von einer Abschreibungsdauer für Firmenwerte über 15 Jahre erscheint ein Ansatz von zehn Jahren für die Nutzungsdauer eines kommerzialisierten Teils des Namensrechts als plausible Ausgangsgröße. Der Wegzug ins Ausland (Ausschluss des deutschen Besteuerungsrechts) steht gemäß § 16 Abs. 3a EStG einer Betriebsaufgabe gleich. Auch selbst geschaffene immaterielle Wirtschaftsgüter sind in der Aufgabebilanz mit dem gemeinen Wert im Zeitpunkt der Aufgabe (§ 16 Abs. 3 Satz 7 EStG) anzusetzen.

Neben den dargestellten Möglichkeiten zur Einnahmenerzielung erhalten Influencer oftmals auch sogenannte **Donations.** Dabei handelt es sich um Geld- oder Sachschenkungen, die sich insbesondere auf Video- und Streaming-Plattformen einer besonderen Beliebtheit erfreuen. Die während eines Livestreams so erhaltenen Zuwendungen dienen letztlich der Interaktion mit dem Streamer, indem sie in den Livestream – durch Danksagung und namentliche Erwähnung – eingebettet werden (anhand des Einzelfalls und der dahinterstehenden Ausgestaltung der Tätigkeit zu bewerten).[221] Vor diesem Hintergrund liegt auch aus umsatzsteuerlicher Sicht ein **Leistungsaustausch** vor, d.h.: Die freiwillige Zahlung von sogenannten Spenden an den Ersteller eines Videos (bspw. aufgrund eines Unterstützungs- oder Belohnungsaufrufs beim Anschauen des Videos auf einer Video-Plattform) stellt das Entgelt für eine sonstige Leistung dar. Entsprechen-

219 Vgl. FG Baden-Württemberg, Urteil v. 13.10.2023 - 5 K 2508/22 NWB NAAAJ-75739.

220 Vgl. BFH, Urteil v. 12.6.2019 - X R 20/17, BStBl 2020 II S. 3 NWB UAAAH-32690. Vgl. hierzu auch Atilgan, DStR 2023 S. 2425; Klenk/Labus/Lindner/Orth, DStR 2023 S. 7, und DStR 2024 S. 278; Sixt, NWB 2/2023 S. 80; Tschatsch/Vrielink, NWB 4/2020 S. 216.

221 Vgl. Heine/Trinks, beck.digitax 2024 S. 232; Nürnberg, Beck'sches Steuer- und Bilanzrechtslexikon, Stichwort: Influencer, 70. Ed. 2025.

des gilt für die freiwillige Zahlung von sogenannten Spenden im Rahmen eines Streams an Personen, die auf einer Streaming-Plattform live Inhalte übertragen (sogenannte Streamer). Dies hat das Finanzministerium Schleswig-Holstein in einer Kurzinformation vom 8.5.2023[222] bekanntgegeben und sich damit – im Ergebnis – der Auffassung des FG Düsseldorf[223] angeschlossen.

2.5 Umfang der Arbeitnehmerbesteuerung

Rechtsgrundlage für die Lohnsteuer ist das **Einkommensteuergesetz,** welches einen eigenständigen Einkommensbegriff geschaffen hat und mit der **Lohnsteuer-Durchführungsverordnung** weitere Einzelheiten regelt. Die Besteuerung richtet sich hierbei nach dem Einkommen, welches von einer natürlichen Person am Markt erwirtschaftet wird und unter die Aufzählung des § 2 Abs. 1 Satz 1 EStG fällt.[224] Insoweit zielt die Einkommensteuer auf die wirtschaftliche Leistungsfähigkeit eines jeden Steuerpflichtigen ab.[225]

Dabei ist zwischen der **persönlichen** und der **sachlichen Steuerpflicht** zu unterscheiden: Während die persönliche Steuerpflicht danach fragt, wer überhaupt einkommensteuerpflichtig ist, legt die sachliche Steuerpflicht den Gegenstand der Einkommensteuer fest.[226] Letztere wird deshalb auch als **Steuerentrichtungspflicht** bezeichnet und ergibt sich aus § 2 EStG.[227] Vor diesem Hintergrund wird mit § 1 EStG das Steuersubjekt festgelegt, wohingegen § 2 Abs. 1 und 5 EStG das Objekt der Einkommensteuer regelt.[228]

222 FinMin Schleswig-Holstein, Kurzinformation v. 8.5.2023 - VI 3510 - S 7100-767, DStR 2023 S. 1358.

223 FG Düsseldorf, Urteil v. 4.3.2022 - 1 K 2812/19 U NWB EAAAJ-21364.

224 Vgl. Birk/Desens/Tappe, Steuerrecht, 27. Aufl. 2024, S. 19, Rz. 62; Sievert in Jesgarzewski/Schmittmann (Hrsg.), Steuerrecht, 4. Aufl. 2023, S. 31; Zenthöfer et al., Einkommensteuer, 15. Aufl. 2024, S. 78.

225 Vgl. Birk/Desens/Tappe, Steuerrecht, 27. Aufl. 2024, S. 19, Rz. 61.

226 Vgl. Birk/Desens/Tappe, Steuerrecht, 27. Aufl. 2024, S. 203, Rz. 678 f.; Zenthöfer et al., Einkommensteuer, 15. Aufl. 2024, S. 66.

227 Vgl. Zenthöfer et al., Einkommensteuer, 15. Aufl. 2024, S. 66.

228 Vgl. Birk/Desens/Tappe, Steuerrecht, 27. Aufl. 2024, S. 203, Rz. 678 f., sowie insgesamt auch Kälberer/Gölz-Kälberer, Besteuerung der Einkünfte aus nichtselbstständiger Arbeit, 2021, S. 42.

HINWEIS

Die persönliche Einkommensteuerpflicht trifft nach dem Wortlaut des § 1 EStG lediglich natürliche Personen. Hierbei handelt es sich gemäß § 1 BGB um den lebenden Menschen, und zwar von dessen Geburt bis zu seinem Tod; auf die bürgerlich-rechtliche Rechtsfähigkeit kommt es dabei nicht an. Damit unterliegen auch geschäftsunfähige Personen wie z. B. Kinder unter sieben Jahren (§ 104 BGB) oder beschränkt geschäftsfähige Minderjährige i. S. des § 106 BGB der persönlichen Einkommensteuerpflicht. Juristische Personen wie z. B. eine Aktiengesellschaft (AG), eine Gesellschaft mit beschränkter Haftung (GmbH) oder ein Verein unterliegen nicht der Einkommensteuer, sondern der Körperschaftsteuer.[229]

Was nun unter Einkommen zu verstehen ist, ergibt sich aus **§ 2 Abs. 4 EStG:** Einkommen ist der Gesamtbetrag der Einkünfte, vermindert um die Sonderausgaben und die außergewöhnlichen Belastungen. Damit wird zugleich die Regelung des § 2 Abs. 3 EStG angesprochen, wonach die Summe der Einkünfte, vermindert um den Altersentlastungsbetrag nach § 24a EStG, den Entlastungsbetrag für Alleinerziehende i. S. des § 24b EStG und den Freibetrag nach § 13 Abs. 3 EStG, den Gesamtbetrag der Einkünfte bildet. Wird das Einkommen um die Freibeträge nach § 32 Abs. 6 EStG und um die sonstigen vom Einkommen abzuziehenden Beträge vermindert, ergibt sich das zu versteuernde Einkommen i. S. des § 2 Abs. 5 Satz 1 Halbsatz 1 EStG; dieses bildet gemäß § 2 Abs. 5 Satz 1 Halbsatz 2 EStG wiederum die Bemessungsgrundlage der tariflichen Einkommensteuer.[230]

Aus dem Schema von R 2 EStR folgt, dass das zu versteuernde Einkommen für die Berechnung und Festsetzung der tariflichen Einkommensteuer maßgeblich ist (§ 32a EStG, § 2 Abs. 5 Satz 1 Halbsatz 2 EStG). Die Einkommensteuer ist gemäß § 2 Abs. 7 Satz 1 EStG eine Jahressteuer und wird nach Maßgabe des § 25 EStG grundsätzlich für jede steuerpflichtige Person getrennt berechnet; Letzteres wird auch als **Individualprinzip** bezeichnet. **Ausnahmen** vom Grundsatz der Individualbesteuerung gibt es für **Ehegatten,** die rechtsgültig verheiratet sind, nicht dauernd getrennt leben und unbeschränkt einkommensteuerpflichtig sind (§ 26 Abs. 1 Satz 1 Nr. 1 bis 3 EStG). Liegen diese Voraussetzungen zu irgendeinem Zeitpunkt im Veranlagungszeitraum vor, können sie zwischen der Einzel- und der Zusammenveranlagung wählen (§§ 26a und 26b EStG); dies gilt im Übrigen nach § 2 Abs. 8 EStG auch für eingetragene Lebenspartnerschaften und hat sogleich Auswirkungen auf den anzuwendenden Steuertarif.[231]

229 Vgl. insgesamt Birk/Desens/Tappe, Steuerrecht, 27. Aufl. 2024, S. 204, Rz. 681; Zenthöfer et al., Einkommensteuer, 15. Aufl. 2024, S. 66 und 75.

230 Vgl. Kälberer/Gölz-Kälberer, Besteuerung der Einkünfte aus nichtselbstständiger Arbeit, 2021, S. 46.

231 Vgl. Kälberer/Gölz-Kälberer, Besteuerung der Einkünfte aus nichtselbstständiger Arbeit, 2021, S. 47, und dazu auch Griesel in Jesgarzewski/Schmittmann (Hrsg.), Steuerrecht, 4. Aufl. 2023, S. 51.

- Bei der **Einzelveranlagung** sind jedem Ehegatten die von ihm bezogenen Einkünfte zuzurechnen (§ 26a Abs. 1 Satz 1 EStG). Einkünfte eines Ehegatten sind gemäß § 26a Abs. 1 Satz 2 EStG nicht allein deshalb dem anderen Ehegatten zuzurechnen, weil dieser bei der Erzielung der Einkünfte mitgewirkt hat. Darüber hinaus sind Sonderausgaben, außergewöhnliche Belastungen und die Steuerermäßigungen i.S. der §§ 35a und 35c EStG demjenigen Ehegatten zuzurechnen, der die Aufwendungen auch wirtschaftlich getragen hat; auf übereinstimmenden Antrag der Ehegatten werden sie jedoch jeweils zur Hälfte abgezogen (§ 26a Abs. 2 Satz 1 und 2 EStG). Im Ergebnis wird das zu versteuernde Einkommen jedes Ehegatten nach dem Grundtarif versteuert; die Eheleute geben also zwei getrennte Steuererklärungen ab und die Steuer wird gegenüber jedem Ehegatten einzeln festgesetzt.[232]
- Bei der **Zusammenveranlagung** werden die Einkünfte, die die Ehegatten erzielt haben, zusammengerechnet und den Ehegatten gemeinsam zugerechnet. Soweit nichts anderes vorgeschrieben ist, werden die Ehegatten sodann gemeinsam als Steuerpflichtiger behandelt (§ 26b EStG).[233] Dabei gilt es zu beachten, dass die Zusammenveranlagung nach § 26b EStG zwar zu einer Zusammenrechnung, nicht aber zu einer einheitlichen Ermittlung der Einkünfte der Ehegatten führt (R 26b Abs. 1 Satz 1 EStR).[234]

HINWEIS

Die gemeinsamen Einkünfte zusammenzuveranlagender Ehegatten sind grundsätzlich gesondert und einheitlich festzustellen (§ 179 Abs. 2 AO und § 180 Abs. 1 Satz 1 Nr. 2 Buchst. a AO), sofern es sich nicht um Fälle von geringer Bedeutung handelt (§ 180 Abs. 3 AO).[235] Solche Fälle sind bspw. bei Mieteinkünften von zusammenzuveranlagenden Ehegatten[236] und bei dem gemeinschaftlich erzielten Gewinn von zusammenzuveranlagenden Landwirts-Ehegatten[237] gegeben, wenn die Einkünfte verhältnismäßig einfach zu ermitteln sind und die Aufteilung feststeht.[238]

232 Vgl. Birk/Desens/Tappe, Steuerrecht, 27. Aufl. 2024, S. 203, Rz. 677; Griesel in Jesgarzewski/Schmittmann (Hrsg.), Steuerrecht, 4. Aufl. 2023, S. 51.

233 Vgl. Birk/Desens/Tappe, Steuerrecht, 27. Aufl. 2024, S. 203 Rz. 676; Griesel in Jesgarzewski/Schmittmann (Hrsg.), Steuerrecht, 4. Aufl. 2023, S. 51.

234 Bei der Zusammenveranlagung nach § 26b EStG sind ebenso wie bei der Einzelveranlagung nach § 26a EStG für jeden Ehegatten die von ihm bezogenen Einkünfte gesondert zu ermitteln. So H 26b „Gesonderte Ermittlung der Einkünfte" EStH mit Verweis auf BFH, Urteil v. 25.2.1988 - IV R 32/86, BStBl 1988 II S. 827 NWB OAAAA-92673.

235 R 26b Abs. 2 EStR.

236 BFH, Urteil v. 20.1.1976 - VIII R 253/71, BStBl 1976 II S. 305 NWB FAAAA-91117, sowie bestätigt durch BFH, Beschluss v. 4.7.2018 - IX B 114/17 SAAAG-92055.

237 BFH, Urteil v. 4.7.1985 - IV R 136/83, BStBl 1985 II S. 576 NWB XAAAA-92080.

238 H 26b „Feststellung gemeinsamer Einkünfte" EStH.

Das zu versteuernde Einkommen wird nunmehr wie folgt ermittelt:

Tab. 1:		Ermittlung des zu versteuernden Einkommens gemäß R 2 Abs. 1 EStR
1		Summe der Einkünfte aus den Einkunftsarten
2	=	Summe der Einkünfte
3	–	Altersentlastungsbetrag (§ 24a EStG)
4	–	Entlastungsbetrag für Alleinerziehende (§ 24b EStG)
5	–	Freibetrag für Land- und Forstwirte (§ 13 Abs. 3 EStG)
6	+	Hinzurechnungsbetrag (§ 52 Abs. 2 Satz 3 EStG und § 8 Abs. 5 Satz 2 AIG[239])
7	=	Gesamtbetrag der Einkünfte (§ 2 Abs. 3 EStG)[240]
8	–	Verlustabzug nach § 10d EStG
9	–	Sonderausgaben (§§ 10,10a, 10b, 10c EStG)
10	–	außergewöhnliche Belastungen (§§ 33 bis 33b EStG)
11	–	Steuerbegünstigung der zu Wohnzwecken genutzten Wohnungen, Gebäude und Baudenkmale sowie der schutzwürdigen Kulturgüter (§§ 10e bis 10i EStG, § 52 Abs. 21 Satz 6 EStG i. d. F. vom 16.4.1997, BGBl 1997 I S. 821 und § 7 FördG[241])
12	+	Erstattungsüberhänge (§10 Abs. 4b Satz 3 EStG)[242]
13	+	zuzurechnendes Einkommen gemäß § 15 Abs. 1 AStG[243]
14	=	Einkommen (§ 2 Abs. 4 EStG)
15	–	Freibeträge für Kinder (§§ 31, 32 Abs. 6 EStG)
16	–	Härteausgleich nach § 46 Abs. 3 EStG, § 70 EStDV
17	=	zu versteuerndes Einkommen (§ 2 Abs. 5 EStG)

239 Gesetz über steuerliche Maßnahmen bei Auslandsinvestitionen der deutschen Wirtschaft (Auslandsinvestitionsgesetz).

240 Der negative Gesamtbetrag der Einkünfte im Verlustentstehungsjahr ist nach Durchführung des Verlustrücktrags bzw. Verlustvortrags um den Betrag der zurückgetragenen bzw. vorgetragenen Einkünfte zu erhöhen. Der dementsprechend geänderte Gesamtbetrag der Einkünfte bildet die Ausgangsgröße für die weitere Ermittlung des Einkommens gemäß § 2 Abs. 4 EStG. So H 2 „G. d. E. im Verlustentstehungsjahr" EStH mit Verweis auf BFH, Urteil v. 3.5.2023 - IX R 6/21, BStBl 2023 II S. 1002 NWB SAAAJ-45445.

241 Gesetz über Sonderabschreibungen und Abzugsbeträge im Fördergebiet (Fördergebietsgesetz).

242 Ab VZ 2020 auch Steuerermäßigung für energetische Maßnahmen bei zu eigenen Wohnzwecken genutzten Gebäuden nach § 35 EStG.

243 Eine Hinzurechnung entfällt ab VZ 2013, da diese bereits im Rahmen der Einkünfteermittlung vorzunehmen ist, d. h. § 15 Abs. 1 AStG in der durch das Amtshilferichtlinie-Umsetzungsgesetz geänderten Fassung.

In einem weiteren Schritt ist die festzusetzende Einkommensteuer nach Maßgabe von R 2 Abs. 2 EStR wie folgt zu ermitteln:

Tab. 2:		Ermittlung der festzusetzenden Einkommensteuer gemäß R 2 Abs. 2 EStR
1		Steuerbetrag a) nach § 32a Abs. 1 und 5 EStG, § 50 Abs. 1 Satz 2 EStG oder b) nach dem bei Anwendung des Progressionsvorbehalts (§ 32b EStG) oder der Steuersatzbegrenzung sich ergebenden Steuersatz
2	+	Steuer aufgrund der Berechnung nach den §§ 34 und 34b EStG
3	+	Steuer aufgrund der Berechnung nach § 34a Abs. 1, 4 bis 6 EStG
4	=	tarifliche Einkommensteuer (§ 32a Abs. 1 und 5 EStG)
5	–	Minderungsbetrag nach Punkt 11 Ziffer 2 des Schlussprotokolls zu Art. 23 DBA Belgien in der durch Art. 2 des Zusatzabkommens vom 5.11.2002 geänderten Fassung (BGBl 2003 II S. 1615)[244]
6	–	ausländische Steuern nach § 34c Abs. 1 und 6 EStG, § 12 AStG
7	–	Steuerermäßigung nach § 35 EStG
8	–	Steuerermäßigung für Steuerpflichtige mit Kindern bei Inanspruchnahme erhöhter Absetzungen für Wohngebäude oder der Steuerbegünstigungen für eigengenutztes Wohneigentum (§ 34f Abs. 1 und 2 EStG)
9	–	Steuerermäßigung bei Zuwendungen an politische Parteien und unabhängige Wählervereinigungen (§ 34g EStG)
10	–	Steuerermäßigung nach § 34f Abs. 3 EStG
11	–	Steuerermäßigung nach § 35a EStG
12	–	Ermäßigung bei Belastung mit Erbschaftsteuer (§ 35b EStG)
13	+	Steuer aufgrund der Berechnung nach § 32d Abs. 3 und 4 EStG

244 Zusätzlicher Minderungsbetrag von 8 %.

14	+	Steuern nach § 34c Abs. 5 EStG
15	+	Nachsteuer nach § 10 Abs. 5 EStG i. V. mit § 30 EStDV
16	+	Zuschlag nach § 3 Abs. 4 Satz 2 Forstschäden-Ausgleichsgesetz
17	+	Anspruch auf Zulage für Altersvorsorge, wenn Beiträge als Sonderausgaben abgezogen worden sind (§ 10a Abs. 2 EStG)
18	+	Anspruch auf Kindergeld oder vergleichbare Leistungen, soweit in den Fällen des § 31 EStG das Einkommen um Freibeträge für Kinder gemindert wurde[245]
19	=	festzusetzende Einkommensteuer (§ 2 Abs. 6 EStG)

2.6 Ermittlung der Einkünfte aus nichtselbständiger Arbeit

Für die Gewinn- und Überschusseinkünfte sieht das Gesetz zwei unterschiedliche Arten der Einkünfteermittlung vor; man spricht deshalb auch vom **Dualismus der Einkünfteermittlung.** Denn während für Einkünfte aus Land- und Forstwirtschaft, Gewerbebetrieb und selbständiger Arbeit (vgl. § 2 Abs. 1 Satz 1 Nr. 1 bis 3 EStG) der Gewinn anzusetzen ist, ist dies für die übrigen Einkunftsarten der Überschuss der Einnahmen über die Werbungskosten:[246]

- **Gewinneinkünfte:** Einkünfte sind der Gewinn (§§ 4 bis 7k EStG); § 2 Abs. 2 Satz 1 Nr. 1 EStG.
- **Überschusseinkünfte:** Einkünfte sind der Überschuss der Einnahmen über die Werbungskosten (§§ 8 bis 9a EStG); § 2 Abs. 2 Satz 1 Nr. 2 EStG.

Nach dem Wortlaut des § 38 EStG wird die Lohnsteuer durch Abzug vom Arbeitslohn erhoben und für Rechnung des Arbeitnehmers an das Finanzamt abgeführt. Aus diesem Grund spricht man auch von einer sogenannten **Quellenbesteuerung.** Die Einkommensteuer erfasst also vorrangig das **am Markt erwirtschaftete Einkommen einer natürlichen Person;**[247] die Lohnsteuer ist hierbei eine Erhebungsform der Einkommen-

245 Hinzurechnungsbetrag erst nach Anwendung der Steuerermäßigungsvorschriften, d. h., die Hinzurechnung des Kindergeldanspruchs bildet den letzten Schritt auf dem Weg zur Ermittlung der festzusetzenden Einkommensteuer und hat keinen Einfluss auf etwaige, vorher zu berücksichtigende Steuerermäßigungen. Hieraus ergibt sich bei Anwendung der Steuerermäßigungsvorschriften kein zusätzliches Verrechnungspotenzial. H 2 „Hinzurechnung des Anspruchs auf Kindergeld oder vergleichbare Leistungen" EStH mit Verweis auf BFH, Urteil v. 14.4.2021 - III R 34/19, BStBl 2021 II S. 848 NWB EAAAH-90292.

246 Vgl. Grashoff/Mach, Grundzüge des Steuerrechts, 16. Aufl. 2023, S. 14, Rz. 40; Zenthöfer et al., Einkommensteuer, 15. Aufl. 2024, S. 82.

247 Vgl. Birk/Desens/Tappe, Steuerrecht, 27. Aufl. 2024, S. 179, Rz. 590; Sievert in Jesgarzewski/Schmittmann (Hrsg.), Steuerrecht, 4. Aufl. 2023, S. 31; Zenthöfer et al., Einkommensteuer, 15. Aufl. 2024, S. 63.

steuer, die dem Arbeitgeber eine wichtige Stellung im Erhebungs- und Abführungsverfahren zuweist.[248]

Tab. 3: Typisiertes Ermittlungsschema

	Bruttobezüge		Einnahmen (§ 8 EStG)
–	Ausgaben	–	Werbungskosten (§ 9 EStG)
=	Nettobezüge	=	Überschuss der Einnahmen über die Werbungskosten

Um die Einkünfte aus nichtselbständiger Arbeit zu ermitteln, ist letztlich der **Bruttoarbeitslohn** laut Lohnsteuerbescheinigung zugrunde zu legen. Hierbei handelt es sich um die auschlaggebende Ansatzhöhe; Lohn- und Kirchensteuer sowie der Solidaritätszuschlag[249] dürfen nach § 12 Nr. 3 EStG die Einnahmen nicht mindern. Entsprechendes gilt für den Arbeitnehmeranteil zur Sozialversicherung (§ 12 Nr. 3 EStG). Demgegenüber bewirkt der Arbeitgeberanteil zur Sozialversicherung keinen Vermögenszuwachs und ist laut Rechtsprechung des BFH nicht anzusetzen; damit wird zugleich klargestellt, dass § 3 Nr. 62 Satz 1 EStG lediglich deklaratorischen Charakter besitzt.[250]

Nachrichtlich ist sowohl die Kirchensteuer (§ 10 Abs. 1 Nr. 4 EStG) als auch der Arbeitnehmeranteil zur Sozialversicherung (§ 10 Abs. 1 Nr. 2 bis 3a EStG) als Sonderausgabe zu berücksichtigen. Weiterhin ist die Lohnsteuer gemäß § 36 Abs. 2 Nr. 2 EStG auf die Einkommensteuerschuld anzurechnen und die Werbungskosten gemäß § 9 EStG bzw. der Arbeitnehmer-Pauschbetrag i. H. von 1.230 €[251] (ab VZ 2023, § 9a Satz 1 Nr. 1 Buchst. b EStG) zu berücksichtigen. Letzterer ist nach Dafürhalten des BVerfG aus Vereinfachungsgründen gerechtfertigt und nicht offensichtlich realitätsfremd, weshalb er als **verfassungsgemäß** anzusehen ist.[252]

Sind die tatsächlichen Werbungskosten **höher als der Pauschbetrag,** sind die tatsächlichen Werbungskosten abzuziehen, sodass der Pauschbetrag in diesen Fällen verpufft.[253] Zudem kommt der Ansatz des Pauschbetrags sowohl bei unbeschränkter als auch bei beschränkter Steuerpflicht in Betracht, wird für jede Einkunftsart im Veranla-

248 Vgl. nur Birk/Desens/Tappe, Steuerrecht, 27. Aufl. 2024, S. 19, Rz. 62, und Sievert in Jesgarzewski/Schmittmann (Hrsg.), Steuerrecht, 4. Aufl. 2023, S. 31.

249 Der Solidaritätszuschlag gilt in seiner derzeitigen Gestaltung als verfassungsgemäß: So BVerfG, Urteil v. 26.3.2025 - 2 BvR 1505/20 NWB YAAAJ-88497.

250 Vgl. BFH, Urteil v. 6.6.2002 - VI R 178/97, BStBl 2003 II S. 34 NWB YAAAA-89405.

251 Werbungskosten-Pauschbetrag im VZ 2022 i. H. von 1.200 € und bis zum VZ 2021 i. H. von 1.000 €. Der Arbeitnehmer-Pauschbetrag ist auch dann nicht zu kürzen, wenn feststeht, dass keine oder nur geringe Werbungskosten angefallen sind. So H 9a „Allgemeines" LStH mit Verweis auf BFH, Urteil v. 10.6.2008 - VIII R 76/05, BStBl 2008 II S. 937 NWB DAAAC-89513.

252 Vgl BVerfG, Beschluss v. 10.4.1997 - 2 BvL 77/92 NWB LAAAA-95911; Fehrenbacher, Steuerrecht, 8. Aufl. 2023, S. 103, Rz. 141.

253 Vgl. Zenthöfer et al., Einkommensteuer, 15. Aufl. 2024, S. 834.

gungszeitraum nur einmal gewährt und darf gemäß § 9a Satz 2 EStG zu keinem Verlust führen.[254] Vereinfacht ergibt sich damit folgendes Ermittlungsschema:

Tab. 4:	Ermittlungsschema bei Bezügen aus einem bestehenden Dienstverhältnis
	Bruttoarbeitslohn
–	Werbungskosten (§ 9 EStG) bzw. mindestens Arbeitnehmer-Pauschbetrag i. H. von 1.230 € (§ 9a Satz 1 Nr. 1 Buchst. a EStG)[255]
=	Einkünfte aus nichtselbständiger Arbeit

Handelt es sich hingegen um Versorgungsbezüge i. S. des § 19 Abs. 1 Satz 1 Nr. 2 i. V. mit Abs. 2 Satz 2 EStG ergeben sich folgende Besonderheiten:

Tab. 5:	Ermittlungsschema bei Bezügen aus einem früheren Dienstverhältnis bzw. als Rechtsnachfolger
	Bruttoarbeitslohn
–	Versorgungsfreibetrag (§ 19 Abs. 2 Satz 1 und 3 EStG)
–	Zuschlag zum Versorgungsfreibetrag (§ 19 Abs. 2 Satz 1 und 3 EStG)
–	Werbungskosten (§ 9 EStG) bzw. mindestens Werbungskosten-Pauschbetrag i. H. von 102 € (§ 9a Satz 1 Nr. 1 Buchst. b EStG)
=	Einkünfte aus nichtselbständiger Arbeit

Bezieht der Steuerpflichtige also **Versorgungsbezüge i. S. des § 19 Abs. 2 EStG** (z. B. Beamter im Ruhestand), beträgt der Werbungskosten-Pauschbetrag lediglich **102 €** (§ 9a Satz 1 Nr. 1 Buchst. b EStG); Entsprechendes gilt für **Bezieher von Renten i. S. des § 22 Nr. 1 Satz 3 Buchst. a EStG.** Für Versorgungsbezüge wird zudem ein nach § 19 Abs. 2 Satz 3 EStG ermittelter Versorgungsfreibetrag sowie ein Zuschlag zum Versorgungsfreibetrag gewährt. Hierbei handelt es sich jedoch um auslaufendes Recht, da sowohl der Versorgungsfreibetrag als auch der Zuschlag zum Versorgungsfreibetrag bis zum Jahr 2058 schrittweise abgeschmolzen wird und nur noch für Fälle gewährt wird, in denen der Versorgungsbeginn bis zum Jahr 2057 eingetreten ist. Grund hierfür ist, dass ab dem Veranlagungszeitraum 2058 auch die gesetzlichen oder ihnen gleichgestellten Renten mit einem Besteuerungsanteil von 100 % anzusetzen sind.[256]

254 Vgl. Fehrenbacher, Steuerrecht, 8. Aufl. 2023, S. 103, Rz. 140.

255 Bei der Zusammenveranlagung von Ehegatten nach § 26b EStG können beide Ehegatten den jeweiligen Pauschbetrag beanspruchen, soweit jeder die dahingehenden Voraussetzungen erfüllt. Vgl. Zenthöfer et al., Einkommensteuer, 15. Aufl. 2024, S. 834.

256 Vgl. Zenthöfer et al., Einkommensteuer, 15. Aufl. 2024, S. 834.

3 Werbungskosten des Arbeitnehmers

3.1 Stellung der Werbungskosten im Einkommensteuerrecht

Werbungskosten sind alle Aufwendungen zur **Erwerbung, Sicherung** und **Erhaltung der Einnahmen;** dies ergibt sich aus § 9 Abs. 1 Satz 1 EStG. Gemeint sind damit die „Kosten der Einkommenserwerbung", was bereits im preußischen Einkommensteuergesetz von 1891 zum Ausdruck kam und im Reichseinkommensteuergesetz von 1920 mit einer gesetzlichen Legaldefinition konkretisiert wurde. Als Grundlage der Ertragsbesteuerung fungiert hierbei das **objektive Nettoprinzip.**[257] Im Falle der Arbeitnehmerbesteuerung handelt es sich um den Überschuss der Einnahmen über die Werbungskosten, d. h. um „eine saldierte Rechengröße, die sich aus den Einnahmen abzgl. derjenigen Aufwendungen zusammensetzt, die bei der Erzielung der Einnahmen entstanden sind"[258]. Derjenige Teil, der für die Erzielung der Einnahmen ausgegeben werden muss, steht also für Zwecke der Besteuerung nicht zur Verfügung; diese Form der Erwerbsausgaben bezeichnet man als Werbungskosten (§ 9 Abs. 1 EStG) und bei den Gewinneinkünften als Betriebsausgaben (§ 4 Abs. 4 EStG).[259]

HINWEIS

Erzielt ein Arbeitnehmer sowohl Einnahmen aus selbständiger Arbeit als auch aus nichtselbständiger Arbeit, sind die dadurch veranlassten Aufwendungen den jeweiligen Einkunftsarten, ggf. nach einer im Schätzungswege vorzunehmenden Aufteilung, als Werbungskosten oder Betriebsausgaben zuzuordnen.[260]

Kernproblem der Werbungskosten ist deren **Abgrenzung zur Privatsphäre,** denn nur Aufwendungen, die im Rahmen der **Erwerbssphäre** anfallen, sind auch abzugsfähig.[261] Darüber hinaus bleiben „Veränderungen im Bereich des eingesetzten Vermögens grundsätzlich unberücksichtigt"; besteuert wird nicht das erwirtschaftete Reinvermögen, sondern lediglich die Quelleneinkünfte. Da Arbeitnehmer nicht etwa wie Gewerbetreibende oder Selbständige über ein Betriebsvermögen verfügen, „wirken sich Änderungen im Bereich ihres Vermögens" letztlich nicht aus. „Weder Wertsteigerungen noch Wertverluste im Privatvermögen werden erfasst. Dementsprechend sind Aufwen-

257 Vgl. Tappe in Drüen (Hrsg.), Besteuerung von Arbeitnehmern, DStJG 40/2017, S. 337.

258 Tappe in Drüen (Hrsg.), Besteuerung von Arbeitnehmern, DStJG 40/2017, S. 337.

259 Vgl. Tappe in Drüen (Hrsg.), Besteuerung von Arbeitnehmern, DStJG 40/2017, S. 337 f., und insgesamt auch Kälberer/Gölz-Kälberer, Besteuerung der Einkünfte aus nichtselbstständiger Arbeit, 2021, S. 151.

260 H 9.1 „Aufteilung von Aufwendungen bei mehreren Einkunftsarten" LStH mit Verweis auf BFH, Urteil v. 10.6.2008 - VIII R 76/05, BStBl 2008 II S. 937 NWB DAAAC-89513.

261 Vgl. Tappe in Drüen (Hrsg.), Besteuerung von Arbeitnehmern, DStJG 40/2017, S. 338.

dungen für den Vermögensstamm, aus dem Einkünfte erzielt werden, grundsätzlich keine Werbungskosten."[262]

HINWEIS

Hinsichtlich der zeitlichen Zuordnung von Werbungskosten gelten die Regelungen des § 11 Abs. 2 EStG, sodass sie regelmäßig in dem Kalenderjahr abzusetzen sind, in dem sie geleistet worden sind.

Auch die **Rückzahlung von Einnahmen oder Arbeitslohn** fällt nicht unter den Werbungskostenbegriff.[263] Derartige Rückzahlungen führen im Jahr des Abflusses zwar zu einer Minderung der Einnahmen, werden jedoch nicht vom „allgemeinen" Werbungskostenbegriff des § 9 Abs. 1 Satz 1 EStG erfasst. In der Folge wirken sich zurückgezahlte Einnahmen nicht auf die Berechnung des Werbungkostenpauschbetrags des § 9a Satz 1 Nr. 1a EStG aus, sondern mindern lediglich die Bemessungsgrundlage bei den Einkünften aus nichtselbständiger Arbeit.[264] „Als Rückzahlung von Arbeitslohn ist auch die Abtretung und Auszahlung von Steuererstattungsbeträgen oder Kindergeldzahlungen an den ArbG [Arbeitgeber; Anm. d. Verf.] im Rahmen einer Nettolohnvereinbarung anzusehen."[265] In der Folge mindert sich der Bruttoarbeitslohn des Arbeitnehmers um die abgetretenen Beträge.[266]

Betrachtet man nun die gängigsten Werbungskostenpositionen, wurden in den Einkommensteuerbescheiden für das Jahr 2019 vornehmlich Aufwendungen für Fahrten zwischen Wohnung und erster Tätigkeitsstätte (§ 9 Abs. 1 Satz 3 Nr. 4 EStG) geltend gemacht. Weiter häufig geltend gemachte Aufwendungen sind etwa solche für Arbeitsmittel und die übrigen Werbungskosten. Letztere wurden von rund 10,9 Mio. bzw. 12,1 Mio. Steuerpflichtigen erklärt, wohingegen andere Werbungskostenpositionen weniger häufig Berücksichtigung fanden. Konditional auf die Geltendmachung des jeweiligen Abzugs abstellend, wird jedoch deutlich, dass die weniger häufig deklarierten Werbungskosten deutlich höhere Beträge aufweisen – bspw. bei den Mehraufwendun-

262 Tappe in Drüen (Hrsg.), Besteuerung von Arbeitnehmern, DStJG 40/2017, S. 338.

263 Vgl. Wagner in Birk et al. (Hrsg.), Lohnsteuer, Werbungskosten, 4. Ed. 2024, Rz. 462, mit Verweis auf BFH, Urteil v. 10.10.1995 - VIII R 56/91 RAAAB-37553; BFH, Urteil v. 17.9.2009 - VI R 17/08, BStBl 2010 II S. 299 VAAAD-32829; BFH, Urteil v. 12.11.2009 - VI R 20/07, BStBl 2010 II S. 845 SAAAD-37700; BFH, Urteil v. 18.10.2011 - IX R 58/10, BStBl 2012 II S. 286 YAAAE-01406.

264 Vgl. Wagner in Birk et al. (Hrsg.), Lohnsteuer, Werbungskosten, 4. Ed. 2024, Rz. 462.

265 Wagner in Birk et al. (Hrsg.), Lohnsteuer, Werbungskosten, 4. Ed. 2024, Rz. 462.

266 Vgl. BFH, Urteil v. 8.2.2024 - VI R 26/21, BStBl 2024 II S. 574 XAAAJ-66681.

gen für eine doppelte Haushaltsführung.[267] Letztlich stellt sich die Komplexitätswirkung des Werbungkostenabzugs anhand der Häufigkeit der Veranlagungsfälle ein.[268]

Tab. 6: Bedeutung verschiedener Werbungskostenpositionen für das Jahr 2019[269]

	Steuerpflichtige	Summe in 1.000 €	Durchschnitt in €[270]
Wege Wohnung und Arbeitsstätte	12.390.013	21.966.537	1.773
Aufwendungen für Arbeitsmittel	10.941.630	3.245.881	297
Beiträge zu Berufsverbänden	3.666.775	1.199.709	327
Fortbildungskosten	1.889.190	2.707.272	1.433
Mehraufwendungen für Verpflegung	2.678.270	3.419.760	1.277
Häusliches Arbeitszimmer	977.284	1.061.392	1.064
Mehraufwendungen für doppelte Haushaltsführung	361.664	2.404.941	6.650
Weitere Werbungskosten	12.139.143	4.314.240	355

267 Expertenkommission „Bürgernahe Einkommensteuer“, Weniger Bürokratie, mehr Digitalisierung, Abschlussbericht 2024, S. 50 f., und dazu insgesamt bspw. Kanzler, FR 2024 S. 729; Mellinghoff, DB 40–41/2024 S. M4; Schmidt, DB 2024 S. 2451, S. 2528 sowie S. 2594.

268 Dazu führt die Expertenkommission „Bürgernahe Einkommensteuer“ in ihrem Abschlussbericht Folgendes aus: „Sie berücksichtigt Komplexität an der ‚intensiven‘ und Komplexität an der ‚extensiven‘ Marge: An der ‚intensiven‘ Marge entstehen Befolgungskosten aus der Notwendigkeit, dass Steuerpflichtige Informationen im Rahmen der Steuerveranlagung an das Finanzamt melden und über das Sammeln und Verwalten von Belegen diese Aufwendungen gegenüber dem Finanzamt nachweisen. An der ‚extensiven‘ Marge kann die Geltendmachung bestimmter steuerlicher Abzüge die Steuerveranlagung des Steuerpflichtigen begründen. (Ohne die gesetzliche Möglichkeit eines bestimmten Werbungskostenabzugs würden Steuerpflichtige teils auf die Veranlagung verzichten.) Da auch die Veranlagung selbst Befolgungskosten aufseiten der Steuerpflichtigen und Verwaltungskosten aufseiten der Finanzverwaltung erzeugt, ist die extensive Marge ebenfalls relevant.“ Expertenkommission „Bürgernahe Einkommensteuer“, Weniger Bürokratie, mehr Digitalisierung, Abschlussbericht 2024, S. 50.

269 Expertenkommission „Bürgernahe Einkommensteuer“, Weniger Bürokratie, mehr Digitalisierung, Abschlussbericht 2024, S. 51, basierend auf Daten des BMF für das Jahr 2019.

270 Durchschnittliche Höhe der Abzüge konditional auf die Nutzung.

Im Übrigen ist festzuhalten, dass der Gesetzgeber den Begriff der **„Aufwendungen" deckungsgleich** mit dem der **„Ausgaben"** verwendet: Als Aufwendungen sind sämtliche Ausgaben anzusehen, die in Geld oder Geldeswert bestehen und die durch ihr Abfließen eine Vermögensminderung bewirken.[271] Letzteres ist auf das sogenannte Nettoprinzip zurückzuführen, da nur tatsächliche Ausgaben im Besteuerungszeitraum den Umfang der der Besteuerung unterliegenden Einnahmen mindern können.[272] Dabei reicht es laut BFH aus, wenn sich das bisherige Vermögen durch den Aufwand verringert.[273] „Dementsprechend ändert auch der Umstand, dass dem Steuerpflichtigen aufgrund der Aufwendung ggf. eine Gegenleistung zufließt oder zusteht, die wiederum seinem Vermögen zugutekommt, nichts an einem steuerlich zu berücksichtigen [berücksichtigenden; Anm. d. Verf.] Abfluss. Der Umstand, dass die Aufwendung zu einer Vermögensumschichtung führt, steht demnach dem Werbungskostenabzug grundsätzlich nicht entgegen."[274]

In der Praxis ist diese Feststellung zumeist ohne Belang, da mit den Aufwendungen in der Regel eine endgültige Belastung des Vermögens einhergeht. Anders verhält es sich jedoch, soweit es sich um Aufwendungen handelt, die zum Erwerb von sogenanntem **Einkunftserzielungsvermögen** – also Vermögensgegenstände, die der Einkunftserzielung dienen – herangezogen werden.[275]

3.1.1 Abgrenzung der Erwerbssphäre von der Privatsphäre

Zu den Werbungskosten gehören sämtliche Aufwendungen, die **durch den Beruf veranlasst** sind.[276] Dies können bspw. für einen Fußballtrainer die Aufwendungen für ein Abonnement des Pay-TV-Senders „Sky" sein[277] oder für einen Studenten die Kosten der Unterkunft am Studienort, soweit der Studienort nicht der Lebensmittelpunkt des Steu-

271 Vgl. dazu bspw. BFH, Urteil v. 9.11.1993 - IX R 81/90, BStBl 1994 II S. 289 NWB XAAAA-94786; BFH, Urteil v. 7.5.2009 - VI R 16/07, BStBl 2010 II S. 130 NWB NAAAD-25212; BFH, Urteil v. 12.11.2009 - VI R 20/07, BStBl 2010 II S. 845 NWB SAAAD-37700; BFH, Urteil v. 10.8.2010 - VI R 1/08, BStBl 2010 II S. 1074 NWB EAAAD-52052; BFH, Urteil v. 13.1.2011 - VI R 61/09, BStBl 2011 II S. 479 NWB VAAAD-74765.

272 Vgl. Wagner in Birk et al. (Hrsg.), Lohnsteuer, Werbungskosten, 4. Ed. 2024, Rz. 468.

273 Vgl. BFH, Beschluss v. 4.7.1990 - GrS 1/89, BStBl 1990 II S. 830 NWB ZAAAA-93410.

274 Wagner in Birk et al. (Hrsg.), Lohnsteuer, Werbungskosten, 4. Ed. 2024, Rz. 468.

275 Vgl. Wagner in Birk et al. (Hrsg.), Lohnsteuer, Werbungskosten, 4. Ed. 2024, Rz. 469, der zugleich darauf hinweist, dass es sich dabei um nicht abnutzbare Wirtschaftsgüter (z. B. Grundstücke) oder „auch um abnutzbare Wirtschaftsgüter handeln [kann], die bei den Gewinneinkünften dem Betriebsvermögen zuzurechnen wären. Betrachtet man bei diesen Aufwendungen allein die tatsächlichen Ausgaben ohne die mit dem Erwerb gleichzeitig verbundene Vermögensmehrung, ist ein Abfluss zu bejahen, mit der Folge, dass dem Grunde nach ein Werbungskostenabzug zulässig ist. Bei nicht abnutzbaren Wirtschaftsgütern (Grundstücken) käme auch eine Verteilung auf mehrere Jahre mangels Abnutzung nicht in Betracht."

276 R 9.1 Abs. 1 Satz 1 LStR.

277 BFH, Urteil v. 16.1.2019 - VI R 24/16, BStBl 2019 II S. 376 NWB NAAAH-13857.

erpflichtigen ist.[278] Selbst der Arbeitnehmeranteil zur Winterbeschäftigungs-Umlage gehört zu den gemäß § 9 Abs. 1 Satz 1 abzugsfähigen Werbungskosten, wobei ein Abzugsverbot nach § 3c Abs. 1 EStG hier nicht besteht, da zwischen der Umlagezahlung und den späteren steuerfreien Leistungen (Zuschuss-Wintergeld, Mehraufwands-Wintergeld) kein unmittelbarer wirtschaftlicher Zusammenhang besteht. Dies ist im Weiteren damit zu begründen, dass der arbeitnehmerspezifische Anteil an der Umlage vorrangig dem Erhalt des gegenwärtigen Arbeitsplatzes und der ununterbrochenen Beschäftigung dient.[279]

Der lohnsteuerliche Werbungskostenbegriff knüpft damit an das sogenannte **Veranlassungsprinzip** an, welches die höchstrichterliche Rechtsprechung als eines der maßgeblichen Prinzipien der Einkommensbesteuerung ansieht.[280] Eine berufliche Veranlassung ist danach gegeben, wenn die Aufwendungen in einem **wirtschaftlichen Zusammenhang mit der auf Einnahmeerzielung gerichteten Tätigkeit des Arbeitnehmers** stehen, weshalb man auch von einem durch das Veranlassungsprinzip geprägten Werbungskostenbegriff sprechen kann – der von der früheren Rechtsprechung[281] vertretene finale Werbungskostenbegriff ist für die praktische Rechtsanwendung damit überholt.[282]

HINWEIS

Durch das Gesetz zur Förderung ganzjähriger Beschäftigung vom 24.4.2006 (BGBl 2006 I S. 926) wurde das sogenannte Saison-Kurzarbeitergeld (§ 175 SGB III) eingeführt. Dieses wird Arbeitnehmern unter bestimmten Voraussetzungen, z. B. im Baugewerbe bei saisonbedingtem Arbeitsausfall, d. h. bei Arbeitsausfall aus Witterungsgründen oder wegen Auftragsmangels in der Schlechtwetterzeit vom 1.12. bis 31.3., von der Bundesagentur für Arbeit gewährt. Das Saison-Kurzarbeitergeld ist steuerfrei (§ 3 Nr. 2 EStG) und unterliegt dem Progressionsvorbehalt (§ 32b Abs. 1 Nr. 1 Buchst. a EStG). Seit dem 1.5.2006 ist im Bauhauptgewerbe, seit 1.11.2006 im Dachdeckerhandwerk und seit 1.4.2007 auch im Garten- und Landschaftsbau eine Winterbeschäftigungs-Umlage von 2 % der umlagepflichtigen Bruttoarbeitsentgelte zu zahlen, wobei 1,2 % vom Arbeitgeber und

278 BFH, Urteil v. 19.9.2012 - VI R 78/10, BStBl 2013 II S. 284 NWB CAAAE-22651.

279 Vgl. BT-Drucks. 16/429 S. 12; OFD Münster, Vfg. v. 15.6.2007, Kurzinformation Einkommensteuer Nr. 016/2007, DStR 2007 S. 1165.

280 Vgl. Wagner in Birk et al. (Hrsg.), Lohnsteuer, Werbungskosten, 4. Ed. 2024, Rz. 551, und dies u. a. stützend: BFH, Urteil v. 28.7.2011 - VI R 7/10, BStBl 2012 II S. 557 NWB CAAAD-89062; BVerfG, Urteil v. 9.12.2008 - 2 BvL 1/07, 2 BvL 2/07, 2 BvL 1/08, 2 BvL 2/08, DStR 2008 S. 2460; BVerfG, Beschluss v. 19.11.2019 - 2 BvL 22–27/14, DStR 2020 S. 93.

281 Vgl. BFH, Urteil v. 15.11.1957 - VI 79/55 U, BStBl 1958 III S. 103 NWB KAAAB-50932.

282 Vgl. H 9.1 „Zusammenhang mit dem Beruf" LStH mit Verweis auf BFH, Urteil v. 1.10.1982 - VI R 192/79, BStBl 1983 II S. 17 NWB PAAAA-91799; Wagner in Birk et al. (Hrsg.), Lohnsteuer, Werbungskosten, 4. Ed. 2024, Rz. 551. Beachte zum objektiven Zusammenhang und der subjektiven Förderung des Berufs: BFH, Urteil v. 22.7.1993 - VI R 122/92, BStBl 1994 II S. 510 NWB FAAAA-94886; BFH, Urteil v. 1.7.1994 - VI R 67/93, BStBl 1995 II S. 273 NWB RAAAA-95157; BFH, Urteil v. 28.4.2020 - VI R 5/18, BStBl 2021 II S. 715.

0,8 % vom Arbeitnehmer zu tragen sind. Mit der Winterbeschäftigungs-Umlage werden zum einem das Zuschuss-Wintergeld und das Mehraufwands-Wintergeld finanziert, auf die Arbeitnehmer der genannten Branchen unter bestimmten Voraussetzungen (§ 175a SGB III) neben dem Saison-Kurzarbeitergeld Anspruch haben, zum anderen die Erstattung von Sozialversicherungsbeiträgen, die der Arbeitgeber für Bezieher von Saison-Kurzarbeitergeld zu leisten hat. Dabei hat der Arbeitnehmer seinen Anteil an der Umlage unabhängig davon zu zahlen, ob er später tatsächlich steuerfreie Leistungen erhält.[283]

Aufwendungen für Ernährung, Kleidung und **Wohnung** sowie **Repräsentationsaufwendungen** gelten hingegen regelmäßig als Aufwendungen für die Lebensführung i. S. des § 12 Nr. 1 EStG.[284] Besteht bei diesen Aufwendungen indes ein Zusammenhang mit der beruflichen Tätigkeit, ist zu prüfen, ob und in welchem Umfang die Aufwendungen beruflich veranlasst sind.[285] Denn „ein lediglich abstrakter Kausalzusammenhang (Ursache-Folgeverhältnis im Sinne einer conditio sine qua non) rechtfertigt allein die einkommensteuerliche Zuordnung von Aufwendungen zur Erwerbssphäre noch nicht".[286]

Dabei gilt es zu beachten, dass die Grenzen zwischen Arbeit und Privatem immer mehr verschwimmen. Denn im Zuge der Globalisierung verschwinden nicht nur nationalstaatliche Grenzen, sondern auch Unternehmen und Arbeitnehmer treten in einen internationalen Wettbewerb. Diese Entwicklung wird nicht zuletzt durch neue Informations- und Kommunikationstechnologien vorangetrieben. Prägendes Element ist hierbei der Wandel der Industriegesellschaft in eine Dienstleistungsgesellschaft mit jeweils veränderten Erwerbsbiographien.[287] Von den einzelnen Mitarbeitern wird immer häufiger ein **quasiunternehmerisches Verantwortungsbewusstsein** erwartet, welches sich letzten Endes auch im Steuerrecht zeigt.[288]

Vor diesem Hintergrund führt bspw. eine erhöhte Mobilität zu höheren Fahrtkosten oder gar zu einer doppelten Haushaltsführung.[289] „Das Fortkommen im Beruf verlangt nach Aus- und Weiterbildung, der fehlende Feierabend nach einer häuslichen Arbeitsecke und moderner Kommunikationstechnik."[290] Folglich hängt das Vorliegen von Werbungskosten nicht davon ab, ob die Aufwendungen notwendig, zweckmäßig oder üblich sind, weshalb auch die **Unwirtschaftlichkeit des Handelns steuerlich nicht ins Gewicht fällt.**[291] So sind Werbungskosten nach § 9 Abs. 5 i. V. mit § 4 Abs. 5 Satz 1 Nr. 7

283 Vgl. BT-Drucks. 16/429 S. 12; OFD Münster, Vfg. v. 15.6.2007, Kurzinformation Einkommensteuer Nr. 016/2007, DStR 2007 S. 1165.

284 R 9.1 Abs. 2 Satz 1 LStR.

285 R 9.1 Abs. 2 Satz 2 LStR.

286 BFH, Urteil v. 6.5.2010 - VI R 25/09, BStBl 2010 II S. 852, Rz. 9 NWB NAAAD-46360.

287 Vgl. Tappe in Drüen (Hrsg.), Besteuerung von Arbeitnehmern, DStJG 40/2017, S. 340.

288 Vgl. Tappe in Drüen (Hrsg.), Besteuerung von Arbeitnehmern, DStJG 40/2017, S. 340 f.

289 Vgl. Tappe in Drüen (Hrsg.), Besteuerung von Arbeitnehmern, DStJG 40/2017, S. 341.

290 Tappe in Drüen (Hrsg.), Besteuerung von Arbeitnehmern, DStJG 40/2017, S. 341.

291 Vgl. Fehrenbacher, Steuerrecht, 8. Aufl. 2023, S. 100, Rz. 129.

EStG zwar insoweit nicht abziehbar, als sie nach der allgemeinen Verkehrsauffassung als unangemessen anzusehen sind. Dieses Abzugsverbot betrifft aber nur seltene Ausnahmefälle, wobei die Werbungskosten erhebliches Gewicht haben müssen und die Grenze der Angemessenheit erheblich überschreiten, wie z.B. Aufwendungen für die Nutzung eines Privatflugzeugs zu einer Auswärtstätigkeit.[292]

Doch wie lässt sich nun Berufliches von Privatem unterscheiden? Eine berufliche Veranlassung setzt voraus, dass objektiv ein Zusammenhang mit dem Beruf besteht und in der Regel subjektiv die Aufwendungen zur Förderung des Berufs getätigt werden.[293] Damit gilt Folgendes:

1. Sind die Aufwendungen **so gut wie ausschließlich beruflich veranlasst,** z.B. Aufwendungen für typische Berufskleidung, sind sie in voller Höhe als Werbungskosten abziehbar (R 9.1 Abs. 2 Satz 3 Nr. 1 LStR).
2. Sind die Aufwendungen **nur zum Teil beruflich veranlasst** und lässt sich dieser Teil der Aufwendungen nach objektiven Merkmalen leicht und einwandfrei von den Aufwendungen trennen, die ganz oder teilweise der privaten Lebensführung dienen, so ist dieser Teil der Aufwendungen als Werbungskosten abziehbar; er kann ggf. geschätzt werden (R 9.1 Abs. 2 Satz 3 Nr. 2 LStR).
3. Ein Abzug der Aufwendungen kommt insgesamt nicht in Betracht, wenn die – für sich gesehen jeweils nicht unbedeutenden – beruflichen und privaten Veranlassungsbeiträge so ineinandergreifen, dass **eine Trennung nicht möglich und eine Grundlage für die Schätzung nicht erkennbar ist.** Das ist insbesondere der Fall, wenn es an objektivierbaren Kriterien für eine Aufteilung fehlt (R 9.1 Abs. 2 Satz 3 Nr. 3 LStR).
4. **Aufwendungen für die Ernährung** gehören grundsätzlich zu den nach § 12 Nr. 1 EStG nicht abziehbaren Aufwendungen für die Lebensführung. Das Abzugsverbot nach § 12 Nr. 1 EStG gilt jedoch nicht für Verpflegungsmehraufwendungen, die z.B. als Reisekosten oder wegen einer aus beruflichem Anlass begründeten doppelten Haushaltsführung so gut wie ausschließlich durch die berufliche Tätigkeit veranlasst sind (R 9.1 Abs. 2 Satz 3 Nr. 4 LStR).

Doch wie verhält es sich nun bei **gemischt veranlassten Aufwendungen?** Hierzu hat der BFH entschieden, dass Aufwendungen, die sowohl beruflich als auch privat veranlasst

292 R 9.1 Abs. 1 Satz 2 f. LStR.

293 H 9.1 „Berufliche Veranlassung" LStH mit Bezug auf BFH, Urteil v. 28.11.1980 - VI R 193/77, BStBl 1981 II S. 368 NWB PAAAA-91614.

sind, entsprechend aufgeteilt werden können; dies gilt, sofern die berufliche Veranlassung nicht von untergeordneter Bedeutung ist.[294]

Bei gemischt veranlassten Aufwendungen besteht also **kein generelles Aufteilungs- und Abzugsverbot.**[295] Demzufolge können bspw. die gemischt veranlassten Aufwendungen für eine Feier aus beruflichem und privatem Anlass teilweise als Werbungskosten abgezogen werden. Der als Werbungskosten abziehbare Betrag kann dabei anhand der Herkunft der Gäste aus dem beruflichen bzw. privaten Umfeld abgegrenzt werden.[296] Gleichzeitig sind aber die Aufwendungen für den Haushalt des Steuerpflichtigen und für den Unterhalt seiner Familienangehörigen vollständig vom Werbungskostenabzug ausgeschlossen; dies ergibt sich aus § 12 Nr. 1 Satz 1 EStG.[297]

Abb. 3: Beispiele für nicht abziehbare Kosten der Lebensführung

294 Vgl. BFH, Beschluss v. 21.9.2009 - GrS 1/06, BStBl 2010 II S. 672 NWB EAAAD-35188, und hierzu auch Tappe in Drüen (Hrsg.), Besteuerung von Arbeitnehmern, DStJG 40/2017, S. 343.

295 H 9.1 „Gemischte Aufwendungen" 1. Spiegelstrich LStH mit Verweis auf BFH, Beschluss v. 21.9.2009 - GrS 1/06, BStBl 2010 II S. 672 NWB EAAAD-35188.

296 H 9.1 „Gemischte Aufwendungen" 2. Spiegelstrich LStH mit Verweis auf BFH, Urteil v. 8.7.2015 - VI R 46/14, BStBl 2015 II S. 1013 NWB TAAAF-06289.

297 BMF, Schreiben v. 6.7.2010 - IV C 3-S 2227/07/10003 :002, BStBl 2010 I S. 614, Rz. 4 NWB FAAAD-46085.

HINWEIS

Aufwendungen für bürgerliche Kleidung sind auch bei außergewöhnlich hohen Aufwendungen nicht als Werbungskosten abzugsfähig;[298] Entsprechendes gilt für Körperpflegeprodukte und Kosmetika.[299] Auch Geldbußen[300] und Aufwendungen für die Einbürgerung können nicht als Werbungskosten berücksichtigt werden.[301]

Sollten dennoch Abgrenzungsprobleme bestehen, kann notfalls auf § 4 Abs. 5 Satz 1 Nr. 7 EStG, der über § 9 Abs. 5 EStG auch für die Überschusseinkünfte gilt, abgestellt werden. Dabei ist anhand der **allgemeinen Verkehrsauffassung** darüber zu entscheiden, ob die Lebensführung übermäßig berührt ist und die Aufwendungen letztlich als unangemessen anzusehen sind.[302] Greifen die – für sich gesehen jeweils nicht unbedeutenden – betrieblichen bzw. beruflichen und privaten Veranlassungsbeiträge aber so ineinander, dass eine Trennung nicht möglich und eine Grundlage für die Schätzung nicht erkennbar ist, kommt ein Abzug der Aufwendungen insgesamt nicht in Betracht. Das ist insbesondere der Fall, wenn es an **objektivierbaren Kriterien** für eine Aufteilung fehlt.[303]

BEISPIEL ▶ Ein Steuerberater begehrt die hälftige Anerkennung der Kosten für das Abonnement einer überregionalen Zeitung, die er neben der regionalen Tageszeitung bezieht, als Betriebsausgaben, weil die überregionale Zeitung umfassend auch über die steuerrechtliche Entwicklung informiere.

Die Kosten sind insgesamt nicht als Betriebsausgaben abziehbar. Die betrieblichen und privaten Veranlassungsbeiträge greifen so ineinander, dass eine Trennung nicht möglich ist. Soweit die Zeitung nicht bereits durch das steuerliche Existenzminimum abgegolten ist, fehlt es an einer Aufteilbarkeit der Veranlassungsbeiträge. Denn keine Rubrik oder Seite einer Zeitung kann ausschließlich dem betrieblichen Bereich zugeordnet werden, sondern dient stets auch dem privaten Informationsinteresse. Es fehlt damit an einer Möglichkeit zur Aufteilung nach objektivierbaren Kriterien.[304]

Im Ergebnis hat bei gemischt veranlassten Aufwendungen die Aufteilung nach einem an objektiven Kriterien orientierten Maßstab der Veranlassungsbeiträge zu erfolgen.[305]

298 H 9.1 „Bürgerliche Kleidung" LStH mit Verweis auf BFH, Urteil v. 6.7.1989 - IV R 91-92/87, BStBl 1990 II S. 49 NWB SAAAA-93246.

299 H 9.1 „Körperpflege und Kosmetika" LStH mit Verweis auf BFH, Urteil v. 6.7.1989 - IV R 91-92/87, BStBl 1990 II S. 49 NWB SAAAA-93246.

300 H 9.1 „Geldbußen" LStH mit Verweis auf BFH, Urteil v. 22.7.2008 - VI R 47/06, BStBl 2009 II S. 151 NWB XAAAC-96361.

301 H 9.1 „Einbürgerung" LStH mit Verweis auf BFH, Urteil v. 18.5.1984 - VI R 130/80, BStBl 1984 II S. 588 NWB CAAAA-91961.

302 Vgl. Tappe in Drüen (Hrsg.), Besteuerung von Arbeitnehmern, DStJG 40/2017, S. 343.

303 BMF, Schreiben v. 6.7.2010 - IV C 3-S 2227/07/10003 :002, BStBl 2010 I S. 616, Rz. 17 NWB FAAAD-46085.

304 BMF, Schreiben v. 6.7.2010 - IV C 3-S 2227/07/10003 :002, BStBl 2010 I S. 616, Rz. 17 NWB FAAAD-46085.

305 BMF, Schreiben v. 6.7.2010 - IV C 3-S 2227/07/10003 :002, BStBl 2010 I S. 614, Rz. 3, und S. 616, Rz. 14 NWB FAAAD-46085.

Der betrieblich bzw. beruflich und privat veranlasste Teil der Aufwendungen kann bspw. nach folgenden Kriterien ermittelt werden: **Zeit-**, **Mengen-** oder **Flächenanteile** sowie **Aufteilung nach Köpfen.**[306] Ist eine verlässliche Aufteilung hingegen nur mit unverhältnismäßigem Aufwand möglich, erfolgt die Aufteilung **im Wege der Schätzung.** Fehlt es wiederum an einer geeigneten Schätzungsgrundlage oder sind die Veranlassungsbeiträge nicht trennbar, gelten die Aufwendungen als **insgesamt privat veranlasst.**[307] Zugleich kommt eine Aufteilung nur dann in Betracht, wenn der Steuerpflichtige die betriebliche oder berufliche Veranlassung im Einzelnen umfassend dargelegt und nachgewiesen hat. Bestehen gewichtige Zweifel an einer betrieblichen oder beruflichen (Mit-)Veranlassung der Aufwendungen, kommt für die Aufwendungen schon aus diesem Grund ein Abzug insgesamt nicht in Betracht.[308]

Nicht von § 12 Nr. 1 EStG erfasste Aufwendungen, die nicht eindeutig zugeordnet werden können, aber einen nachgewiesenen abgrenzbaren betrieblichen oder beruflichen Anteil enthalten, sind nach dem jeweiligen Veranlassungsanteil in abziehbare und nicht abziehbare Aufwendungen aufzuteilen. Liegt aber **eine untergeordnete betriebliche bzw. berufliche Mitveranlassung** (< 10 %) vor, sind die Aufwendungen in vollem Umfang nicht als Betriebsausgaben bzw. Werbungskosten abziehbar. Wird vor diesem Hintergrund ein Sachverhalt insgesamt als privat veranlasst gewürdigt und die Aufwendungen dementsprechend steuerlich nicht berücksichtigt, so können zusätzliche ausschließlich betrieblich bzw. beruflich veranlasste Aufwendungen für sich genommen als Betriebsausgaben oder Werbungskosten abzuziehen sein.[309]

BEISPIEL Ein Steuerpflichtiger nimmt während seiner 14-tägigen Urlaubsreise an einem eintägigen Fachseminar teil.

Die Aufwendungen für die Urlaubsreise sind nicht abziehbar. Die Aufwendungen, die unmittelbar mit dem Fachseminar zusammenhängen (Seminargebühren, Fahrtkosten vom Urlaubsort zum Tagungsort, ggf. Pauschbetrag für Verpflegungsmehraufwendungen), sind aber als Betriebsausgaben bzw. Werbungskosten abziehbar.[310]

Bei einer **untergeordneten privaten Mitveranlassung** (< 10 %) sind die Aufwendungen in vollem Umfang als Betriebsausgaben bzw. Werbungskosten wiederum abziehbar – die Abzugsbeschränkungen des § 4 Abs. 5 EStG und § 9 Abs. 5 EStG bleiben davon aber unberührt.[311]

306 BMF, Schreiben v. 6.7.2010 - IV C 3-S 2227/07/10003 :002, BStBl 2010 I S. 616, Rz. 15 NWB FAAAD-46085.
307 BMF, Schreiben v. 6.7.2010 - IV C 3-S 2227/07/10003 :002, BStBl 2010 I S. 614, Rz. 3 NWB FAAAD-46085.
308 BMF, Schreiben v. 6.7.2010 - IV C 3-S 2227/07/10003 :002, BStBl 2010 I S. 614, Rz. 2 NWB FAAAD-46085.
309 BMF, Schreiben v. 6.7.2010 - IV C 3-S 2227/07/10003 :002, BStBl 2010 I S. 615, Rz. 10 f. NWB FAAAD-46085.
310 BMF, Schreiben v. 6.7.2010 - IV C 3-S 2227/07/10003 :002, BStBl 2010 I S. 615, Rz. 11 NWB FAAAD-46085.
311 BMF, Schreiben v. 6.7.2010 - IV C 3-S 2227/07/10003 :002, BStBl 2010 I S. 615, Rz. 12 NWB FAAAD-46085.

HINWEIS

Von einer untergeordneten privaten Mitveranlassung der Kosten für die Hin- und Rückreise ist auch dann auszugehen, wenn der Reise ein eindeutiger unmittelbarer betrieblicher bzw. beruflicher Anlass zugrunde liegt (z. B. wenn ein Arbeitnehmer aufgrund einer Weisung seines Arbeitgebers einen ortsgebundenen Pflichttermin wahrnimmt oder wenn ein Nichtarbeitnehmer einen ortsgebundenen Geschäftsabschluss tätigt oder Aussteller auf einer auswärtigen Messe ist), den der Steuerpflichtige mit einem vorangehenden oder nachfolgenden Privataufenthalt verbindet.[312]

Vollumfänglich nicht berücksichtigungsfähig und damit nicht aufzuteilen sind ferner die **Aufwendungen nach § 12 Nr. 1 Satz 2 EStG.** Hierbei handelt es sich um Aufwendungen der Lebensführung, die zwar der Förderung des Berufs oder der Tätigkeit dienen können, grundsätzlich aber mit der wirtschaftlichen oder gesellschaftlichen Stellung des Steuerpflichtigen in Verbindung stehen. Das heißt, die Aufwendungen sind unmittelbar mit dem persönlichen Ansehen des Steuerpflichtigen verbunden und dienen der Pflege sozialer Verpflichtungen; sie werden deshalb auch als sogenannte Repräsentationsaufwendungen bezeichnet.

Ob Aufwendungen **Repräsentationsaufwendungen** i. S. des § 12 Nr. 1 Satz 2 EStG oder (zumindest teilweise) Betriebsausgaben/Werbungskosten darstellen, ist stets durch eine Gesamtwürdigung aller Umstände des Einzelfalls festzustellen. Bei Veranstaltungen, die vom Steuerpflichtigen ausgerichtet werden, stellt ein persönlicher Anlass (z. B. Geburtstag, Trauerfeier) regelmäßig ein bedeutendes Indiz für die Annahme nicht abziehbarer Repräsentationsaufwendungen dar. Auch Aufwendungen für gesellschaftliche Veranstaltungen fallen in der Regel unter § 12 Nr. 1 Satz 2 EStG.[313]

HINWEIS

Aufwendungen nach § 12 Nr. 1 EStG sind selbst im Falle einer betrieblichen/beruflichen Mitveranlassung nicht als Betriebsausgaben/Werbungskosten abzugsfähig.[314] Demgegenüber setzt die Annahme von Werbungskosten nicht voraus, dass im selben Kalenderjahr, in dem die Aufwendungen geleistet werden, auch Arbeitslohn zufließt.[315]

Im Ergebnis kommt es stets auf die Frage der Veranlassung an. So sind **Telekommunikationsaufwendungen** als Werbungskosten anzusehen, soweit sie beruflich veranlasst sind. Weist der Arbeitnehmer den Anteil der beruflich veranlassten Aufwendungen an den Gesamtaufwendungen für einen repräsentativen Zeitraum von drei Monaten im Einzelnen nach, kann ebenjener berufliche Anteil für den gesamten Veranlagungszeitraum zugrunde gelegt werden. Dabei können die Aufwendungen für das Nutzungsentgelt der Telefonanlage sowie für den Grundpreis der Anschlüsse entsprechend dem

312 BMF, Schreiben v. 6.7.2010 - IV C 3-S 2227/07/10003 :002, BStBl 2010 I S. 615, Rz. 12 NWB FAAAD-46085.
313 BMF, Schreiben v. 6.7.2010 - IV C 3-S 2227/07/10003 :002, BStBl 2010 I S. 615, Rz. 5 NWB FAAAD-46085.
314 BMF, Schreiben v. 6.7.2010 - IV C 3-S 2227/07/10003 :002, BStBl 2010 I S. 615, Rz. 6 NWB FAAAD-46085.
315 R 9.1 Abs. 3 LStR.

beruflichen Anteil der Verbindungsentgelte an den gesamten Verbindungsentgelten (Telefon und Internet) abgezogen werden. Fallen erfahrungsgemäß beruflich veranlasste Telekommunikationsaufwendungen an, können aus Vereinfachungsgründen ohne Einzelnachweis bis zu 20% des Rechnungsbetrags, jedoch höchstens 20€ im Monat als Werbungskosten anerkannt werden – zur weiteren Vereinfachung kann der monatliche Durchschnittsbetrag, der sich aus den Rechnungsbeträgen für einen repräsentativen Zeitraum von drei Monaten ergibt, für den gesamten Veranlagungszeitraum zugrunde gelegt werden.[316]

Ruft man sich nun die vielfältigen Diskussionen rund um die **Pendlerpauschale** in Erinnerung, wird diese Wertung vom Gesetzgeber ausgefüllt.[317] Denn weshalb ist die Entfernung zwischen Wohnung und erster Tätigkeitsstätte bei §9 Abs.1 Satz3 Nr.4 Satz1 EStG so bedeutsam? Wieso wird die höhere Miete einer zum Arbeitsplatz günstiger gelegenen Wohnung nicht als Werbungskosten berücksichtigt, die Umzugskosten aber schon?[318]

Mit Blick auf die **berufliche Aus- und Fortbildung** lässt sich diese Liste weiter fortführen, zumal fast jede Form der Ausbildung neben einer Persönlichkeitsentwicklung auch dem **beruflichen Fortkommen** dient.[319] „Bei der Auswahl des Steuergegenstandes und bei der Bestimmung des Steuersatzes" hat der Steuergesetzgeber aber einen weitreichenden Entscheidungsspielraum.[320] Im Einkommensteuergesetz eröffnet sich also ein erheblicher Typisierungsspielraum: „Der Gesetzgeber ist hier – unter Beachtung sonstiger grundrechtlicher Bindungen, wie sie sich etwa aus Art.6 Abs.1 und 2 GG ergeben – berechtigt, im Interesse eines praktikablen Gesetzesvollzugs mit generalisierenden, typisierenden und pauschalierenden Regelungen die ‚typische' private Mitveranlassung von Wegekosten bei der Bestimmung abzugsfähigen Aufwands zu berücksichtigen und solche Regelungen unter verkehrs-, siedlungs- und umweltpolitischen Aspekten auszugestalten."[321]

316 R 9.1 Abs.5 Satz1 bis 5 LStR. Nach §3 Nr.50 EStG steuerfrei ersetzte Telekommunikationsaufwendungen mindern den als Werbungskosten abziehbaren Betrag (R 9.1 Abs.5 Satz6 LStR).

317 Vgl. Tappe in Drüen (Hrsg.), Besteuerung von Arbeitnehmern, DStJG 40/2017, S.344, und zur Diskussion rund um die Entfernungspauschale z.B. Birk, DStR 2009 S.881; Micker, DStR 2007 S.1145; Wernsmann, DStR 2007 S.1149; Wernsmann, Beihefter zu DStR 17/2008 S.39, und letztlich BVerfG, Urteil v. 9.12.2008 - 2 BvL 1/07, 2 BvL 2/07, 2 BvL 1/08, 2 BvL 2/08, DStR 2008 S.2460.

318 Vgl. Tappe in Drüen (Hrsg.), Besteuerung von Arbeitnehmern, DStJG 40/2017, S.344.

319 Vgl. Tappe in Drüen (Hrsg.), Besteuerung von Arbeitnehmern, DStJG 40/2017, S.343.

320 BVerfG, Urteil v. 9.12.2008 - 2 BvL 1/07, 2 BvL 2/07, 2 BvL 1/08, 2 BvL 2/08, DStR 2008 S.2461, Rz.57.

321 BVerfG, Urteil v. 9.12.2008 - 2 BvL 1/07, 2 BvL 2/07, 2 BvL 1/08, 2 BvL 2/08, DStR 2008 S.2464, Rz.75. Vgl. auch Kälberer/Gölz-Kälberer, Besteuerung der Einkünfte aus nichtselbstständiger Arbeit, 2021, S.155.

3.2 Wichtige Werbungskosten für Arbeitnehmer

3.2.1 Überblick

Gemäß § 9 Abs. 1 EStG werden bei der Ermittlung der Einkünfte nur Aufwendungen berücksichtigt, die durch die Einkunftserzielung veranlasst sind. Dies ist dann der Fall, wenn die Aufwendungen mit der Einkunftserzielung **objektiv zusammenhängen** und ihr **subjektiv zu dienen bestimmt sind,** d. h., wenn sie in unmittelbarem oder mittelbarem wirtschaftlichen Zusammenhang mit einer der Einkunftsarten des Einkommensteuergesetzes stehen.[322] Unproblematisch sind Aufwendungen, die eindeutig und klar voneinander abzugrenzen sind und deshalb unmittelbar dem betrieblichen bzw. beruflichen oder privaten Teil der Aufwendungen zugeordnet werden können.[323]

Schwieriger verhält es sich bei einer **Auslandstätigkeit;** dazu hat der BFH wie folgt entschieden: Die auf eine Auslandstätigkeit entfallenden Werbungskosten, die nicht eindeutig den steuerfreien oder steuerpflichtigen Bezügen zugeordnet werden können, sind regelmäßig zu dem Teil nicht abziehbar, der dem Verhältnis der steuerfreien Einnahmen zu den Gesamteinnahmen während der Auslandstätigkeit entspricht.[324]

Darüber hinaus können Werbungskosten auch im Hinblick auf ein **künftiges Dienstverhältnis** entstehen.[325] Der Berücksichtigung derartiger Werbungskosten steht es sogar nicht entgegen, dass der Arbeitnehmer Arbeitslosengeld oder sonstige für seinen Unterhalt bestimmte steuerfreie Leistungen erhält.[326]

Als Werbungskosten gelten also sämtliche Aufwendungen, die zur **Erwerbung, Sicherung** und **Erhaltung der Einnahmen** dienen (§ 9 Abs. 1 Satz 1 EStG); dies gilt für alle Überschusseinkünfte gleichermaßen. Die Werbungskosten sind nach dem Wortlaut des § 9 Abs. 1 Satz 2 EStG aber nur bei den Einkünften abziehbar, bei denen sie auch angefallen sind. Zugleich werden in § 9 EStG diverse Abzugsbeschränkungen normiert.[327] Demgegenüber können Arbeitnehmer auch ohne entsprechende Nachweise

---

322 BMF, Schreiben v. 6.7.2010 - IV C 3-S 2227/07/10003 :002, BStBl 2010 I S. 615, Rz. 8 NWB FAAAD-46085. Werbungskosten, die auf den Zeitraum entfallen, für den der Arbeitnehmer Insolvenzgeld erhält, sind abziehbar, da kein unmittelbarer wirtschaftlicher Zusammenhang zwischen den Aufwendungen und dem steuerfreien Insolvenzgeld i. S. des § 3c EStG besteht. So H 9.1 „Werbungskosten bei Insolvenzgeld" LStH mit Verweis auf BFH, Urteil v. 23.11.2000 - VI R 93/98, BStBl 2001 II S. 199 NWB TAAAA-88841.

323 BMF, Schreiben v. 6.7.2010 - IV C 3-S 2227/07/10003 :002, BStBl 2010 I S. 615, Rz. 9 NWB FAAAD-46085.

324 H 9.1 „Auslandstätigkeit" LStH mit Verweis auf BFH, Urteil v. 11.2.1993 - VI R 66/91, BStBl 1993 II S. 450 NWB ZAAAA-94486, und BFH, Urteil v. 11.2.2009 - I R 25/08, BStBl 2010 II S. 536 NWB KAAAD-24092.

325 H 9.1 „Vorweggenommene Werbungskosten" LStH mit Verweis auf BFH, Urteil v. 4.8.1961 - VI 162/59 U, BStBl 1962 III S. 5 NWB ZAAAA-89996, und BFH, Urteil v. 3.11.1961 - VI 196/60 U, BStBl 1962 III S. 123 NWB VAAAA-89954.

326 H 9.1 „Vorweggenommene Werbungskosten" LStH mit Verweis auf BFH, Urteil v. 4.3.1977 - VI R 213/75, BStBl 1977 II S. 507 NWB QAAAA-91229.

327 Vgl. Birk/Desens/Tappe, Steuerrecht, 27. Aufl. 2024, S. 228, Rz. 776; Tappe in Drüen (Hrsg.), Besteuerung von Arbeitnehmern, DStJG 40/2017, S. 343 ff.; Zenthöfer et al., Einkommensteuer, 15. Aufl. 2024, S. 821 ff.

einen Werbungskosten-Pauschbetrag i. H. von 1.230€ in Anspruch nehmen (§9a Satz 1 Nr. 1 Buchst. a EStG).[328]

Tab. 7: Wichtige Werbungskosten im Überblick

Tatbestand	**Rechtsgrundlage**
Grundtatbestand und Definition des Werbungskostenbegriffs	§9 Abs. 1 Satz 1 EStG
Ergänzung der Definition des §9 Abs. 1 Satz 1 EStG um bestimmte Gruppen von Werbungskosten (§9 Abs. 1 Satz 3 Nr. 1 bis 7 EStG)	
Ausgaben im Zusammenhang mit Berufsverbänden	§9 Abs. 1 Satz 3 Nr. 3 EStG, R 9.3 LStR
Entfernungs- bzw. Pendlerpauschale	§9 Abs. 1 Satz 3 Nr. 4 EStG i. V. mit §9 Abs. 2 EStG, R 9.10 LStR
Reisekosten bzw. Auswärtstätigkeit	§9 Abs. 1 Satz 3 Nr. 4a und 5a EStG, §9 Abs. 4a EStG, R 9.4 bis 9.8 LStR
Doppelte Haushaltsführung	§9 Abs. 1 Satz 3 Nr. 5 EStG, R 9.11 LStR
Arbeitsmittel	§9 Abs. 1 Satz 3 Nr. 6 EStG, R 9.12 LStR
Legaldefinition und Bestimmung der ersten Tätigkeitsstätte	§9 Abs. 4 EStG
Häusliches Arbeitszimmer	§9 Abs. 5 EStG i.V. mit §4 Abs. 5 Nr. 6b EStG
Aufwendungen für die Aus- und Fortbildung	§9 Abs. 6 EStG, R 9.2 LStR
Ausgaben im Zusammenhang mit Berufsverbänden	R 9.3 LStR
Umzugskosten	R 9.9 LStR
Werbungskostenabzugsverbot, soweit die Aufwendungen in einem unmittelbaren wirtschaftlichen Zusammenhang mit steuerfreien Einnahmen stehen (§3c EStG)	

3.2.2 Ausgaben im Zusammenhang mit Berufsverbänden

Ausgaben bei Veranstaltungen des Berufsstands, des Berufsverbands, des Fachverbands oder der Gewerkschaft eines Arbeitnehmers, die der **Förderung des Allgemeinwissens** der Teilnehmer dienen, sind keine Werbungskosten, sondern Aufwendungen für die

328 Vgl. auch Kälberer/Gölz-Kälberer, Besteuerung der Einkünfte aus nichtselbstständiger Arbeit, 2021, S. 155 f.

Lebensführung. Um nicht abziehbare Aufwendungen für die Lebensführung handelt es sich insbesondere stets bei den Aufwendungen, die der Arbeitnehmer aus Anlass von gesellschaftlichen Veranstaltungen der bezeichneten Organisation getätigt hat, und zwar auch dann, wenn die gesellschaftlichen Veranstaltungen im Zusammenhang mit einer rein fachlichen oder beruflichen Tagung oder Sitzung standen.[329] Bestimmte Veranstaltungen von Berufsständen und Berufsverbänden dienen dem Zweck, die Teilnehmer **im Beruf fortzubilden;** darunter fallen etwa:

- Vorlesungen bei Verwaltungsakademien oder Volkshochschulen,
- Fortbildungslehrgänge,
- fachwissenschaftliche Lehrgänge oder
- fachliche Vorträge.

Ausgaben, die dem Teilnehmer bei solchen Veranstaltungen entstehen, können Werbungskosten sein.[330] Auch Aufwendungen eines Arbeitnehmers im Zusammenhang mit einer **ehrenamtlichen Tätigkeit** für seine Gewerkschaft oder seinen Berufsverband können Werbungskosten sein.[331] Hierzu gehören auch Reiseaufwendungen im Zusammenhang mit einer ehrenamtlichen Tätigkeit für die entsprechende Gewerkschaft oder den Berufsverband, soweit der Schwerpunkt der Reise nicht allgemeintouristischen Zwecken dient.[332]

HINWEIS:

Mitgliedsbeiträge an einen Interessenverband sind Werbungskosten, wenn dieser als Berufsverband auch die spezifischen beruflichen Interessen des Arbeitnehmers vertritt. Dies ist nicht nur nach der Satzung, sondern auch nach der tatsächlichen Verbandstätigkeit zu beurteilen.[333]

3.2.3 Entfernungs- bzw. Pendlerpauschale

Die Entfernungspauschale beträgt für jeden vollen Kilometer der Entfernung zwischen Wohnung und erster Tätigkeitsstätte **0,30€** (einfache Wegstrecke), höchstens jedoch 4.500€ im Kalenderjahr; ein **höherer Betrag als 4.500€** ist anzusetzen, soweit der

329 R 9.3 Abs. 1 LStR.

330 R 9.3 Abs. 2 LStR.

331 H 9.3 „Ehrenamtliche Tätigkeit" LStH mit Verweis auf BFH, Urteil v. 28.11.1980 - VI R 193/77, BStBl 1981 II S. 368 NWB PAAAA-91614, und BFH, Urteil v. 2.10.1992 - VI R 11/90, BStBl 1993 II S. 53 NWB ZAAAA-94528. Daran zugleich anschließend und hervorhebend, dass Aufwendungen einer Ruhestandsbeamtin im Zusammenhang mit ihrer ehrenamtlichen Gewerkschaftstätigkeit als Werbungskosten bei ihren Versorgungsbezügen zu berücksichtigen sind: BFH, Urteil v. 28.6.2023 - VI R 17/21, BStBl 2024 II S. 274 NWB RAAAJ-49835.

332 H 9.3 „Reiseaufwendungen für einen Berufsverband" LStH mit Verweis auf BFH, Urteil v. 25.3.1993 - VI R 14/90, BStBl 1993 II S. 559 NWB PAAAA-94540.

333 H 9.3 „Mitgliedsbeiträge an einen Interessenverband" LStH mit Verweis auf BFH, Urteil v. 13.8.1993 - VI R 51/92, BStBl 1994 II S. 33 NWB BAAAA-94805.

Arbeitnehmer einen eigenen oder ihm zur Nutzung überlassenen Kraftwagen benutzt (§ 9 Abs. 1 Satz 3 Nr. 4 Satz 2 EStG). Davon abweichend beträgt die Entfernungspauschale ab dem **21. Entfernungskilometer** im Veranlagungszeitraum 2021 jeweils 0,35 € und im Zeitraum 2022 bis 2026 jeweils 0,38 €.[334] Aber auch hier sind höchstens 4.500 € im Kalenderjahr anzusetzen; ein höherer Betrag als 4.500 € ist wiederum zu berücksichtigen, wenn der Arbeitnehmer einen eigenen oder ihm zur Nutzung überlassenen Kraftwagen verwendet (§ 9 Abs. 1 Satz 3 Nr. 4 Satz 8 EStG).[335]

Der Arbeitnehmer kann je Dienstverhältnis höchstens eine erste Tätigkeitsstätte, ggf. aber auch keine erste, sondern nur auswärtige Tätigkeitsstätten haben (§ 9 Abs. 4 Satz 5 EStG). Die Bestimmung der ersten Tätigkeitsstätte erfolgt vorrangig anhand der dienst- oder arbeitsrechtlichen Festlegungen durch den Arbeitgeber.[336] In diesem Fall liegt eine erste Tätigkeitsstätte vor, wenn der Arbeitnehmer einer solchen **dauerhaft zugeordnet** ist. Ist der Arbeitnehmer nur vorübergehend einer Tätigkeitsstätte zugeordnet, begründet er dort keine erste Tätigkeitsstätte; die dauerhafte Zuordnung des Arbeitnehmers wird durch die dienst- oder arbeitsrechtlichen Festlegungen sowie die diese ausfüllenden Absprachen oder Weisungen bestimmt (§ 9 Abs. 4 Satz 2 EStG). Das gilt für einzelne Arbeitnehmer oder Arbeitnehmergruppen, unabhängig davon, ob diese **schriftlich oder mündlich** erteilt worden sind. Dabei muss sich die Zuordnung auf die Tätigkeit des Arbeitnehmers beziehen; dies ergibt sich aus § 9 Abs. 4 Satz 3 EStG, der mit der beispielhaften Aufzählung darüber hinaus das Kriterium der Dauerhaftigkeit beschreibt.[337] Die Zuordnung eines Arbeitnehmers zu einer betrieblichen Einrichtung allein aus tarifrechtlichen, mitbestimmungsrechtlichen oder organisatorischen Gründen (z. B. Personalaktenführung), ohne dass der Arbeitnehmer in dieser Einrichtung tätig werden soll, ist keine Zuordnung i. S. des § 9 Abs. 4 EStG.[338]

334 Mit dem am 9.4.2025 vorgelegten Koalitionsvertrag zwischen CDU/CSU und SPD beabsichtigt die künftige Regierungskoalition, die Entfernungspauschale zum 1.1.2026 dauerhaft ab dem ersten Kilometer auf 0,38 € zu erhöhen. Vgl. CDU/CSU/SPD, Verantwortung für Deutschland, Koalitionsvertrag 2025, S. 46.

335 Zur Benutzung verschiedener Verkehrsmittel beachte BMF, Schreiben v. 18.11.2021 - IV C 5 - S 2351/20/10001 :002, BStBl 2021 I S. 2318 f., Rz. 20 ff. NWB SAAAH-95221. Die Differenzierung der Entfernungspauschale für die ersten 20 km und die darüber hinausgehende Wegstrecke zwischen Wohnung und Arbeitsstätte ist verfassungsgemäß. FG Berlin-Brandenburg, Urteil v. 20.3.2024 - 16 K 16092/23 NWB AAAAJ-68877.

336 Vgl. dazu ausführlich BMF, Schreiben v. 25.11.2020 - IV C 5 - S 2353/19/10011 :006, BStBl 2020 I S. 1229 ff., Rz. 6 ff. NWB EAAAH-65600.

337 BMF, Schreiben v. 25.11.2020 - IV C 5 - S 2353/19/10011 :006, BStBl 2020 I S. 1229 f., Rz. 6 NWB EAAAH-65600.

338 BMF, Schreiben v. 25.11.2020 - IV C 5 - S 2353/19/10011 :006, BStBl 2020 I S. 1230, Rz. 7 NWB EAAAH-65600.

HINWEIS

Ein Beamter, der im Wege einer faktischen Kettenabordnung an eine Ausbildungsstätte des Landes abgeordnet wird und dessen jeweils nur vorübergehende Abordnung von nicht mehr als 48 Monaten als „Versetzung" bezeichnet wird, hat an der Ausbildungsstätte dennoch keine erste Tätigkeitsstätte.[339]

Soll der Arbeitnehmer aber in einer vom Arbeitgeber festgelegten Tätigkeitsstätte zumindest in ganz geringem Umfang tätig werden, z. B. Hilfs- und Nebentätigkeiten ausführen (Auftragsbestätigungen, Stundenzettel abgeben etc.), kann der Arbeitgeber den Arbeitnehmer dieser Tätigkeitsstätte zuordnen. Dies gilt selbst dann, wenn für die Zuordnung tarifrechtliche, mitbestimmungsrechtliche oder organisatorische Gründe ausschlaggebend sind. Auf die Qualität des Tätigwerdens kommt es hier – anders als bei der Bestimmung anhand der quantitativen Zuordnungskriterien – nicht an. Vielmehr können auch Tätigkeiten von untergeordneter Bedeutung ausreichend sein **(Vorrang des Dienst- oder Arbeitsrechts).**[340]

HINWEIS

Soll der Arbeitnehmer an mehreren Tätigkeitsstätten tätig werden und ist er einer bestimmten Tätigkeitsstätte dienst- oder arbeitsrechtlich dauerhaft zugeordnet, ist es unerheblich, in welchem Umfang er seine berufliche Tätigkeit an dieser oder an den anderen Tätigkeitsstätten ausüben soll. Auch auf die Regelmäßigkeit des Aufsuchens dieser Tätigkeitsstätten kommt es dann nicht mehr an.[341]

Sind dienst- oder arbeitsrechtliche Festlegungen hingegen nicht vorhanden oder sind die getroffenen Festlegungen nicht eindeutig, werden hilfsweise **quantitative Kriterien**

339 FG Münster, Urteil v. 2.9.2024 - 15 K 698/22 E NWB YAAAJ-77847.

340 BMF, Schreiben v. 25.11.2020 - IV C 5 - S 2353/19/10011 :006, BStBl 2020 I S. 1230, Rz. 7 NWB EAAAH-65600. Beachte zudem BFH, Urteil v. 4.4.2019 - VI R 27/17, BStBl 2019 II S. 536. Eine (stillschweigende) Zuordnung des Arbeitnehmers zu einer ortsfesten betrieblichen Einrichtung des Arbeitgebers ergibt sich nicht allein daraus, dass der Arbeitnehmer die Einrichtung (aus der maßgeblichen Sicht ex ante) nur gelegentlich zur Ausübung seiner beruflichen Tätigkeit aufsuchen muss, im Übrigen aber seine Arbeitsleistung ganz überwiegend außerhalb der festen Einrichtung erbringt. So BFH, Urteil v. 14.9.2023 - VI R 27/21, BStBl 2024 II S. 38 NWB AAAAJ-51863.

341 BMF, Schreiben v. 25.11.2020 - IV C 5 - S 2353/19/10011 :006, BStBl 2020 I S. 1230, Rz. 8 NWB EAAAH-65600.

herangezogen.[342] Voraussetzung ist zudem, dass der Arbeitnehmer in einer der in § 9 Abs. 4 Satz 1 EStG genannten **ortsfesten Einrichtungen** dauerhaft tätig werden soll.[343] Vor diesem Hintergrund versteht man unter einer Tätigkeitsstätte eine

- von der Wohnung getrennte, ortsfeste betriebliche Einrichtung, die räumlich zusammengefasste Sachmittel umfasst,
- die der Tätigkeit des Arbeitgebers, eines verbundenen Unternehmens oder eines vom Arbeitgeber bestimmten Dritten dienen und
- mit dem Erdboden verbunden oder dazu bestimmt sind, überwiegend standortgebunden genutzt zu werden.[344]

Insoweit stellen auch **Baucontainer,** die z. B. auf einer Großbaustelle längerfristig fest mit dem Erdreich verbunden sind und in denen sich bspw. Baubüros, Aufenthaltsräume oder Sanitäreinrichtungen befinden, „ortsfeste" betriebliche Einrichtungen dar. Eine (großräumige) erste Tätigkeitsstätte liegt laut Finanzverwaltung auch vor, wenn eine Vielzahl solcher Mittel, die für sich betrachtet selbständige betriebliche Einrichtungen darstellen können, räumlich abgrenzbar in einem organisatorischen, technischen oder wirtschaftlichen Zusammenhang mit der betrieblichen Tätigkeit des Arbeitgebers, eines verbundenen Unternehmens oder eines vom Arbeitgeber bestimmten Dritten steht. Demgemäß kommt als eine solche erste Tätigkeitsstätte auch ein **großflächiges und entsprechend infrastrukturell erschlossenes Gebiet** (z. B. Werksanlage, Betriebsgelände, Zechengelände, Bahnhof oder Flughafen) in Betracht.[345] Bei Fahrzeugen, Flugzeugen,

342 Fehlt es an einer dauerhaften Zuordnung des Arbeitnehmers zu einer betrieblichen Einrichtung durch dienst- oder arbeitsrechtliche Festlegung nach den vorstehenden Kriterien (z. B. weil der Arbeitgeber ausdrücklich auf eine Zuordnung verzichtet hat oder ausdrücklich erklärt, dass organisatorische Zuordnungen keine steuerliche Wirkung entfalten sollen) oder ist die getroffene Festlegung nicht eindeutig, ist nach § 9 Abs. 4 Satz 4 EStG von einer ersten Tätigkeitsstätte an der betrieblichen Einrichtung auszugehen, an der der Arbeitnehmer 1.) typischerweise arbeitstäglich oder 2.) je Arbeitswoche zwei volle Arbeitstage oder mindestens ein Drittel seiner vereinbarten regelmäßigen Arbeitszeit dauerhaft tätig werden soll. So BMF, Schreiben v. 25.11.2020 - IV C 5 - S 2353/19/10011 :006, BStBl 2020 I S. 1233, Rz. 26 sowie dazu mit Beispielen Rz. 26 ff. NWB EAAAH-65600.

343 BMF, Schreiben v. 25.11.2020 - IV C 5 - S 2353/19/10011 :006, BStBl 2020 I S. 1229, Rz. 2 NWB EAAAH-65600. Ein Arbeitnehmer ohne erste Tätigkeitsstätte ist außerhalb seiner Wohnung immer auswärts tätig.

344 BMF, Schreiben v. 25.11.2020 - IV C 5 - S 2353/19/10011 :006, BStBl 2020 I S. 1229, Rz. 3 NWB EAAAH-65600. Beachte zudem BFH, Urteil v. 11.4.2019 - VI R 12/17, BStBl 2019 II S. 551 NWB QAAAH-23041.

345 BMF, Schreiben v. 25.11.2020 - IV C 5 - S 2353/19/10011 :006, BStBl 2020 I S. 1229, Rz. 3 NWB EAAAH-65600, mit Verweis auf BFH, Urteil v. 11.4.2019 - VI R 12/17, BStBl 2019 II S. 551 NWB QAAAH-23041, und BFH, Urteil v. 11.4.2019 - VI R 40/16, BStBl 2019 II S. 546 NWB UAAAH-23044. Zur Ausübung der beruflichen Tätigkeit in einem weiträumigen Tätigkeitsgebiet beachte BMF, Schreiben v. 25.11.2020 - IV C 5 - S 2353/19/10011 :006, BStBl 2020 I S. 1236 f., Rz. 41 ff. NWB EAAAH-65600, und zur Abgrenzung bei einem Forstgebiet vgl. BFH, Urteil v. 12.7.2021 - VI R 1/19 ZAAAH-95450.

Schiffen oder Tätigkeitsgebieten ohne ortsfeste betriebliche Einrichtungen handelt es sich demgegenüber um keine Tätigkeitsstätten i. S. des § 9 Abs. 4 Satz 1 EStG.[346]

HINWEIS

Eine betriebliche Einrichtung des Arbeitgebers i. S. des § 9 Abs. 4 Satz 1 EStG liegt insbesondere vor, wenn dieser die tatsächliche Sachherrschaft darüber aufgrund seiner Eigentümerstellung, eines obligatorischen oder dinglichen Nutzungsrechts ausüben kann. Eine Einrichtung des Arbeitnehmers, die dieser aufgrund seiner Eigentümerstellung, seines obligatorischen, dinglichen oder auch faktischen Nutzungsrechts für die berufliche Tätigkeit nutzt, kann eine betriebliche Einrichtung des Arbeitgebers sein, wenn dieser aufgrund seines Direktionsrechts oder kraft hoheitlicher Anordnung auf die Nutzung der Einrichtung durch den Arbeitnehmer bestimmenden Einfluss nehmen kann. Vor diesem Hintergrund ist als erste Tätigkeitsstätte eines Gerichtsvollziehers dessen Amtssitz – bestehend aus den Dienstgebäuden des Arbeitgebers, dem er zugeordnet ist, und dem Geschäftszimmer, welches er am Sitz des Arbeitgebers auf eigene Kosten vorzuhalten hat – anzusehen.[347]

Mit Blick auf den **Ausgangspunkt** kommt nun jede Wohnung des Arbeitnehmers in Betracht, die er regelmäßig zur Übernachtung nutzt und von der aus er seine erste Tätigkeitsstätte aufsucht. Dies gilt bspw. auch für ein möbliertes Zimmer, eine Schiffskajüte, ein Gartenhaus, einen auf eine gewisse Dauer abgestellten Wohnwagen oder einen Schlafplatz in einer Massenunterkunft.[348] Hat ein Arbeitnehmer mehrere Wohnungen, kann die von der ersten Tätigkeitsstätte weiter entfernt liegende Wohnung nach § 9 Abs. 1 Satz 3 Nr. 4 Satz 6 EStG nur dann berücksichtigt werden, wenn sich dort

346 Zur ersten Tätigkeitsstätte 1.) bei Ableistung von Arbeitsbereitschafts- und Bereitschaftsruhezeiten eines Feuerwehrmanns vgl. BFH, Urteil v. 26.10.2022 - VI R 48/20, BStBl 2023 II S. 582 NWB FAAAJ-34283; 2.) bei Gerichtsvollziehern vgl. BFH, Urteil v. 16.12.2020 - VI R 35/18, BStBl 2021 II S. 525 NWB DAAAH-78524; 3.) bei grenzüberschreitender Arbeitnehmerentsendung vgl. BFH, Urteil v. 17.12.2020 - VI R 21/18, BStBl 2021 II S. 506 NWB YAAAH-77383; 4.) bei Leiharbeitnehmern mit befristeten Einsätzen vgl. BFH, Urteil v. 12.5.2022 - VI R 32/20, BStBl 2023 II S. 35 NWB RAAAJ-23415; 5.) bei Piloten und Flugbegleitern vgl. BFH, Urteil v. 11.4.2019 - VI R 40/16, BStBl 2019 II S. 546 NWB UAAAH-23044; 6.) bei Polizeibeamten im Einsatz- und Streifendienst vgl. BFH, Urteil v. 4.4.2019 - VI R 27/17, BStBl 2019 II S. 536 NWB AAAAH-23042; 7.) bei Postzustellern vgl. BFH, Urteil v. 30.9.2020 - VI R 10/19, BStBl 2021 II S. 306 NWB IAAAH-68072, sowie 8.) bei Rettungsassistenten vgl. BFH, Urteil v. 30.9.2020 - VI R 11/19, BStBl 2021 II S. 308 NWB SAAAH-68073. Der Betriebshof ist keine erste Tätigkeitsstätte eines Müllwerkers, wenn er sich dort jeweils lediglich umkleidet, die Ansage der Einsatzleitung anhört, das Tourenbuch, die Fahrzeugpapiere und die Fahrzeugschlüssel abholt, danach mit seinen Kollegen die Blinker sowie die Beleuchtung des Müllfahrzeugs kontrolliert und wenn die übrige Zeit des 45-minütigen Aufenthalts auf dem Betriebshof auf Parkplatzsuche für den eigenen Pkw, den zeitgleichen Dienstbeginn von 500 Arbeitnehmern und die zeitgleiche Abfahrt von 120 Fahrzeugen vom Betriebshof zurückzuführen ist. FG Berlin-Brandenburg, Gerichtsbescheid v. 16.6.2022 - 16 K 4259/17, DStRK 2023 S. 32. Zur steuerlichen Behandlung von Aufwendungen der Polizeianwärterinnen und Polizeianwärter des Landes Schleswig-Holstein beachte FinMin Schleswig-Holstein, Einkommensteuer-Kurzinformation Nr. 2024/6 v. 8.3.2024 - VI 308-S 2353-128, DStR 2024 S. 2179.

347 BFH, Urteil v. 16.12.2020 - VI R 35/18, BStBl 2021 II S. 525 NWB DAAAH-78524.

348 Ein Hotelzimmer oder eine fremde Wohnung, in denen der Arbeitnehmer nur kurzfristig aus privaten Gründen übernachtet, ist nicht Wohnung i. S. des § 9 Abs. 1 EStG. H 9.10 „Wohnung“ 1. Spiegelstrich LStH mit Verweis auf BFH, Urteil v. 25.3.1988 - VI R 207/84, BStBl 1988 II S. 706 NWB JAAAA-92640.

der **Mittelpunkt der Lebensinteressen** des Arbeitnehmers befindet und sie **nicht nur gelegentlich aufgesucht wird.**

Dies ist bei einem verheirateten Arbeitnehmer regelmäßig am **tatsächlichen Wohnort seiner Familie** der Fall – dies kann aber nur dann ohne nähere Prüfung berücksichtigt werden, wenn der Arbeitnehmer die Wohnung mindestens sechsmal im Kalenderjahr aufsucht. Bei anderen Arbeitnehmern befindet sich der Mittelpunkt der Lebensinteressen an dem Wohnort, zu dem die **engeren persönlichen Beziehungen** bestehen. Eine solche persönliche Beziehung kann ihren Ausdruck besonders in Bindungen an Personen – z. B. Eltern, Verlobte, Freundes- und Bekanntenkreis – finden, aber auch in Vereinszugehörigkeiten und anderen Aktivitäten. Sucht der Arbeitnehmer diese Wohnung im Durchschnitt mindestens zweimal monatlich auf, ist davon auszugehen, dass sich dort der Mittelpunkt seiner Lebensinteressen befindet.[349]

Für die Bestimmung der Entfernung ist schließlich die **kürzeste Straßenverbindung** zwischen Wohnung und erster Tätigkeitsstätte maßgebend;[350] eine andere als die kürzeste Straßenverbindung kann zugrunde gelegt werden, wenn diese **offensichtlich verkehrsgünstiger** ist und vom Arbeitnehmer **regelmäßig** für die Wege zwischen Wohnung und erster Tätigkeitsstätte benutzt wird (§ 9 Abs. 1 Satz 3 Nr. 4 Satz 4 EStG).

HINWEIS

Eine von der kürzesten Straßenverbindung abweichende Strecke ist verkehrsgünstiger, wenn der Arbeitnehmer die erste Tätigkeitsstätte – trotz gelegentlicher Verkehrsstörungen – in der Regel schneller und pünktlicher erreicht.[351]

349 R 9.10 Abs. 1 Satz 1 bis 8 LStR – diese Regelungen gelten unabhängig davon, ob sich der Lebensmittelpunkt im Inland oder im Ausland befindet (R 9.10 Abs. 1 Satz 9 LStR). Beachte auch BFH, Urteil v. 10.11.1978 - VI R 21/76, BStBl 1979 II S. 219 NWB RAAAA-91392, und BFH, Urteil v. 3.10.1985 - VI R 168/84, BStBl 1986 II S. 95 NWB DAAAA-92266.

350 Dabei sind nur volle Kilometer der Entfernung anzusetzen, ein angefangener Kilometer bleibt unberücksichtigt. Im Übrigen richtet sich die Entfernungsbestimmung nach der Straßenverbindung; sie ist unabhängig von dem Verkehrsmittel, das tatsächlich für den Weg zwischen Wohnung und erster Tätigkeitsstätte benutzt wird. So BMF, Schreiben v. 18.11.2021 - IV C 5 - S 2351/20/10001 :002, BStBl 2021 I S. 2317, Rz. 12 NWB SAAAH-95221. Die kürzeste Straßenverbindung ist auch dann maßgeblich, wenn diese mautpflichtig ist oder mit dem vom Arbeitnehmer tatsächlich verwendeten Verkehrsmittel straßenverkehrsrechtlich nicht benutzt werden darf (vgl. BFH, Urteil v. 24.9.2013 - VI R 20/13, BStBl 2014 II S. 259 NWB AAAAE-54619). Gebühren für die Benutzung eines Straßentunnels oder einer mautpflichtigen Straße dürfen dagegen nicht neben der Entfernungspauschale berücksichtigt werden, weil sie nicht für die Benutzung eines Verkehrsmittels entstehen. BMF, Schreiben v. 18.11.2021 - IV C 5 - S 2351/20/10001 :002, BStBl 2021 I S. 2317, Rz. 14 NWB SAAAH-95221.

351 BMF, Schreiben v. 18.11.2021 - IV C 5 - S 2351/20/10001 :002, BStBl 2021 I S. 2317, Rz. 12 NWB SAAAH-95221, mit Verweis auf BFH, Urteil v. 10.10.1975 - VI R 33/74, BStBl 1975 II S. 852 NWB DAAAA-91093; BFH, Urteil v. 16.11.2011 - VI R 46/10, BStBl 2012 II S. 470 NWB BAAAE-01833, sowie BFH, Urteil v. 16.11.2011 - VI R 19/11, BStBl 2012 II S. 520 NWB RAAAE-01832.

Im Weiteren sind durch die Entfernungspauschale sämtliche Aufwendungen abgegolten, die durch die Wege zwischen Wohnung und erster Tätigkeitsstätte (und Familienheimfahrten) entstehen. Dies gilt bspw. auch für:

- Parkgebühren für das Abstellen des Kraftwagens während der Arbeitszeit,
- Finanzierungskosten,[352]
- Beiträge für Kraftfahrerverbände,
- Versicherungsbeiträge für einen Insassenunfallschutz,
- Aufwendungen infolge von Diebstahl sowie
- die Kosten eines Austauschmotors anlässlich eines Motorschadens auf einer Fahrt zwischen Wohnung und erster Tätigkeitsstätte oder einer Familienheimfahrt.[353]

Unfallkosten, die auf einer Fahrt zwischen Wohnung und erster Tätigkeitsstätte oder auf einer zu berücksichtigenden Familienheimfahrt entstehen, sind wiederum als außergewöhnliche Aufwendungen im Rahmen der allgemeinen Werbungskosten nach § 9 Abs. 1 Satz 1 EStG neben der Entfernungspauschale zu berücksichtigen.[354]

BEISPIEL Arbeitnehmer A ist als Steuerfachangestellter tätig. Er suchte seine 30 km entfernt liegende erste Tätigkeitsstätte im Jahr 2024 an insgesamt 230 Arbeitstagen auf. Weitere Werbungskosten sind ihm nicht entstanden.

Tab. 8: Beispiel zur Entfernungspauschale

Berechnung	**Werbungskosten**
230 Arbeitstage × 20 km × 0,30 €/km = 230 Arbeitstage × 10 km × 0,38 €/km =	1.380 € 874 €
Entfernungspauschale gesamt	2.254 €
Hinweis: Der Arbeitnehmer-Pauschbetrag i. H. von 1.230 € gemäß § 9a Satz 1 Nr. 1 Buchst. a EStG kommt nicht zum Ansatz (2.254 € > 1.230 €).	

352 Vgl. auch BFH, Urteil v. 15.4.2010 - VI R 20/08, BStBl 2010 II S. 805 NWB WAAAD-45427. Beachte auch Niedersächsisches FG, Urteil v. 3.4.2024 - 9 K 117/21 NWB WAAAJ-76131.

353 BMF, Schreiben v. 18.11.2021 - IV C 5 - S 2351/20/10001 :002, BStBl 2021 I S. 2321, Rz. 30 NWB SAAAH-95221.

354 BMF, Schreiben v. 18.11.2021 - IV C 5 - S 2351/20/10001 :002, BStBl 2021 I S. 2321, Rz. 30 NWB SAAAH-95221, und BT-Drucks. 16/12099 S. 6.

Durch die Entfernungspauschalen sind sämtliche Aufwendungen abgegolten, die durch die Wege zwischen Wohnung und erster Tätigkeitsstätte i.S. des § 9 Abs. 4 EStG und durch die Familienheimfahrten veranlasst sind (§ 9 Abs. 2 Satz 1 EStG).[355] Die Pauschale wird grundsätzlich **verkehrsmittelunabhängig** gewährt; nur die Benutzung eines Flugzeugs oder einer steuerfreien Sammelbeförderung nach § 3 Nr. 32 EStG (sogenannte Werksbusse) nehmen an der Entfernungspauschale gemäß § 9 Abs. 1 Satz 3 Nr. 4 Satz 3 EStG nicht teil. Aufwendungen für die **Benutzung öffentlicher Verkehrsmittel** können hingegen angesetzt werden, soweit sie den im Kalenderjahr insgesamt als Entfernungspauschale abziehbaren Betrag übersteigen; dies ergibt sich aus § 9 Abs. 2 Satz 2 EStG. Die entsprechende Vergleichsrechnung hat also jahresbezogen zu erfolgen. Auch Menschen mit Behinderungen können entsprechend den Voraussetzungen in § 9 Abs. 2 Satz 3 EStG einen jeweils höheren Betrag geltend machen.[356]

Darüber hinaus erhalten Pendler, deren zu versteuerndes Einkommen innerhalb des Grundfreibetrags liegt, die erhöhten Entfernungspauschalen als sogenannte **Mobilitätsprämie** (§§ 101 bis 109 EStG) ausbezahlt;[357] dies gilt für die Veranlagungszeiträume 2021 bis 2026 und ist auf Antrag möglich. Damit sollen auch diejenigen Bürger entlastet werden, „bei denen ein höherer Werbungskostenabzug infolge der erhöhten Entfernungspauschalen zu keiner entsprechenden steuerlichen Entlastung führt".[358]

355 Zur Anrechnung von Arbeitgeberleistungen auf die Entfernungspauschale vgl. BMF, Schreiben v. 15.8.2019 - IV C 5 - S 2342/19/10007 :001, BStBl 2019 I S. 879 f., Rz. 27 ff. NWB LAAAH-29155, und BMF, Schreiben v. 18.11.2021 - IV C 5 - S 2351/20/10001 :002, BStBl 2021 I S. 2319 f., Rz. 25 ff. NWB SAAAH-95221.

356 Beachte hierzu auch R 9.10 Abs. 3 LStR und H 9.10 „Behinderte Menschen" LStH. So darf auch bei Arbeitnehmern mit Behinderungen nur eine Hin- und Rückfahrt arbeitstäglich, ggf. zusätzlich eine Rück- und Hinfahrt als Leerfahrt, berücksichtigt werden. Vgl. BFH, Beschluss v. 2.4.1976 - VI B 85/75, BStBl 1976 II S. 452 NWB JAAAA-91133.

357 Vgl. hierzu Schober, FR 2021 S. 482. Zum Vereinfachungspotenzial der Arbeitnehmerbesteuerung durch Streichung, Pauschalierung oder Zusammenführung der Deklarationen im Bereich der Fahrten zwischen Wohnung und erster Tätigkeitsstätte, des häuslichen Arbeitszimmers und der Homeoffice-Pauschalen durch Schaffung einer sogenannten Hybrid-Work-Pauschale: Maier/Schanz, DStR 2024 S. 1449.

358 BT-Drucks. 19/14338 S. 26; Kälberer/Gölz-Kälberer, Besteuerung der Einkünfte aus nichtselbstständiger Arbeit, 2021, S. 158.

Abb. 4: Fahrtkosten als Werbungskosten

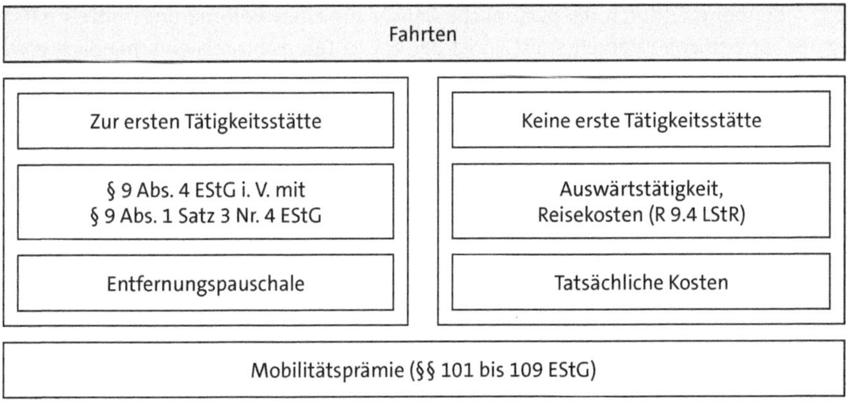

HINWEIS

Mit Urteil vom 19.12.2019 hatte der BFH entschieden, dass „Aufwendungen in Zusammenhang mit der Beseitigung oder Linderung von Körperschäden, die durch einen Unfall auf einer beruflich veranlassten Fahrt zwischen Wohnung und erster Tätigkeitsstätte eingetreten sind", gemäß § 9 Abs. 1 Satz 1 EStG als Werbungskosten abgezogen werden können. „Sie werden von der Abgeltungswirkung der Entfernungspauschale nicht erfasst. Diese erstreckt sich nur auf fahrzeug- und wegstreckenbezogene Aufwendungen."[359]

3.2.4 Reisekosten bzw. Auswärtstätigkeit

Für beruflich veranlasste Fahrten, die weder Fahrten zur ersten Tätigkeitsstätte noch Familienheimfahrten sind, können die **tatsächlichen Aufwendungen oder** die **pauschalen Kilometersätze** angesetzt werden, die für das jeweils benutzte Beförderungsmittel als höchste Wegstreckenentschädigung nach dem Bundesreisekostengesetz festgesetzt sind (§ 9 Abs. 1 Satz 3 Nr. 4a Satz 1 und 2 EStG). Der Arbeitnehmer kann also anstelle der tatsächlichen Aufwendungen „auch einen pauschalen Kilometersatz für jeden gefahrenen Kilometer als Werbungskosten ansetzen. Macht der Arbeitnehmer von dieser gesetzlichen Typisierung Gebrauch, ist eine Prüfung der tatsächlichen Kilometerkosten nicht mehr erforderlich [...]"[360]

Bei der **Benutzung regelmäßig verkehrender Beförderungsmittel** können hingegen nicht die pauschalen Kilometersätze i. S. einer Wegstreckenentschädigung, sondern nur

359 BFH, Urteil v. 19.12.2019 - VI R 8/18, BStBl 2020 II S. 291 NWB HAAAH-45297.
360 BFH, Urteil v. 11.2.2021 - VI R 50/18, BStBl 2021 II S. 442, Rz. 33 NWB IAAAH-77384.

die tatsächlich entstandenen Aufwendungen als Werbungskosten berücksichtigt werden.[361] Im Ergebnis heißt dies: Fahrtkosten sind die **tatsächlichen Aufwendungen,** die dem Arbeitnehmer durch die persönliche Benutzung eines Beförderungsmittels entstehen. Bei öffentlichen Verkehrsmitteln ist der entrichtete Fahrpreis einschließlich etwaiger Zuschläge anzusetzen. Benutzt der Arbeitnehmer sein Fahrzeug, ist der Teilbetrag der jährlichen Gesamtkosten dieses Fahrzeugs anzusetzen, der dem Anteil der zu berücksichtigenden Fahrten an der Jahresfahrleistung entspricht.[362] Der Arbeitnehmer kann aufgrund der für einen Zeitraum von zwölf Monaten ermittelten Gesamtkosten für das von ihm gestellte Fahrzeug einen Kilometersatz errechnen, der so lange angesetzt werden darf, bis sich die Verhältnisse wesentlich ändern, z. B. bis zum Ablauf des Abschreibungszeitraums oder bis zum Eintritt veränderter Leasingbelastungen.[363]

HINWEIS

Die als Reisekosten erfassten Fahrtkosten können als Werbungskosten abgezogen werden, soweit sie nicht vom Arbeitgeber steuerfrei erstattet worden sind (§ 3c EStG).[364] Steuerfreie Arbeitgebererstattungen i. S. des § 3 Nr. 13 und 16 EStG mindern folglich die abziehbaren Werbungskosten; dies gilt auch dann, wenn die Erstattungen erst im Folgejahr geleistet werden.[365]

Für beruflich veranlasste Übernachtungen sind nur die tatsächlichen Aufwendungen für die **persönliche Inanspruchnahme einer Unterkunft** abziehbar; dies ergibt sich aus § 9 Abs. 1 Satz 3 Nr. 5a Satz 2 EStG.[366] Anders verhält es sich bei **Berufskraftfahrern,** sodass anstelle der tatsächlichen Aufwendungen, die im Zusammenhang mit einer Übernachtung im Kraftfahrzeug entstehen, auch eine Pauschale von 9 € für jeden Kalendertag berücksichtigt werden kann (§ 9 Abs. 1 Satz 3 Nr. 5b Satz 2 EStG).[367]

361 Vgl. BFH, Urteil v. 11.2.2021 - VI R 50/18, BStBl 2021 II S. 442, Rz. 38 NWB IAAAH-77384.

362 Abweichend davon können die Fahrtkosten auch mit den pauschalen Kilometersätzen gemäß § 9 Abs. 1 Satz 3 Nr. 4a Satz 2 EStG angesetzt werden (R 9.5 Abs. 1 Satz 5 LStR).

363 So insgesamt R 9.5 Abs. 1 Satz 1 bis 4 LStR.

364 H 9.5 „Werbungskostenabzug und Erstattung durch den Arbeitgeber" 1. Spiegelstrich LStH.

365 H 9.4 „Erstattung durch den Arbeitgeber" LStH mit Verweis auf BFH, Urteil v. 20.9.2006 - I R 59/05, BStBl 2007 II S. 756 NWB EAAAC-34394. Beachte: Der Arbeitnehmer hat seinem Arbeitgeber Unterlagen vorzulegen, aus denen die Voraussetzungen für die Steuerfreiheit der Erstattung und, soweit die Fahrtkosten bei Benutzung eines privaten Fahrzeugs nicht mit den pauschalen Kilometersätzen nach § 9 Abs. 1 Satz 3 Nr. 4a Satz 2 EStG erstattet werden, auch die tatsächlichen Gesamtkosten des Fahrzeugs ersichtlich sein müssen. Der Arbeitgeber hat diese Unterlagen sodann als Belege zum Lohnkonto aufzubewahren. Wird dem Arbeitnehmer für die Auswärtstätigkeit im Rahmen seines Dienstverhältnisses aber ein Kfz zur Verfügung gestellt, darf der Arbeitgeber die pauschalen Kilometersätze nicht – auch nicht teilweise – steuerfrei erstatten (R 9.5 Abs. 2 LStR).

366 Beachte auch R 9.7 Abs. 1 LStR. Die Übernachtungskosten sind für den Werbungskostenabzug in der Regel im Einzelnen nachzuweisen. Sie können geschätzt werden, wenn sie dem Grunde nach zweifelsfrei entstanden sind. So H 9.7 „Übernachtungskosten" 1. Spiegelstrich LStH mit Verweis auf BFH, Urteil v. 12.9.2001 - VI R 72/97, BStBl 2001 II S. 775 NWB QAAAA-89062.

367 Übernachtet ein Kraftfahrer in der Schlafkabine seines Lkw, sind die Pauschalen für Übernachtungen nicht anzuwenden. H 9.7 „Übernachtungskosten" 2. Spiegelstrich LStH mit Verweis auf BFH, Urteil v. 28.3.2012 - VI R 48/11, BStBl 2012 II S. 926 NWB RAAAE-10340.

Die **berufliche Veranlassung** ist gegeben, wenn der Arbeitnehmer auf Weisung des Arbeitgebers so gut wie ausschließlich betrieblich bzw. dienstlich unterwegs ist. Dies ist z. B. dann der Fall, wenn der Arbeitnehmer einen Kunden besucht. Erledigt der Arbeitnehmer im Zusammenhang mit der beruflich veranlassten Auswärtstätigkeit auch in einem mehr als geringfügigen Umfang private Angelegenheiten, sind die beruflich veranlassten von den privat veranlassten Aufwendungen zu trennen.[368] Ist das nicht – auch nicht durch Schätzung – möglich, gehören die gesamten Aufwendungen zu den nach § 12 EStG nicht abziehbaren Aufwendungen für die Lebensführung.[369]

HINWEIS

Unterkunfts- bzw. Übernachtungskosten sind die tatsächlichen Aufwendungen für die persönliche Inanspruchnahme einer Unterkunft zur Übernachtung. Hierzu zählen bspw. Kosten für die Nutzung eines Hotelzimmers, Mietaufwendungen für die Nutzung eines (ggf. möblierten) Zimmers oder einer Wohnung sowie Nebenleistungen (z. B. Kultur- und Tourismusförderabgabe, Kurtaxe bzw. Fremdenverkehrsabgabe, bei Auslandsübernachtungen die besondere Kreditkartengebühr bei Zahlungen in Fremdwährungen). Als Werbungskosten können lediglich die tatsächlich entstandenen Übernachtungskosten und keine Pauschalen abgezogen werden.[370]

Für jede **Übernachtung im Inland** darf der Arbeitgeber ohne Einzelnachweis einen Pauschbetrag von 20 € steuerfrei erstatten. Bei **Übernachtungen im Ausland** dürfen die Übernachtungskosten ohne Einzelnachweis der tatsächlichen Aufwendungen mit Pauschbeträgen (Übernachtungsgelder) steuerfrei erstattet werden. Diese Pauschbeträge werden vom BMF im Einvernehmen mit den obersten Finanzbehörden der Länder auf der Grundlage der höchsten Auslandsübernachtungsgelder nach dem Bundesreisekostengesetz bekannt gemacht.[371]

Für **Verpflegungsmehraufwendungen** bestehen wiederum generelle Pauschalierungen; dies wären:

1. 28 € für jeden Kalendertag, an dem der Arbeitnehmer 24 Stunden von seiner Wohnung und ersten Tätigkeitsstätte abwesend ist (§ 9 Abs. 4a Satz 3 Nr. 1 EStG),
2. jeweils 14 € für den An- und Abreisetag, wenn der Arbeitnehmer an diesem, einem anschließenden oder vorhergehenden Tag außerhalb seiner Wohnung übernachtet (§ 9 Abs. 4a Satz 3 Nr. 2 EStG), und

368 BMF, Schreiben v. 25.11.2020 - IV C 5 - S 2353/19/10011 :006, BStBl 2020 I S. 1252, Rz. 116 NWB EAAAH-65600, mit Verweis auf BFH, Beschluss v. 21.9.2009 - GrS 1/06, BStBl 2010 II S. 672 NWB EAAAD-35188.

369 BMF, Schreiben v. 25.11.2020 - IV C 5 - S 2353/19/10011 :006, BStBl 2020 I S. 1252, Rz. 116 NWB EAAAH-65600.

370 BMF, Schreiben v. 25.11.2020 - IV C 5 - S 2353/19/10011 :006, BStBl 2020 I S. 1252, Rz. 117 NWB EAAAH-65600.

371 R 9.7 Abs. 3 Satz 1 bis 3 LStR.

3. 14€ für den Kalendertag, an dem der Arbeitnehmer ohne Übernachtung außerhalb seiner Wohnung mehr als acht Stunden von seiner Wohnung und der ersten Tätigkeitsstätte abwesend ist (§ 9 Abs. 4a Satz 3 Nr. 3 Halbsatz 1 EStG).[372]

Der Abzug der Verpflegungspauschalen ist gemäß § 9 Abs. 4a Satz 6 EStG auf die ersten drei Monate einer längerfristigen beruflichen Tätigkeit an derselben Tätigkeitsstätte beschränkt. Von einer **längerfristigen beruflichen Tätigkeit an derselben Tätigkeitsstätte** ist erst dann auszugehen, wenn der Arbeitnehmer an dieser mindestens drei Tage in der Woche tätig wird. Die **Dreimonatsfrist** beginnt daher nicht, solange die auswärtige Tätigkeitsstätte an nicht mehr als zwei Tagen in der Woche aufgesucht wird.[373] Eine Unterbrechung der beruflichen Tätigkeit an derselben Tätigkeitsstätte führt jedoch zu einem Neubeginn, wenn sie mindestens vier Wochen dauert (§ 9 Abs. 4a Satz 7 EStG).

Für den Ansatz von Verpflegungsmehraufwendungen bei Tätigkeiten im Ausland gelten nach Staaten unterschiedliche Pauschbeträge **(Auslandstagegelder).** Diese werden vom BMF im Einvernehmen mit den obersten Finanzbehörden der Länder auf der Grundlage der höchsten Auslandstagegelder nach dem Bundesreisekostengesetz bekannt gemacht.[374]

Vor diesem Hintergrund ist bei **eintägigen Reisen ins Ausland** der entsprechende Pauschbetrag des letzten Tätigkeitsortes im Ausland maßgebend. Bei **mehrtägigen Reisen** in verschiedenen Staaten gilt für die Ermittlung der Verpflegungspauschalen am An- und Abreisetag sowie an den Zwischentagen (Tage mit 24 Stunden Abwesenheit) im Hinblick auf § 9 Abs. 4a Satz 5 Halbsatz 2 EStG insbesondere Folgendes:

1. Bei der Anreise vom Inland in das Ausland oder vom Ausland in das Inland jeweils ohne Tätigwerden ist der entsprechende Pauschbetrag des Ortes maßgebend, der vor 24 Uhr Ortszeit erreicht wird.
2. Bei der Abreise vom Ausland in das Inland oder vom Inland in das Ausland ist der entsprechende Pauschbetrag des letzten Tätigkeitsortes maßgebend.
3. Für die Zwischentage ist in der Regel der entsprechende Pauschbetrag des Ortes maßgebend, den der Arbeitnehmer vor 24 Uhr Ortszeit erreicht.[375]

---

372 Die dem Arbeitnehmer tatsächlich entstandenen, beruflich veranlassten Mehraufwendungen für Verpflegung sind unter den Voraussetzungen des § 9 Abs. 4a EStG mit den dort genannten Pauschbeträgen anzusetzen. Der Einzelnachweis von Verpflegungsmehraufwendungen berechtigt nicht zum Abzug höherer Beträge (R 9.6 Abs. 1 LStR). Soweit für denselben Kalendertag Verpflegungsmehraufwendungen wegen einer Auswärtstätigkeit oder wegen einer doppelten Haushaltsführung anzuerkennen sind, ist jeweils nur der höchste Pauschbetrag anzusetzen (§ 9 Abs. 4a Satz 12 Halbsatz 2 EStG und R 9.6 Abs. 2 LStR).

373 BMF, Schreiben v. 25.11.2020 - IV C 5 - S 2353/19/10011 :006, BStBl 2020 I S. 1240, Rz. 55 NWB EAAAH-65600.

374 R 9.6 Abs. 3 Satz 1 LStR.

375 BMF, Schreiben v. 2.12.2024 - IV C 5 - S 2353/19/10010 :006, BStBl 2024 I S. 1549 NWB SAAAJ-81208.

Schließt sich an den Tag der Rückreise von einer mehrtägigen Auswärtstätigkeit zur Wohnung oder ersten Tätigkeitsstätte eine weitere ein- oder mehrtägige Auswärtstätigkeit an, ist für diesen Tag nur die **höhere Verpflegungspauschale** zu berücksichtigen.[376] Bei der Gestellung von Mahlzeiten durch den Arbeitgeber oder auf dessen Veranlassung durch einen Dritten ist die Kürzung der Verpflegungspauschale i.S. des §9 Abs.4a Satz8ff. EStG tagesbezogen vorzunehmen, d. h. von der für den jeweiligen Reisetag maßgebenden Verpflegungspauschale für eine 24-stündige Abwesenheit (§9 Abs.4a Satz5 EStG), unabhängig davon, in welchem Land die jeweilige Mahlzeit zur Verfügung gestellt wurde.[377]

BEISPIEL Der Ingenieur I kehrt am Dienstag von einer mehrtägigen Auswärtstätigkeit in Straßburg (Frankreich) zu seiner Wohnung zurück. Nachdem er Unterlagen und neue Kleidung eingepackt hat, reist er zu einer weiteren mehrtägigen Auswärtstätigkeit nach Kopenhagen (Dänemark) weiter. I erreicht Kopenhagen um 23 Uhr. Die Übernachtungen – jeweils mit Frühstück – wurden vom Arbeitgeber im Voraus gebucht und bezahlt.

Für Dienstag ist nur die höhere Verpflegungspauschale von 50€ (Tag der Rückreise von Straßburg: 36€, Tag der Anreise nach Kopenhagen 50€) anzusetzen. Aufgrund der Gestellung des Frühstücks im Rahmen der Übernachtung in Straßburg ist die Verpflegungspauschale um 15€ (20% der Verpflegungspauschale Kopenhagen für einen vollen Kalendertag – 75€) auf 35€ zu kürzen.[378]

Die festgesetzten Beträge für die Philippinen gelten auch für Mikronesien, die Beträge für Trinidad und Tobago gelten auch für die zu dessen Amtsbezirk gehörenden Staaten Antigua und Barbuda, Dominica, Grenada, Guyana, St. Kitts und Nevis, St. Lucia, St. Vincent und die Grenadinen sowie Suriname.[379] Für die in der Bekanntmachung **nicht erfassten Staaten** ist der für Luxemburg geltende Pauschbetrag maßgebend; für die in der Bekanntmachung **nicht erfassten Übersee- und Außengebiete** eines Staates ist wiederum der für das Mutterland geltende Pauschbetrag maßgebend.[380]

376 BMF, Schreiben v. 2.12.2024 - IV C 5 - S 2353/19/10010 :006, BStBl 2024 I S.1549 NWB SAAAJ-81208, sowie R 9.6 Abs.3 LStR.

377 BMF, Schreiben v. 2.12.2024 - IV C 5 - S 2353/19/10010 :006, BStBl 2024 I S.1549 NWB SAAAJ-81208. Zur Kürzung der Verpflegungspauschalen bei Mahlzeitengestellung auch dann, wenn der Steuerpflichtige nicht über eine erste Tätigkeitsstätte verfügt, beachte BFH, Urteil v. 12.7.2021 - VI R 27/19, BStBl 2021 II S.642 NWB AAAAH-88096.

378 BMF, Schreiben v. 2.12.2024 - IV C 5 - S 2353/19/10010 :006, BStBl 2024 I S.1549 NWB SAAAJ-81208.

379 BMF, Schreiben v. 2.12.2024 - IV C 5 - S 2353/19/10010 :006, BStBl 2024 I S.1549 NWB SAAAJ-81208.

380 BMF, Schreiben v. 2.12.2024 - IV C 5 - S 2353/19/10010 :006, BStBl 2024 I S.1549 NWB SAAAJ-81208, und R 9.6 Abs.3 Satz2 LStR.

HINWEIS

Die berufliche Veranlassung der Auswärtstätigkeit, die Reisedauer und den Reiseweg hat der Arbeitnehmer aufzuzeichnen und anhand geeigneter Unterlagen, z. B. Fahrtenbuch, Tankquittungen, Hotelrechnungen, Schriftverkehr, nachzuweisen oder glaubhaft zu machen.[381] Weitere Einzelheiten regelt das BMF-Schreiben vom 25.11.2020.[382]

Wurden die Reisekosten vom Arbeitgeber (teilweise) erstattet, ist der Werbungskostenabzug insgesamt auf den Betrag beschränkt, um den die **Summe der abziehbaren Aufwendungen die steuerfreie Erstattung übersteigt.**[383] Dabei ist es unbeachtlich, ob die Erstattung des Arbeitgebers nach § 3 Nr. 13, 16 EStG oder nach anderen Vorschriften steuerfrei geblieben ist, so z. B. durch Zehrkostenentschädigungen i. S. des § 3 Nr. 12 EStG.[384] Im Übrigen können Reisenebenkosten, soweit sie nicht vom Arbeitgeber steuerfrei erstattet wurden, unter den Voraussetzungen von R 9.4 LStR in tatsächlicher Höhe als Werbungskosten berücksichtigt werden.[385]

HINWEIS

Für Studierende, deren Studienordnung vorsieht, dass sie „einen Teil des Studiums an einer anderen (weiteren) Hochschule (hier Auslandssemester) absolvieren können bzw. müssen, wird an der anderen Hochschule keine weitere erste Tätigkeitsstätte i. S. des § 9 Abs. 4 Satz 8 EStG begründet.[386] Studierende können daher Unterkunftskosten und Verpflegungsmehraufwendungen, die durch den Besuch der anderen Hochschule veranlasst sind, nach Maßgabe des § 9 Abs. 1 Satz 3 Nr. 5a und Abs. 4a EStG als vorab entstandene Werbungskosten geltend machen. Entsprechendes gilt in der Regel auch für Studierende, die im Rahmen ihres Studiums ein Praxissemester oder Praktikum ableisten können bzw. müssen und dabei ein Dienstverhältnis begründen."[387] Dies gilt jedoch nur für Studierende, die bereits eine Erstausbildung abgeschlossen haben; Aufwendungen für eine Erstausbildung sind hingegen vom Werbungskostenabzug ausgeschlossen (§ 9 Abs. 6 EStG).

381 R 9.4 Satz 5 LStR.

382 BMF, Schreiben v. 25.11.2020 - IV C 5 - S 2353/19/10011 :006, BStBl 2020 I S. 1228 NWB EAAAH-65600.

383 Vgl. BFH, Urteil v. 15.11.1991 - VI R 81/88, BStBl 1992 II S. 367 NWB ZAAAA-94045.

384 Vgl. BFH, Urteil v. 28.1.1988 - IV R 186/85, BStBl 1988 II S. 635 NWB AAAAA-92617, und insgesamt H 9.6 „Werbungskostenabzug bei Reisekostenerstattung durch den Arbeitgeber" LStH. Steuerfreie Arbeitgebererstattungen mindern die abziehbaren Werbungskosten auch dann, wenn sie erst im Folgejahr geleistet werden. So H 9.4 „Erstattung durch den Arbeitgeber" 2. Spiegelstrich LStH mit Verweis auf BFH, Urteil v. 20.9.2006 - I R 59/05, BStBl 2007 II S. 756 NWB EAAAC-34394.

385 R 9.8 Abs. 1 LStR.

386 Ein Vollzeitstudium i. S. des § 9 Abs. 4 Satz 8 EStG liegt nur vor, wenn das Studium nach der Studienordnung darauf ausgelegt ist, dass sich die Studierenden diesem – vergleichbar einem vollbeschäftigten Arbeitnehmer – zeitlich vollumfänglich widmen müssen. BFH, Urteil v. 24.10.2024 - VI R 7/22, DStR 2025 S. 201.

387 BFH, Urteil v. 14.5.2020 - VI R 3/18, BStBl 2021 II S. 302 NWB WAAAH-64499.

3.2.5 Doppelte Haushaltsführung

Eine doppelte Haushaltsführung liegt vor, wenn der Arbeitnehmer außerhalb des Ortes seiner ersten Tätigkeitsstätte einen eigenen Hausstand[388] unterhält (Hauptwohnung) und auch am Ort der ersten Tätigkeitsstätte wohnt. Letzteres wird als Zweitwohnung bezeichnet, wobei die Anzahl der Übernachtungen dabei unerheblich ist.[389] Gleichermaßen unbeachtlich ist, ob es sich hierbei um eine Eigentumswohnung, ein möbliertes Zimmer, ein Hotelzimmer oder eine Gemeinschaftsunterkunft handelt.[390] Voraussetzung ist aber stets, dass ein **zweiter Haushalt** zum Hausstand des Steuerpflichtigen hinzutritt. Dies ist bspw. bei einem Wechsel des Beschäftigungsorts aufgrund einer Versetzung oder der erstmaligen Begründung eines Dienstverhältnisses der Fall.[391] Beziehen beiderseits berufstätige Ehegatten am Ort der ersten Tätigkeitsstätte eine gemeinsame Zweitwohnung, liegt ebenfalls eine berufliche Veranlassung vor. Auch die Mitnahme des nicht berufstätigen Ehegatten an den Ort der ersten Tätigkeitsstätte steht der beruflichen Veranlassung einer doppelten Haushaltsführung nicht entgegen.[392]

388 Bei einem alleinstehenden Arbeitnehmer ist zu prüfen, ob er einen eigenen Hausstand unterhält oder in einen fremden Haushalt eingegliedert ist; er muss sich an den Kosten auch finanziell beteiligen (H 9.11 „Eigener Hausstand" 2. Spiegelstrich LStH mit Verweis auf BMF, Schreiben v. 25.11.2020 - IV C 5 - S 2353/19/10011 :006, BStBl 2020 I S. 1249, Rz. 101 NWB EAAAH-65600). Ein eigener Hausstand liegt nicht vor bei Arbeitnehmern, die – wenn auch gegen Kostenbeteiligung – in den Haushalt der Eltern eingegliedert sind oder in der Wohnung der Eltern lediglich ein Zimmer bewohnen. H 9.11 „Eigener Hausstand" 3. Spiegelstrich LStH mit Verweis auf BFH, Urteil v. 5.10.1994 - VI R 62/90, BStBl 1995 II S. 180 NWB HAAAA-95117. Beachte zur doppelten Haushaltsführung in einem Mehrgenerationenhaushalt: BFH, Urteil v. 26.7.2012 - VI R 10/12, BStBl 2013 II S. 208 NWB VAAAE-22649, und zum eigenen Hausstand junger Arbeitnehmer im Elternhaus: FG Münster, Urteil v. 7.10.2020 - 13 K 1756/18 E NWB QAAAH-65126.

389 R 9.11 Abs. 1 Satz 1 LStR. Beachte hierzu auch H 9.11 Abs. 1 bis 4 „Nutzung der Zweitwohnung" LStH mit Verweis auf BFH, Urteil v. 9.6.1988 - VI R 85/85, BStBl 1988 II S. 990 NWB KAAAA-98311.

390 H 9.11 Abs. 1 bis 4 „Zweitwohnung am Beschäftigungsort" 1. Spiegelstrich mit Verweis auf BFH, Urteil v. 3.10.1985 - VI R 129/82, BStBl 1986 II S. 369 NWB BAAAA-92164. Das heißt, als Zweitwohnung am Beschäftigungsort kommt jede dem Arbeitnehmer entgeltlich oder unentgeltlich zur Verfügung stehende Unterkunft in Betracht, z. B. auch eine Eigentumswohnung, ein möbliertes Zimmer, ein Hotelzimmer, eine Gemeinschaftsunterkunft (BFH, Urteil v. 3.10.1985 - VI R 129/82, BStBl 1986 II S. 369 NWB BAAAA-92164) oder bei Soldaten die Unterkunft in der Kaserne (BFH, Urteil v. 20.12.1982 - VI R 123/81, BStBl 1983 II S. 269 NWB UAAAA-91809). Beachte auch BMF, Schreiben v. 25.11.2020 - IV C 5 - S 2353/19/10011 :006, BStBl 2020 I S. 1249, Rz. 103 f. NWB EAAAH-65600, sowie H 9.11 Abs. 1 bis 4 „Zweitwohnung am Beschäftigungsort" LStH.

391 Vgl. R 9.11 Abs. 2 Satz 1 LStR.

392 R 9.11 Abs. 2 Satz 2 und 3 LStR. Bei verheirateten Arbeitnehmern kann für jeden Ehegatten eine doppelte Haushaltsführung beruflich veranlasst sein, wenn die Ehegatten außerhalb des Ortes ihres gemeinsamen Hausstands an verschiedenen Orten beschäftigt sind und am jeweiligen Beschäftigungsort eine Zweitwohnung beziehen. H 9.11 Abs. 1 bis 4 „Ehegatten/Lebenspartner" LStH mit Verweis auf BFH, Urteil v. 6.10.1994 - VI R 136/89, BStBl 1995 II S. 184 NWB RAAAA-95118. Entsprechendes gilt auch für Lebenspartnerschaften (§ 2 Abs. 8 EStG).

HINWEIS

Bei Zuzug aus dem Ausland kann das Beziehen einer Zweitwohnung auch dann beruflich veranlasst sein, wenn der Arbeitnehmer politisches Asyl beantragt oder erhält (R. 9.11 Abs. 2 Satz 4 LStR).

Eine aus beruflichem Anlass begründete doppelte Haushaltsführung liegt auch dann vor, wenn ein Arbeitnehmer seinen Haupthausstand[393] aus **privaten Gründen** vom Ort der ersten Tätigkeitsstätte **wegverlegt** und er darauf in einer Wohnung am Ort der ersten Tätigkeitsstätte einen Zweithaushalt begründet, um von dort seiner Beschäftigung weiter nachgehen zu können. In den Fällen, in denen bereits zum Zeitpunkt der Wegverlegung des Lebensmittelpunktes vom Ort der ersten Tätigkeitsstätte ein Rückumzug an den Ort der ersten Tätigkeitsstätte geplant ist oder feststeht, handelt es sich hingegen **nicht** um eine doppelte Haushaltsführung i. S. des § 9 Abs. 1 Satz 3 Nr. 5 EStG.[394] Denn nach § 9 Abs. 1 Satz 3 Nr. 5 EStG liegt eine doppelte Haushaltsführung vor, wenn der Steuerpflichtige außerhalb seiner ersten Tätigkeitsstätte zusätzlich einen eigenen Hausstand unterhält, was dort das Innehaben einer Wohnung und eine Beteiligung an den laufenden Kosten der Haushaltsführung voraussetzt.

Ist dies der Fall, können die Kosten für eine bewohnte Unterkunft[395] am Ort der ersten Tätigkeitsstätte (höchstens 1.000 € im Monat), sonstige notwendige Mehraufwendungen (z. B. Einrichtungsgegenstände und Hausrat)[396] sowie wöchentlich eine Familienheimfahrt abgezogen werden. Der **Höchstbetrag von 1.000 €** umfasst sämtliche entstehenden Aufwendungen wie Miete, Betriebskosten, Kosten der laufenden Reinigung und Pflege der Zweitwohnung oder -unterkunft, Zweitwohnungsteuer, Rundfunkbeitrag, Miet- oder Pachtgebühren für Kfz-Stellplätze[397], Aufwendungen für Sondernutzung (wie Garten), die vom Arbeitnehmer selbst getragen werden, nicht jedoch Aufwendungen für Hausrat, Einrichtungsgegenstände oder Arbeitsmittel, mit denen die Zweitwohnung ausgestattet ist. Aufwendungen für die erforderliche **Einrichtung und Ausstattung**

393 Kosten der Lebensführung i. S. des § 9 Abs. 1 Satz 3 Nr. 5 Satz 3 EStG sind die Kosten des Haushalts und die sonstigen Lebenshaltungskosten im Haupthausstand. Die finanzielle Beteiligung an den Kosten der Lebensführung darf nicht erkennbar unzureichend sein. Ob dies der Fall ist, bedarf einer Würdigung der Umstände des Einzelfalls. Eine bestimmte betragliche Grenze sieht das Gesetz nicht vor, ebenso wenig ist eine laufende Beteiligung erforderlich. BFH, Urteil v. 12.1.2023 - VI R 39/19, BStBl 2023 II S. 747 NWB YAAAJ-38610.

394 R 9.11 Abs. 2 Satz 5 und 6 LStR.

395 Beachte hierzu BFH, Urteil v. 12.7.2017 - VI R 42/15, BStBl 2018 II S. 13 NWB YAAAG-57382, sodass etwa der Erwerbsaufwand oder die Miete sowie die Betriebskosten zu berücksichtigen sind.

396 Vgl. BFH, Urteil v. 4.4.2019 - VI R 18/17, BStBl 2019 II S. 449 NWB VAAAH-16588.

397 Zum Abzug von Stellplatz- und Garagenkosten als Werbungskosten im Rahmen der doppelten Haushaltsführung beachte BFH, Urteil v. 13.11.2012 - VI R 50/11, BStBl 2013 II S. 286 NWB DAAAE-29291.

der Zweitwohnung, soweit sie nicht überhöht sind, können als sonstige notwendige Mehraufwendungen der doppelten Haushaltsführung berücksichtigt werden.[398]

HINWEIS

Übersteigen die Anschaffungskosten des Arbeitnehmers für Einrichtung und Ausstattung der Zweitwohnung (ohne Arbeitsmittel) insgesamt nicht den Betrag von 5.000€ einschließlich Umsatzsteuer, ist aus Vereinfachungsgründen davon auszugehen, dass es sich um notwendige Mehraufwendungen der doppelten Haushaltsführung handelt. Wird die Zweitwohnung oder -unterkunft möbliert angemietet, überschreitet die Miete den Höchstbetrag und enthält der Mietvertrag keine Aufteilung der Miete für die Überlassung der Wohnung und der Einrichtung und Ausstattung, ist die Miete im Schätzwege aufzuteilen.[399]

Soweit ein Nachweis möglich ist, können auch **Umzugskosten** anlässlich der Begründung, Beendigung oder des Wechsels einer doppelten Haushaltsführung nach R 9.11 Abs. 9 LStR geltend gemacht werden; Pauschbeträge sind hingegen nicht anzusetzen. Darüber hinaus sind die tatsächlichen Aufwendungen für die Fahrten anlässlich des Wohnungswechsels zu Beginn und am Ende der doppelten Haushaltsführung als notwendige Fahrtkosten anzuerkennen.[400] Aufwendungen für die wöchentliche Familienheimfahrt werden dabei mit jedem vollen Kilometer der Hin- und Rückfahrt entsprechend den Werten der Entfernungspauschalen nach § 9 Abs. 1 Satz 3 Nr. 5 Satz 6 und 9 EStG abgegolten.

Aufwendungen für Familienheimfahrten des Arbeitnehmers mit einem **vom Arbeitgeber überlassenen Dienstwagen** berechtigen hingegen nicht zum Werbungskostenabzug (§ 9 Abs. 1 Satz 3 Nr. 5 Satz 8 EStG).[401] Weiterhin sind die dem Arbeitnehmer im Rahmen der doppelten Haushaltsführung entstandenen Verpflegungsmehraufwendungen für die ersten drei Monate mit den in § 9 Abs. 4a Satz 12 und 13 EStG genannten Pauschbeträgen anzusetzen.[402] Zusammenfassend kommen wegen einer doppelten Haushaltsführung die folgenden Mehraufwendungen in Betracht:[403]

398 BMF, Schreiben v. 25.11.2020 - IV C 5 - S 2353/19/10011 :006, BStBl 2020 I S. 1250 f., Rz. 108 NWB EAAAH-65600, mit Verweis auf BFH, Urteil v. 4.4.2019 - VI R 18/17, BStBl 2019 II S. 449 NWB VAAAH-16588.

399 BMF, Schreiben v. 25.11.2020 - IV C 5 - S 2353/19/10011 :006, BStBl 2020 I S. 1251, Rz. 108 NWB EAAAH-65600, mit Verweis auf BFH, Urteil v. 4.4.2019 - VI R 18/17, BStBl 2019 II S. 449 NWB VAAAH-16588.

400 R 9.11 Abs. 6 Nr. 1 LStR i. V. mit § 9 Abs. 1 Satz 3 Nr. 4a Satz 1 und 2 EStG.

401 H 9.11 Abs. 5 bis 10 „Familienheimfahrten" 3. Spiegelstrich LStH mit Verweis auf BFH, Urteil v. 28.2.2013 - VI R 33/11, BStBl 2013 II S. 629 NWB FAAAE-37172. Das gilt auch, wenn der Arbeitnehmer hierfür ein Nutzungsentgelt leisten muss oder individuelle Kfz-Kosten zu tragen hat, vgl. BFH, Urteil v. 4.8.2022 - VI R 35/20, BStBl 2022 II S. 802 NWB FAAAJ-22982.

402 R 9.11 Abs. 7 Satz 1 LStR.

403 R 9.11 Abs. 5 LStR. Zu den einzelnen Kostenarten bei Vorliegen einer doppelten Haushaltsführung beachte BFH, Urteil v. 4.4.2006 - VI R 44/03, BStBl 2006 II S. 567 NWB GAAAB-84350. Der Abzug der Aufwendungen für die Zweitwohnung ist im Übrigen ausgeschlossen, wenn die Aufwendungen aufgrund eines Dauerschuldverhältnisses (z. B. Mietvertrag) von einem Dritten getragen werden. So H 9.11 Abs. 5 bis 10 „Drittaufwand" LStH mit Verweis auf BFH, Urteil v. 13.3.1996 - VI R 103/95, BStBl 1996 II S. 375 NWB RAAAA-95572, und BFH, Urteil v. 24.2.2000 - IV R 75/98, BStBl 2000 II S. 314 NWB AAAAA-88655.

- Die **Fahrtkosten** aus Anlass der Wohnungswechsel zu Beginn und am Ende der doppelten Haushaltsführung sowie für wöchentliche Heimfahrten an den Ort des eigenen Haushalts – als notwendige Fahrtkosten sind anzuerkennen (R 9.11 Abs. 6 LStR):
  - die tatsächlichen Aufwendungen für die Fahrten anlässlich der Wohnungswechsel zu Beginn und am Ende der doppelten Haushaltsführung. Für die Ermittlung der Fahrtkosten ist § 9 Abs. 1 Satz 3 Nr. 4a Satz 1 und 2 EStG sowie R 9.5 Abs. 1 LStR anzuwenden; zusätzlich können etwaige Nebenkosten nach Maßgabe von R 9.8 LStR berücksichtigt werden.
  - die Entfernungspauschale nach § 9 Abs. 1 Satz 3 Nr. 5 Satz 9 EStG für jeweils eine tatsächlich durchgeführte Heimfahrt wöchentlich. Aufwendungen für Fahrten mit einem im Rahmen des Dienstverhältnisses zur Nutzung überlassenen Kfz können nicht angesetzt werden. Aufwendungen für Besuchsfahrten der mit dem Arbeitnehmer in der Hauptwohnung lebenden Personen an den Ort der ersten Tätigkeitsstätte des den doppelten Haushalt führenden Arbeitnehmers sind hingegen Werbungskosten, wenn der Arbeitnehmer aus beruflichen Gründen an einer Familienheimfahrt gehindert ist.[404]
- **Verpflegungsmehraufwendungen** (R 9.11 Abs. 7 LStR): Die dem Arbeitnehmer im Rahmen einer doppelten Haushaltsführung tatsächlich entstandenen, beruflich veranlassten Mehraufwendungen für Verpflegung sind unter den Voraussetzungen des § 9 Abs. 4a Satz 12 und 13 EStG mit den dort genannten Pauschbeträgen anzusetzen. Ist der Tätigkeit am Ort der ersten Tätigkeitsstätte eine Auswärtstätigkeit an diesem Ort der ersten Tätigkeitsstätte unmittelbar vorausgegangen, ist deren Dauer auf die Dreimonatsfrist anzurechnen (§ 9 Abs. 4a Satz 13 EStG).[405]
- **Aufwendungen für die Zweitwohnung** (R 9.11 Abs. 8 LStR): Bei einer doppelten Haushaltsführung im Inland sind die tatsächlichen Kosten für die Zweitwohnung im Rahmen des Höchstbetrags nach § 9 Abs. 1 Satz 3 Nr. 5 Satz 4 EStG anzuerkennen. Aufwendungen für eine im Ausland gelegene Zweitwohnung sind zu berücksichtigen, soweit sie notwendig und angemessen sind. Steht die Zweitwohnung im Ausland im Eigentum des Arbeitnehmers, sind die Aufwendungen in der Höhe als notwendig

404 Anstelle der Aufwendungen für eine Heimfahrt an den Ort des eigenen Hausstands können die Gebühren für ein Ferngespräch bis zu einer Dauer von 15 Minuten mit Angehörigen, die zum eigenen Hausstand des Arbeitnehmers gehören, berücksichtigt werden. So H 9.11 Abs. 5 bis 10 „Telefonkosten" LStH mit Verweis auf BFH, Urteil v. 18.3.1988 - VI R 90/84, BStBl 1988 II S. 988 NWB EAAAA-92714.

405 Die Begrenzung des Abzugs von Mehraufwendungen für die Verpflegung auf drei Monate bei einer aus beruflichem Anlass begründeten doppelten Haushaltsführung ist als verfassungsgemäß anzusehen. H 9.11 Abs. 5 bis 10 „Verpflegungsmehraufwand" 2. Spiegelstrich LStH mit Verweis auf BFH, Urteil v. 8.7.2010 - VI R 10/08, BStBl 2011 II S. 32 NWB DAAAD-54647.

anzusehen, in der sie der Arbeitnehmer als Mieter für eine nach Größe, Ausstattung und Lage angemessene Wohnung tragen müsste.[406]

- **Umzugskosten** (R 9.11 Abs. 9 LStR): Umzugskosten anlässlich der Begründung, Beendigung oder des Wechsels einer doppelten Haushaltsführung sind als Werbungskosten anzusehen, wenn der Umzug beruflich veranlasst ist. Der Nachweis der Umzugskosten i. S. des § 10 des Bundesumzugskostengesetzes (BUKG) ist notwendig, weil für sie keine Pauschalierung möglich ist. Dasselbe gilt für die sonstigen Umzugsauslagen i. S. des § 18 der Auslandsumzugskostenverordnung (AUV) bei Beendigung einer doppelten Haushaltsführung durch den Rückumzug eines Arbeitnehmers in das Ausland. Verlegt der Arbeitnehmer seinen Lebensmittelpunkt aber aus privaten Gründen vom Ort der ersten Tätigkeitsstätte weg und begründet in seiner bisherigen Wohnung am Ort der ersten Tätigkeitsstätte einen Zweithaushalt, um von dort seiner Beschäftigung weiter nachgehen zu können, sind diese Umzugskosten keine Werbungskosten, sondern Kosten der privaten Lebensführung. Entsprechendes gilt für Umzugskosten, die nach Wegverlegung des Lebensmittelpunktes vom Ort der ersten Tätigkeitsstätte durch die endgültige Aufgabe der Zweitwohnung am Ort der ersten Tätigkeitsstätte entstehen, es sei denn, dass dieser Umzug wie z. B. im Falle eines Arbeitsplatzwechsels ausschließlich beruflich veranlasst ist.

3.2.6 Arbeitsmittel

Die **Anschaffungs- oder Herstellungskosten von Arbeitsmitteln** einschließlich der Umsatzsteuer können im Jahr der Anschaffung oder Herstellung in voller Höhe als Werbungskosten abgesetzt werden, wenn sie ohne Umsatzsteuer die Grenze für geringwertige Wirtschaftsgüter i. H. von 800 €[407] nicht übersteigen. Höhere Anschaffungs- oder Herstellungskosten sind auf die Kalenderjahre der voraussichtlichen gesamten

406 Ein häusliches Arbeitszimmer in der Zweitwohnung am Beschäftigungsort ist bei der Ermittlung der abziehbaren Unterkunftskosten nicht zu berücksichtigen; der Abzug der hierauf entfallenden Aufwendungen richtet sich nach § 4 Abs. 5 Satz 1 Nr. 6b EStG. So H 9.11 Abs. 5 bis 10 „Unterkunftskosten" 3. Spiegelstrich LStH mit Verweis auf BFH, Urteil v. 9.8.2007 - VI R 23/05, BStBl 2009 II S. 722 NWB WAAAC-53705. Zu den Unterkunftskosten bei doppelter Haushaltsführung im Ausland beachte BFH, Urteil v. 9.8.2023 - VI R 20/21, DStR 2023 S. 2481, mit dem Verweis auf eine einzelfallbezogene Prüfung – entgegen BMF, Schreiben v. 25.11.2020 - IV C 5 - S 2353/19/10011 :006, BStBl 2020 I S. 1251, Rz. 112 NWB EAAAH-65600. Zur finanziellen Beteiligung an den Lebensführungskosten bei einer doppelten Haushaltsführung mit Auslandsbezug beachte Niedersächsisches FG, Urteil v. 21.9.2022 - 9 K 309/20 NWB RAAAJ-27994.

407 Vgl. § 9 Abs. 1 Satz 3 Nr. 7 Satz 2 EStG i. V. mit § 6 Abs. 2 Satz 1 EStG.

Nutzungsdauer[408] des Arbeitsmittels zu verteilen und in jedem dieser Jahre anteilig als Werbungskosten zu berücksichtigen.[409] Wird ein als Arbeitsmittel genutztes Wirtschaftsgut veräußert, so ist ein sich eventuell ergebender Veräußerungserlös bei den Einkünften aus nichtselbständiger Arbeit nicht zu erfassen.[410]

HINWEIS

Aufwendungen für ein Arbeitsmittel können auch dann Werbungskosten sein, wenn sie zwar ungewöhnlich hoch, aber bezogen auf die berufliche Stellung und die Höhe der Einnahmen nicht unangemessen sind.[411]

Betreffen Wirtschaftsgüter sowohl den beruflichen als auch den privaten Bereich des Arbeitnehmers, ist eine Aufteilung der Anschaffungs- oder Herstellungskosten in nicht abziehbare Aufwendungen für die Lebensführung und in Werbungskosten nur zulässig, wenn **objektive Merkmale und Unterlagen** eine zutreffende und leicht nachprüfbare Trennung ermöglichen und wenn außerdem der berufliche Nutzungsanteil nicht von untergeordneter Bedeutung ist.[412]

Die Aufwendungen sind dabei voll abziehbar, wenn die Wirtschaftsgüter **ausschließlich** oder **ganz überwiegend** der Berufsausübung dienen.[413] Insoweit kann bspw. ein privat angeschaffter und in der privaten Wohnung aufgestellter PC ein Arbeitsmittel sein. Eine

408 Außergewöhnliche technische oder wirtschaftliche Abnutzungen sind zu berücksichtigen. So H 9.12 „Absetzung für Abnutzung" 1. Spiegelstrich LStH mit Verweis auf BFH, Urteil v. 29.4.1983 - VI R 139/80, BStBl 1983 II S. 586 NWB VAAAA-91852 – hinsichtlich einer im Zusammenhang mit einem Diebstahl eingetretenen Beschädigung an einem als Arbeitsmittel anzusehenden Pkw. Bei Computerhardware und Software zur Dateneingabe/-verarbeitung kann eine betriebsgewöhnliche Nutzungsdauer von einem Jahr zugrunde gelegt werden. BMF, Schreiben v. 22.2.2022 - IV C 3 - S 2190/21/10002 :025, BStBl 2022 I S. 187 NWB HAAAI-04946.

409 Beachte hierzu auch H 9.12 „Absetzung für Abnutzung" 3. Spiegelstrich LStH: Wird ein Wirtschaftsgut nach einer Nutzung außerhalb der Einkunftsarten als Arbeitsmittel verwendet, so sind die weiteren AfA von den Anschaffungs- oder Herstellungskosten einschließlich Umsatzsteuer nach der voraussichtlichen gesamten Nutzungsdauer des Wirtschaftsguts in gleichen Jahresbeträgen zu bemessen. Der auf den Zeitraum vor der Verwendung als Arbeitsmittel entfallende Teil der Anschaffungs- oder Herstellungskosten des Wirtschaftsguts (fiktive AfA) gilt als abgesetzt. Vgl. BFH, Urteil v. 14.2.1989 - IX R 109/84, BStBl 1989 II S. 922 NWB MAAAA-92999, und BFH, Urteil v. 2.2.1990 - VI R 22/86, BStBl 1990 II S. 684 NWB XAAAA-93334. Dies gilt zugleich für geschenkte Wirtschaftsgüter, vgl. BFH, Urteil v. 16.2.1990 - VI R 85/87, BStBl 1990 II S. 883 NWB KAAAA-93428.

410 So R 9.12 LStR.

411 H 9.12 „Angemessenheit" LStH mit Verweis auf BFH, Urteil v. 10.3.1978 - VI R 111/76, BStBl 1978 II S. 459 NWB FAAAA-91331 (Anschaffung eines Flügels durch eine am Gymnasium Musik unterrichtende Lehrerin), und BFH, Urteil v. 21.10.1988 - VI R 18/86, BStBl 1989 II S. 356 NWB TAAAA-92803 (Anschaffung eines Flügels durch eine Musikpädagogin).

412 H 9.12 „Aufteilung der Anschaffungs- oder Herstellungskosten" 1. Spiegelstrich LStH mit Verweis auf BFH, Beschluss v. 19.10.1970 - GrS 2/70, BStBl 1971 II S. 17 NWB WAAAA-90631.

413 H 9.12 „Aufteilung der Anschaffungs- oder Herstellungskosten" 2. Spiegelstrich LStH mit Verweis auf BFH, Urteil v. 18.2.1977 - VI R 182/75, BStBl 1977 II S. 464 NWB YAAAA-91222 (Schreibtisch im Wohnraum eines Gymnasiallehrers), und BFH, Urteil v. 21.10.1988 - VI R 18/86, BStBl 1989 II S. 356 NWB TAAAA-92803 (Flügel einer Musikpädagogin).

private Mitbenutzung ist unschädlich, soweit sie einen Nutzungsanteil von etwa 10% nicht übersteigt. Die Kosten eines gemischt genutzten PC sind wiederum aufzuteilen, wobei § 12 Nr. 1 Satz 2 EStG einer solchen Aufteilung nicht entgegensteht.[414]

HINWEIS

In Anlehnung an die Rechtsprechung des BFH zur Aufteilung der Aufwendungen für EDV-Technik sollten diese Grundsätze auch auf den Abzug der Nutzungsentgelte für ChatGPT Plus anzuwenden sein. Damit stünde eine hälftige Aufteilung in Werbungskosten und in nicht abzugsfähige Kosten der Lebensführung infrage.[415]

3.2.7 Häusliches Arbeitszimmer

3.2.7.1 Grundsätze zum Abzug der Aufwendungen für ein häusliches Arbeitszimmer

Nach § 4 Abs. 5 Satz 1 Nr. 6b Satz 1 EStG und § 9 Abs. 5 Satz 1 EStG dürfen die Aufwendungen für ein häusliches Arbeitszimmer sowie die Kosten der Ausstattung grundsätzlich nicht als Betriebsausgaben oder Werbungskosten abgezogen werden. Bildet das häusliche Arbeitszimmer jedoch den **Mittelpunkt der gesamten betrieblichen und beruflichen Betätigung,** dürfen die Aufwendungen steuerlich berücksichtigt werden (§ 4 Abs. 5 Satz 1 Nr. 6b Satz 2 EStG).

Wenn das häusliche Arbeitszimmer den Mittelpunkt der gesamten betrieblichen und beruflichen Betätigung bildet, kann anstelle der tatsächlichen Aufwendungen pauschal ein Betrag von **1.260 € (Jahrespauschale)** für das Wirtschafts- oder Kalenderjahr abgezogen werden (**Wahlrecht;** § 4 Abs. 5 Satz 1 Nr. 6b Satz 3 EStG). Für jeden vollen Kalendermonat, in dem die Voraussetzungen für den Abzug der Aufwendungen für das häusliche Arbeitszimmer nicht vorliegen, ermäßigt sich die Jahrespauschale von 1.260 € sodann um ein Zwölftel. Dies ergibt sich aus § 4 Abs. 5 Satz 1 Nr. 6b Satz 4 EStG. Der Betrag von 1.260 € ist als Pauschbetrag anzusehen, mit welchem die Aufwendungen für die gesamte betriebliche und berufliche Betätigung im häuslichen Arbeitszimmer abgegolten sind.[416]

414 H 9.12 „Aufteilung der Anschaffungs- oder Herstellungskosten" 3. Spiegelstrich LStH mit Verweis auf BFH, Urteil v. 19.2.2004 - VI R 135/01, BStBl 2004 II S. 958 NWB QAAAB-20775. Bei der Anschaffung von Gegenständen, die nach der Lebenserfahrung ganz überwiegend zu Zwecken der Lebensführung angeschafft werden, gelten erhöhte Anforderungen an den Nachweis der beruflichen Nutzung. H 9.12 „Nachweis der beruflichen Nutzung" LStH mit Verweis auf BFH, Urteil v. 27.9.1991 - VI R 1/90, BStBl 1992 II S. 195 NWB BAAAA-93953 (Videorecorder als Arbeitsmittel eines Lehrers), und BFH, Urteil v. 15.1.1993 - VI R 98/88, BStBl 1993 II S. 348 NWB VAAAA-94444 (Spielecomputer).

415 Vgl. BFH, Urteil v. 19.2.2004 - VI R 135/01, BStBl 2004 II S. 958 NWB QAAAB-20775; Heine/Trinks, beck.digitax 2023 S. 358.

416 BMF, Schreiben v. 15.8.2023 - IV C 6 - S 2145/19/10006 :027, BStBl 2023 I S. 1551 f., Rz. 1 NWB BAAAJ-46602. Zur Vermietung eines Arbeitszimmers oder einer als Homeoffice genutzten Wohnung an den Arbeitgeber beachte: BMF, Schreiben v. 18.4.2019 - IV C 1 - S 2211/16/10003 :005, BStBl 2019 I S. 461 NWB MAAAH-15447.

HINWEIS

Zu den Aufwendungen für ein häusliches Arbeitszimmer gehören insbesondere die Aufwendungen für die Ausstattung des Zimmers, wie z. B. Tapeten, Teppiche, Fenstervorhänge, Gardinen und Lampen,[417] sowie der auf das häusliche Arbeitszimmer entfallende Anteil an den Gesamtaufwendungen für die Wohnung oder für das Gebäude für:

1. Miete,
2. Gebäude-AfA, Absetzungen für außergewöhnliche technische oder wirtschaftliche Abnutzung, Sonderabschreibungen,
3. Schuldzinsen für Kredite, die zur Anschaffung, Herstellung oder Reparatur des Gebäudes oder der Eigentumswohnung verwendet worden sind,
4. Aufwendungen für Wasser und Energie,
5. Reinigungsaufwendungen sowie
6. Grundsteuer, Müllabfuhrgebühren, Schornsteinfegergebühren und Gebäudeversicherungen.[418]

Das Wahlrecht zum Abzug der Jahrespauschale anstelle der Aufwendungen kann nur **einheitlich für das gesamte Wirtschafts- oder Kalenderjahr** ausgeübt werden. Die Ausübung des Wahlrechts ist bis zur Unanfechtbarkeit der Steuerfestsetzung möglich, wobei die Jahrespauschale personenbezogen anzuwenden ist. Insoweit kann sie nicht mehrfach für verschiedene Tätigkeiten in Anspruch genommen werden, sondern ist ggf. auf die unterschiedlichen Tätigkeiten aufzuteilen. Auch bei der Nutzung mehrerer häuslicher Arbeitszimmer ist die Jahrespauschale aufgrund ihrer Personenbezogenheit nur einmal anzuwenden. Ein Abzug der Tagespauschale nach § 4 Abs. 5 Satz 1 Nr. 6c EStG ist zusätzlich zu den Aufwendungen für ein häusliches Arbeitszimmer oder zur

417 Aufwendungen für Luxusgegenstände wie etwa Kunstgegenstände, die vorrangig der Ausschmückung des häuslichen Arbeitszimmers dienen, gehören zu den nach § 12 Nr. 1 EStG nicht abziehbaren Aufwendungen. Vgl. BMF, Schreiben v. 15.8.2023 - IV C 6 - S 2145/19/10006 :027, BStBl 2023 I S. 1554, Rz. 10 NWB BAAAJ-46602, mit Verweis auf BFH, Urteil v. 30.10.1990 - VIII R 42/87, BStBl 1991 II S. 340 NWB NAAAA-93599.

418 BMF, Schreiben v. 15.8.2023 - IV C 6 - S 2145/19/10006 :027, BStBl 2023 I S. 1553, Rz. 7 NWB BAAAJ-46602. Renovierungsaufwendungen, die ausschließlich das häusliche Arbeitszimmer betreffen, sind in voller Höhe zu berücksichtigen. Aufwendungen für die Renovierung der sogenannten Allgemeinflächen (z. B. Treppenhaus) oder des Gesamtgebäudes (z. B. Erneuerung der Heizungsanlage, Austausch von Fenstern und Türen, Sanierung des Daches) sind anteilig zu berücksichtigen. Renovierungs- und Umbauaufwendungen, die für einen Raum anfallen, der ausschließlich oder mehr als in nur untergeordnetem Umfang privaten Wohnzwecken dient (z. B. Räume wie Küche, Bad und Flur), sind nicht als allgemeine Gebäudeaufwendungen über den Flächenanteil des häuslichen Arbeitszimmers zu berücksichtigen (BFH, Urteil v. 14.5.2019 - VIII R 16/15, BStBl 2019 II S. 510 NWB OAAAH-24031). Die Aufwendungen für eine Gartenerneuerung sind anteilig den Kosten des häuslichen Arbeitszimmers zuzurechnen, wenn bei einer Reparatur des Gebäudes Schäden am Garten verursacht worden sind. Den Aufwendungen des häuslichen Arbeitszimmers zuzurechnen sind allerdings nur diejenigen Aufwendungen, die der Wiederherstellung des ursprünglichen Zustandes dienen (BFH, Urteil v. 6.10.2004 - VI R 27/01, BStBl 2004 II S. 1071 NWB RAAAB-35570). So BMF, Schreiben v. 15.8.2023 - IV C 6 - S 2145/19/10006 :027, BStBl 2023 I S. 1553, Rz. 8 NWB BAAAJ-46602.

(anteiligen) Jahrespauschale für denselben Zeitraum nicht zulässig (§ 4 Abs. 5 Satz 1 Nr. 6c Satz 3 EStG).[419]

3.2.7.2 Begriff des häuslichen Arbeitszimmers

Hinsichtlich des Begriffs des häuslichen Arbeitszimmers ist Folgendes zu beachten: Ein häusliches Arbeitszimmer ist ein Raum, der seiner Lage, Funktion und Ausstattung nach in die **häusliche Sphäre** des Steuerpflichtigen eingebunden ist, vorwiegend der Erledigung **gedanklicher, schriftlicher, verwaltungstechnischer** oder **organisatorischer Arbeiten** dient[420] und ausschließlich oder nahezu ausschließlich zu **betrieblichen** und/oder **beruflichen Zwecken** genutzt wird;[421] eine untergeordnete private Mitbenutzung (< 10 %) ist unschädlich.[422]

Im Weiteren muss es sich nicht zwingend um Arbeiten büromäßiger Art handeln; ein häusliches Arbeitszimmer kann auch bei **geistiger, künstlerischer** oder **schriftstellerischer Betätigung** gegeben sein. Voraussetzung ist indes, dass der als Arbeitszimmer genutzte Raum in die häusliche Sphäre eingebunden ist. Dies ist regelmäßig dann der Fall, wenn er zur privaten Wohnung oder zum Wohnhaus des Steuerpflichtigen gehört – dies betrifft nicht nur die Wohnräume, sondern ebenso Zubehörräume.[423] So kann bspw. auch ein Raum im Keller[424] oder unter dem Dach (Mansarde) des Wohnhauses, in dem die Wohnung des Steuerpflichtigen liegt, ein häusliches Arbeitszimmer sein, wenn die Räumlichkeiten aufgrund der unmittelbaren Nähe mit den privaten Wohnräumen des Steuerpflichtigen als gemeinsame Wohneinheit verbunden sind.[425]

Ein in die häusliche Sphäre eingebundener Raum, der mit einem nicht unerheblichen Teil seiner Fläche auch privat genutzt wird (sogenannte **Arbeitsecke**), ist kein häusliches Arbeitszimmer.[426] Hierfür können Aufwendungen oder die Jahrespauschale nicht als

419 BMF, Schreiben v. 15.8.2023 - IV C 6 - S 2145/19/10006 :027, BStBl 2023 I S. 1552, Rz. 1 NWB BAAAJ-46602.

420 Beachte dazu BFH, Urteil v. 16.10.2002 - XI R 89/00, BStBl 2003 II S. 185 NWB OAAAA-89443, und BFH, Urteil v. 19.9.2002 - VI R 70/01, BStBl 2003 II S. 139 NWB LAAAA-89431.

421 Vgl. BFH, Urteil v. 22.3.2016 - VIII R 10/12 , BStBl 2016 II S. 881 NWB JAAAF-81839; BFH, Urteil v. 22.3.2016 - VIII R 24/12, BStBl 2016 II S. 884 NWB GAAAF-81840, und BFH, Urteil v. 8.9.2016 - III R 62/11, BStBl 2017 II S. 163 NWB GAAAF-89046.

422 Vgl. BFH, Beschluss v. 27.7.2015 - GrS 1/14, BStBl 2016 II S. 265 NWB UAAAF-48793.

423 Vgl. BFH, Urteil v. 19.9.2002 - VI R 70/01, BStBl 2003 II S. 139 NWB LAAAA-89431; BFH, Urteil v. 26.2.2003 - VI R 130/01, BStBl 2004 II S. 74 NWB WAAAA-71920.

424 BFH, Urteil v. 11.11.2014 - VIII R 3/12, BStBl 2015 II S. 382 NWB VAAAE-85279.

425 Dazu insgesamt BMF, Schreiben v. 15.8.2023 - IV C 6 - S 2145/19/10006 :027, BStBl 2023 I S. 1552, Rz. 3 NWB BAAAJ-46602.

426 BFH, Beschluss v. 27.7.2015 - GrS 1/14, BStBl 2016 II S. 265 NWB UAAAF-48793.

Betriebsausgaben oder Werbungskosten nach § 4 Abs. 5 Satz 1 Nr. 6b EStG und § 9 Abs. 5 Satz 1 EStG abgezogen werden.[427] Nicht unter die Abzugsbeschränkung des § 4 Abs. 5 Satz 1 Nr. 6b EStG und § 9 Abs. 5 Satz 1 EStG fallen wiederum Räume, die ihrer Ausstattung und Funktion nach nicht einem Büro entsprechen (z. B. Betriebsräume, Lagerräume, Ausstellungsräume), selbst wenn diese ihrer Lage nach mit dem Wohnraum des Steuerpflichtigen verbunden und so in dessen häusliche Sphäre eingebunden sind.[428]

HINWEIS

Aufwendungen des Steuerpflichtigen für einen Umzug in eine andere Wohnung, um dort (erstmals) ein Arbeitszimmer einzurichten, sind nicht als Werbungskosten abzugsfähig.[429]

Dem Grunde nach liegt ein **häusliches Arbeitszimmer** regelmäßig in folgenden Fällen vor:[430]

- Bei einem häuslichen Büro eines selbständigen Handelsvertreters, eines selbständigen Übersetzers oder eines selbständigen Journalisten
- Bei Anmietung einer unmittelbar angrenzenden oder unmittelbar gegenüberliegenden Zweitwohnung in einem Mehrfamilienhaus[431]
- Beim häuslichen, ausschließlich betrieblich genutzten Musikzimmer einer freiberuflich tätigen Konzertpianistin, in dem diese Musikunterricht erteilt
- Bei einem zugleich als Büroarbeitsplatz und als Warenlager betrieblich genutzten Raum, wenn dieser nach dem Gesamtbild der Verhältnisse, vor allem aufgrund sei-

427 BMF, Schreiben v. 15.8.2023 - IV C 6 - S 2145/19/10006 :027, BStBl 2023 I S. 1552, Rz. 4 NWB BAAAJ-46602. Auf die Tagespauschale nach § 4 Abs. 5 Satz 1 Nr. 6c EStG wird hingewiesen. Im Übrigen kann es sich bei einem im Keller oder Dachgeschoss eines Mehrfamilienhauses befindlichen Raum, der nicht zur Privatwohnung des Steuerpflichtigen gehört, sondern zusätzlich angemietet wurde, um ein außerhäusliches Arbeitszimmer handeln (BFH, Urteil v. 26.2.2003 - VI R 160/99, BStBl 2003 II S. 515 NWB BAAAA-89550, und BFH, Urteil v. 18.8.2005 - VI R 39/04, BStBl 2006 II S. 428 NWB FAAAB-78349). Maßgebend ist, ob eine innere häusliche Verbindung des Arbeitszimmers mit der privaten Lebenssphäre des Steuerpflichtigen besteht. Dabei ist das Gesamtbild der Verhältnisse im Einzelfall entscheidend. Für die Anwendung des § 4 Abs. 5 Satz 1 Nr. 6b EStG, § 9 Abs. 5 Satz 1 EStG und § 10 Abs. 1 Nr. 7 Satz 4 EStG ist es ohne Bedeutung, ob die Wohnung, zu der das häusliche Arbeitszimmer gehört, gemietet ist oder ob sie sich im Eigentum des Steuerpflichtigen befindet. Auch mehrere Räume können als ein häusliches Arbeitszimmer anzusehen sein; die Abtrennung der Räumlichkeiten vom übrigen Wohnbereich ist erforderlich. So BMF, Schreiben v. 15.8.2023 - IV C 6 - S 2145/19/10006 :027, BStBl 2023 I S. 1552, Rz. 5 NWB BAAAJ-46602.

428 BFH, Urteil v. 28.8.2003 - IV R 53/01, BStBl 2004 II S. 55 NWB QAAAB-13887, und BFH, Urteil v. 26.3.2009 - VI R 15/07, BStBl 2009 II S. 598 NWB WAAAD-21820. Unschädlich für die Abzugsfähigkeit der Aufwendungen wäre eine nur untergeordnete, private Mitbenutzung. So BFH, Urteil v. 22.3.2016 - VIII R 24/12, BStBl 2016 II S. 884 NWB GAAAF-81840, und insgesamt BMF, Schreiben v. 15.8.2023 - IV C 6 - S 2145/19/10006 :027, BStBl 2023 I S. 1552, Rz. 6 NWB BAAAJ-46602.

429 BFH, Urteil v. 5.2.2025 - VI R 3/23, BeckRS 2025, 7414, und dazu Geserich, NWB 17/2025 S. 1158.

430 BMF, Schreiben v. 15.8.2023 - IV C 6 - S 2145/19/10006 :027, BStBl 2023 I S. 1552 f., Rz. 6 NWB BAAAJ-46602. Zu den Aufwendungen für ein häusliches Arbeitszimmer einer Flugbegleiterin vgl. BFH, Urteil v. 3.4.2019 - VI R 46/17, BStBl 2022 II S. 358 NWB UAAAH-23540.

431 BFH, Urteil v. 26.2.2003 - VI R 124/01, BStBl 2004 II S. 69 NWB VAAAA-71916, und BFH, Urteil v. 26.2.2003 - VI R 125/01, BStBl 2004 II S. 72 NWB PAAAA-71918.

ner Ausstattung und Funktion, ein typisches häusliches Büro ist und die Ausstattung und Funktion als Lager dahinter zurücktritt[432]

- Bei einem Raum, in dem der Steuerpflichtige einen Telearbeitsplatz unterhält und der dem Typus des häuslichen Arbeitszimmers entspricht[433]
- Bei betrieblich oder beruflich genutzten Räumen in einem ausschließlich vom Steuerpflichtigen genutzten Zweifamilienhaus, wenn der Steuerpflichtige auf dem Weg dazwischen keine der Allgemeinheit zugängliche oder von fremden Dritten benutzte Verkehrsfläche betreten muss[434]

Kein häusliches Arbeitszimmer, sondern **betrieblich genutzte Räume** liegen regelmäßig in folgenden Fällen vor:[435]

- Eine Arzt-, Steuerberater- oder Anwaltspraxis grenzt an das Einfamilienhaus an oder befindet sich im selben Gebäude wie die Privatwohnung, wenn diese Räumlichkeiten für einen intensiven und dauerhaften Publikumsverkehr geöffnet und bspw. bei häuslichen Arztpraxen für Patientenbesuche und -untersuchungen eingerichtet sind.[436] Allein der Umstand, dass die Patienten den Behandlungsraum nur über einen dem privaten Bereich zuzuordnenden Flur erreichen können, begründet keine Abzugsbeschränkung gemäß § 4 Abs. 5 Satz 1 Nr. 6b EStG.[437]
- In einem Geschäftshaus befinden sich neben der Wohnung des Bäckermeisters die Backstube, der Verkaufsraum, ein Aufenthaltsraum für das Verkaufspersonal und das Büro, in dem die Buchhaltungsarbeiten durchgeführt werden. Das Büro ist in diesem Fall aufgrund der Nähe zu den übrigen Betriebsräumen nicht als häusliches Arbeitszimmer zu werten.
- Im Keller ist ein Arbeitsraum belegen, der – anders als z. B. ein Archiv[438] – keine (Teil-) Funktionen erfüllt, die typischerweise einem häuslichen Arbeitszimmer zukommen, wie dies bspw. bei einem Lager für Waren und Werbematerialien der Fall ist.

3.2.7.3 Mittelpunkt der gesamten betrieblichen und beruflichen Betätigung

Ein häusliches Arbeitszimmer bildet den Mittelpunkt der gesamten betrieblichen und beruflichen Betätigung des Steuerpflichtigen, wenn nach Würdigung des Gesamtbildes der Verhältnisse und der Tätigkeitsmerkmale dort diejenigen Handlungen vorgenom-

432 BFH, Urteil v. 22.11.2006 - X R 1/05, BStBl 2007 II S. 304 NWB OAAAC-38215.

433 BFH, Urteil v. 26.2.2014 - VI R 40/12, BStBl 2014 II S. 568 NWB NAAAE-66027.

434 BFH, Urteil v. 15.1.2013 - VIII R 7/10, BStBl 2013 II S. 374 NWB UAAAE-33243.

435 BMF, Schreiben v. 15.8.2023 - IV C 6 - S 2145/19/10006 :027, BStBl 2023 I S. 1553, Rz. 6 NWB BAAAJ-46602.

436 BFH, Urteil v. 5.12.2002 - IV R 7/01, BStBl 2003 II S. 463 NWB MAAAA-89529; BFH, Urteil v. 23.1.2003 - IV R 71/00, BStBl 2004 II S. 43 NWB GAAAA-71866.

437 BFH, Urteil v. 29.1.2020 - VIII R 11/17, BStBl 2020 II S. 445 NWB CAAAH-53163.

438 BFH, Urteil v. 19.9.2002 - VI R 70/01, BStBl 2003 II S. 139 NWB LAAAA-89431.

men und Leistungen erbracht werden, die für die konkret ausgeübte betriebliche oder berufliche Tätigkeit **wesentlich** und **prägend** sind. Bei der Gesamtbetrachtung zur Beurteilung des Mittelpunktes der gesamten betrieblichen und beruflichen Betätigung sind nur solche Einkünfte zu berücksichtigen, die grundsätzlich ein Tätigwerden des Steuerpflichtigen im jeweiligen Veranlagungszeitraum erfordern; Versorgungsbezüge bleiben bei dieser Betrachtung daher außen vor.[439]

Vor diesem Hintergrund bestimmt sich der Mittelpunkt der gesamten betrieblichen und beruflichen Betätigung i. S. des § 4 Abs. 5 Satz 1 Nr. 6b Satz 2 EStG nach dem **inhaltlichen (qualitativen) Schwerpunkt** der betrieblichen und beruflichen Betätigung des Steuerpflichtigen.[440] Dem zeitlichen (quantitativen) Umfang der Nutzung des häuslichen Arbeitszimmers kommt hierbei lediglich eine indizielle Bedeutung zu, weshalb auch das zeitliche Überwiegen der außerhäuslichen Tätigkeit einen unbeschränkten Abzug der Aufwendungen für das häusliche Arbeitszimmer nicht von vornherein ausschließt.[441]

HINWEIS

In Fällen, in denen die das Berufsbild prägende Tätigkeit außerhalb des häuslichen Arbeitszimmers stattfindet, kann auch eine zeitlich weit überwiegende Nutzung des häuslichen Arbeitszimmers keine Verlagerung des Mittelpunktes der gesamten betrieblichen und beruflichen Betätigung bewirken. In diesen Fällen erübrigen sich Feststellungen zum jeweiligen zeitlichen Umfang der betrieblichen oder beruflichen Nutzung eines häuslichen Arbeitszimmers.[442]

Übt ein Steuerpflichtiger nur eine betriebliche oder berufliche Tätigkeit aus, die in qualitativer Hinsicht gleichwertig sowohl im häuslichen Arbeitszimmer als auch am außerhäuslichen Arbeitsort erbracht wird, so liegt der Mittelpunkt der gesamten betrieblichen und beruflichen Betätigung dann im häuslichen Arbeitszimmer, wenn der Steuerpflichtige **mehr als die Hälfte der Arbeitszeit** im häuslichen Arbeitszimmer tätig wird.[443] Werden aber mehrere betriebliche und berufliche Tätigkeiten nebeneinander ausgeübt, ist nicht auf eine Einzelbetrachtung der jeweiligen Betätigung abzustellen; vielmehr sind alle Tätigkeiten in ihrer Gesamtheit zu erfassen. Im Ergebnis lassen sich folgende Fallgruppen unterscheiden:[444]

439 BFH, Urteil v. 11.11.2014 - VIII R 3/12, BStBl 2015 II S. 382 NWB VAAAE-85279.

440 BMF, Schreiben v. 15.8.2023 - IV C 6 - S 2145/19/10006 :027, BStBl 2023 I S. 1554, Rz. 12 NWB BAAAJ-46602.

441 BMF, Schreiben v. 15.8.2023 - IV C 6 - S 2145/19/10006 :027, BStBl 2023 I S. 1554, Rz. 13 NWB BAAAJ-46602, mit Verweis auf BFH, Urteil v. 13.11.2002 - VI R 28/02, BStBl 2004 II S. 59 NWB MAAAA-71945; BFH, Urteil v. 13.11.2002 - VI R 82/01, BStBl 2004 II S. 62 NWB IAAAA-88071, und BFH, Urteil v. 13.11.2002 - VI R 104/01, BStBl 2004 II S. 65 NWB XAAAA-71911.

442 BFH, Urteil v. 27.10.2011 - VI R 71/10, BStBl 2012 II S. 234 NWB BAAAE-00566; BMF, Schreiben v. 15.8.2023 - IV C 6 - S 2145/19/10006 :027, BStBl 2023 I S. 1554, Rz. 13 NWB BAAAJ-46602.

443 BMF, Schreiben v. 15.8.2023 - IV C 6 - S 2145/19/10006 :027, BStBl 2023 I S. 1554, Rz. 14 NWB BAAAJ-46602, mit Verweis auf BFH, Urteil v. 23.5.2006 - VI R 21/03, BStBl 2006 II S. 600 NWB XAAAB-88306.

444 BMF, Schreiben v. 15.8.2023 - IV C 6 - S 2145/19/10006 :027, BStBl 2023 I S. 1554, Rz. 15 NWB BAAAJ-46602.

- Bilden bei allen Erwerbstätigkeiten (jeweils) die im häuslichen Arbeitszimmer verrichteten Arbeiten den qualitativen Schwerpunkt, so liegt dort auch der Mittelpunkt der Gesamttätigkeit.
- Bilden hingegen die außerhäuslichen Tätigkeiten (jeweils) den qualitativen Schwerpunkt der Einzeltätigkeiten oder lassen sich diese keinem Schwerpunkt zuordnen, so kann das häusliche Arbeitszimmer auch nicht durch die Summe der darin verrichteten Arbeiten zum Mittelpunkt der Gesamttätigkeit werden.
- Bildet das häusliche Arbeitszimmer den qualitativen Mittelpunkt lediglich einer Einzeltätigkeit, nicht jedoch im Hinblick auf die übrigen Tätigkeiten, ist regelmäßig davon auszugehen, dass das häusliche Arbeitszimmer nicht den Mittelpunkt der Gesamttätigkeit bildet.

Der Steuerpflichtige hat jedoch die Möglichkeit, anhand konkreter Umstände des Einzelfalls glaubhaft zu machen oder nachzuweisen, dass die Gesamttätigkeit gleichwohl einem einzelnen qualitativen Schwerpunkt zugeordnet werden kann und dass dieser im häuslichen Arbeitszimmer liegt. Abzustellen ist dabei auf das **Gesamtbild der Verhältnisse** und auf die **Verkehrsanschauung,** nicht auf die Vorstellung des Steuerpflichtigen.[445]

HINWEIS

Das häusliche Arbeitszimmer und der außerhäusliche Arbeitsort können nicht gleichermaßen „Mittelpunkt" der gesamten betrieblichen und beruflichen Betätigung eines Steuerpflichtigen i. S. des § 4 Abs. 5 Satz 1 Nr. 6b Satz 2 EStG sein.[446]

Beispiele, in denen das häusliche Arbeitszimmer den **Mittelpunkt** der gesamten betrieblichen und beruflichen Betätigung bilden kann, sind:[447]

- Bei einem Verkaufsleiter, der zur Überwachung von Mitarbeitern und zur Betreuung von Großkunden auch im Außendienst tätig ist, kann das häusliche Arbeitszimmer Mittelpunkt der beruflichen Betätigung sein, wenn er dort die für den Beruf wesentlichen Leistungen (z. B. Organisation der Betriebsabläufe) erbringt.[448]
- Bei einem Ingenieur, dessen Tätigkeit durch die Erarbeitung theoretischer, komplexer Problemlösungen im häuslichen Arbeitszimmer geprägt ist, kann das häusliche Arbeitszimmer auch dann der Mittelpunkt der beruflichen Betätigung sein, wenn die Betreuung von Kunden im Außendienst ebenfalls zu seinen Aufgaben gehört.[449]

445 BMF, Schreiben v. 15.8.2023 - IV C 6 - S 2145/19/10006 :027, BStBl 2023 I S. 1554, Rz. 15 NWB BAAAJ-46602, mit Verweis auf BFH, Urteil v. 13.10.2003 - VI R 27/02, BStBl 2004 II S. 771 NWB AAAAB-14915, und BFH, Urteil v. 16.12.2004 - IV R 19/03, BStBl 2005 II S. 212 NWB WAAAB-42572.

446 BFH, Urteil v. 21.2.2003 - VI R 14/02, BStBl 2004 II S. 68 NWB EAAAA-71926; BMF, Schreiben v. 15.8.2023 - IV C 6 - S 2145/19/10006 :027, BStBl 2023 I S. 1554, Rz. 16 NWB BAAAJ-46602.

447 BMF, Schreiben v. 15.8.2023 - IV C 6 - S 2145/19/10006 :027, BStBl 2023 I S. 1554 f., Rz. 16 NWB BAAAJ-46602.

448 BFH, Urteil v. 13.11.2002 - VI R 104/01, BStBl 2004 II S. 65 NWB XAAAA-71911.

449 BFH, Urteil v. 13.11.2002 - VI R 28/02, BStBl 2004 II S. 59 NWB MAAAA-71945.

- Bei einem Praxis-Konsultant, der ärztliche Praxen in betriebswirtschaftlichen Fragen berät, betreut und unterstützt, kann das häusliche Arbeitszimmer auch dann den Mittelpunkt der gesamten beruflichen Betätigung bilden, wenn er einen nicht unerheblichen Teil seiner Arbeitszeit im Außendienst verbringt.[450]

Beispiele, in denen das häusliche Arbeitszimmer **nicht den Mittelpunkt** der gesamten betrieblichen und beruflichen Betätigung bildet, sind wiederum:[451]

- Bei einem freien oder angestellten Handelsvertreter liegt der Tätigkeitsschwerpunkt außerhalb des häuslichen Arbeitszimmers, wenn die Tätigkeit nach dem Gesamtbild der Verhältnisse durch die Arbeit im Außendienst geprägt ist, auch wenn die im häuslichen Arbeitszimmer verrichteten Tätigkeiten zur Erfüllung der betrieblichen oder beruflichen Aufgaben unerlässlich sind.[452]
- Ein kaufmännischer Angestellter eines Industrieunternehmens ist nebenbei als Mitarbeiter für einen Lohnsteuerhilfeverein selbständig tätig. Für letztere Tätigkeit nutzt er sein häusliches Arbeitszimmer als „Beratungsstelle", in dem er Steuererklärungen erstellt, Beratungsgespräche führt und Rechtsbehelfe bearbeitet. Für diese Nebentätigkeit ist das häusliche Arbeitszimmer zwar der Tätigkeitsmittelpunkt. Aufgrund der erforderlichen Gesamtbetrachtung ist das häusliche Arbeitszimmer jedoch nicht Mittelpunkt seiner gesamten betrieblichen und beruflichen Betätigung.[453]
- Bei einer Ärztin, die Gutachten über die Einstufung der Pflegebedürftigkeit erstellt und dazu ihre Patienten ausschließlich außerhalb des häuslichen Arbeitszimmers untersucht und dort (vor Ort) alle erforderlichen Befunde erhebt, liegt der qualitative Schwerpunkt nicht im häuslichen Arbeitszimmer, in welchem lediglich die Tätigkeit begleitende Aufgaben erledigt werden.[454]
- Bei einem Architekten, der neben der Planung auch mit der Ausführung der Bauwerke (Bauüberwachung) betraut ist, kann diese Gesamttätigkeit keinem konkreten Tätigkeitsschwerpunkt zugeordnet werden. Das häusliche Arbeitszimmer bildet in diesem Fall nicht den Mittelpunkt der gesamten betrieblichen und beruflichen Betätigung.[455]
- Bei Lehrern befindet sich der Mittelpunkt der beruflichen Betätigung regelmäßig nicht im häuslichen Arbeitszimmer, weil die berufsprägenden Merkmale eines Lehrers im Unterrichten bestehen und diese Leistungen in der Schule o.Ä. erbracht werden.[456] Deshalb sind die Aufwendungen für das häusliche Arbeitszimmer oder die

450 BFH, Urteil v. 29.4.2003 - VI R 78/02, BStBl 2004 II S.76 NWB ZAAAA-71958.
451 BMF, Schreiben v. 15.8.2023 - IV C 6 - S 2145/19/10006 :027, BStBl 2023 I S.1555, Rz.16 NWB BAAAJ-46602.
452 BFH, Urteil v. 13.11.2002 - VI R 82/01, BStBl 2004 II S.62 NWB IAAAA-88071.
453 BFH, Urteil v. 23.9.1999 - VI R 74/98, BStBl 2000 II S.7 NWB YAAAA-88793.
454 BFH, Urteil v. 23.1.2003 - IV R 71/00, BStBl 2003 II S.43 NWB GAAAA-71866.
455 BFH, Urteil v. 26.6.2003 - IV R 9/03, BStBl 2004 II S.50 NWB AAAAA-71868.
456 BFH, Urteil v. 26.2.2003 - VI R 125/01, BStBl 2004 II S.72 NWB PAAAA-71918.

Jahrespauschale nach § 4 Abs. 5 Satz 1 Nr. 6b EStG und § 9 Abs. 5 Satz 1 EStG auch dann nicht abziehbar, wenn die überwiegende Arbeitszeit auf die Vor- und Nachbereitung des Unterrichts verwendet und diese Tätigkeit im häuslichen Arbeitszimmer ausgeübt wird. Auch bei einem Hochschullehrer ist das häusliche Arbeitszimmer grundsätzlich nicht der Mittelpunkt der beruflichen Tätigkeit.[457]

- Bei einem Richter liegt der Mittelpunkt der beruflichen Tätigkeit im Gericht.[458]

Übt ein Steuerpflichtiger nun **mehrere betriebliche und berufliche Tätigkeiten** nebeneinander aus und bildet das häusliche Arbeitszimmer den Mittelpunkt der gesamten betrieblichen und beruflichen Betätigung, so sind die Aufwendungen für das häusliche Arbeitszimmer oder die wahlweise in Anspruch genommene Jahrespauschale entsprechend dem Nutzungsumfang den darin ausgeübten Tätigkeiten zuzuordnen. Liegt dabei der Mittelpunkt einzelner Tätigkeiten außerhalb des häuslichen Arbeitszimmers, ist der Abzug der anteiligen Aufwendungen oder der Jahrespauschale auch für diese Tätigkeiten zulässig. Im Weiteren ist es nicht zu beanstanden, wenn der Steuerpflichtige auf eine Aufteilung der Aufwendungen oder der Jahrespauschale auf die verschiedenen Tätigkeiten verzichtet und diese insgesamt einer Tätigkeit zuordnet.[459]

BEISPIEL A nutzt das häusliche Arbeitszimmer zu 60 % für eine nichtselbständige Tätigkeit und zu 40 % für eine gewerbliche Nebentätigkeit. Der Mittelpunkt der gesamten betrieblichen und beruflichen Betätigung liegt im häuslichen Arbeitszimmer. A verzichtet auf die Ermittlung der tatsächlichen Gesamtaufwendungen und zieht stattdessen die Jahrespauschale ab. Die Abzugsvoraussetzungen liegen für das ganze Kalenderjahr vor.

Die Jahrespauschale von 1.260 € ist nach dem Nutzungsverhältnis aufzuteilen. Auf die nichtselbständige Tätigkeit entfallen 60 % von 1.260 € (= 756 €), die als Werbungskosten abgezogen werden können. Auf die gewerbliche Nebentätigkeit entfallen 40 % von 1.260 € (= 504 €), die als Betriebsausgaben abgezogen werden können. Aus Vereinfachungsgründen kann A die Jahrespauschale auch insgesamt bei der nichtselbständigen Tätigkeit oder der gewerblichen Nebentätigkeit abziehen.[460]

Nutzen **mehrere Personen,** wie z. B. Ehegatten, ein häusliches Arbeitszimmer gemeinsam, sind die Voraussetzungen des § 4 Abs. 5 Satz 1 Nr. 6b Satz 2 EStG bezogen auf die **einzelne steuerpflichtige Person** zu prüfen.[461] Liegen diese Voraussetzungen jeweils vor, kann jeder das häusliche Arbeitszimmer Nutzende die Aufwendungen abziehen,

---

457 BFH, Urteil v. 27.10.2011 - VI R 71/10, BStBl 2012 II S. 234 NWB BAAAE-00566.

458 BFH, Urteil v. 8.12.2011 - VI R 13/11, BStBl 2012 II S. 236 NWB RAAAE-00565.

459 BMF, Schreiben v. 15.8.2023 - IV C 6 - S 2145/19/10006 :027, BStBl 2023 I S. 1555, Rz. 17 NWB BAAAJ-46602. Eine Vervielfachung der Jahrespauschale entsprechend der Anzahl der im häuslichen Arbeitszimmer ausgeübten Tätigkeiten ist ausgeschlossen, BMF, Schreiben v. 15.8.2023 - IV C 6 - S 2145/19/10006 :027, BStBl 2023 I S. 1555, Rz. 18 NWB BAAAJ-46602.

460 BMF, Schreiben v. 15.8.2023 - IV C 6 - S 2145/19/10006 :027, BStBl 2023 I S. 1555, Rz. 18 NWB BAAAJ-46602.

461 BFH, Urteil v. 15.12.2016 - VI R 53/12, BStBl 2017 II S. 938 NWB PAAAG-38327, und BFH, Urteil v. 15.12.2016 - VI R 86/13, BStBl 2017 II S. 941 NWB ZAAAG-38328.

die er getragen hat oder die ihm im Wege des abgekürzten Zahlungsweges zuzurechnen sind, weil ein Dritter die Schuld des Nutzenden erfüllt.[462]

HINWEIS

Bei der Zahlung von einem gemeinsamen Konto sind die grundstücksorientierten Aufwendungen (z. B. Absetzung für Abnutzung, Schuldzinsen) beim Nutzenden als Betriebsausgaben oder Werbungskosten abziehbar, wenn sie von ihm geschuldet werden.[463] Dasselbe gilt für Mietzahlungen für eine gemeinsam gemietete Wohnung,[464] unabhängig davon, ob es sich um Ehegatten, Lebenspartner oder nichteheliche Lebensgemeinschaften handelt. Die nutzungsorientierten Aufwendungen wie etwa für Energie, Wasser und Reinigung sind in voller Höhe zu berücksichtigen, soweit sie auf die Nutzung des häuslichen Arbeitszimmers entfallen.[465]

BEISPIEL A und B nutzen gemeinsam ein häusliches Arbeitszimmer zu jeweils 50% (zeitlicher Nutzungsanteil). Nur für A bildet das häusliche Arbeitszimmer den Mittelpunkt der gesamten betrieblichen und beruflichen Betätigung. Die Gesamtaufwendungen betragen 4.000€ und werden entsprechend dem Nutzungsanteil getragen. A kann 2.000€ als Betriebsausgaben oder Werbungskosten abziehen. B kann für die im häuslichen Arbeitszimmer ausgeübte betriebliche oder berufliche Tätigkeit keine Aufwendungen für ein häusliches Arbeitszimmer abziehen. Bei Vorliegen der Voraussetzungen des §4 Abs.5 Satz1 Nr.6c EStG kann B die Tagespauschale von 6€ pro Tag als Betriebsausgaben oder Werbungskosten abziehen.[466]

Ändern sich schließlich die Nutzungsverhältnisse innerhalb eines Wirtschafts- oder Kalenderjahres, können nur die auf den Zeitraum entfallenden Aufwendungen abgezogen werden, in dem das häusliche Arbeitszimmer den Mittelpunkt der gesamten betrieblichen und beruflichen Betätigung bildet. Dementsprechend **ermäßigt sich auch die Jahrespauschale** von 1.260€ für jeden vollen Kalendermonat, in dem das häusliche Arbeitszimmer nicht den Mittelpunkt der gesamten betrieblichen und beruflichen Betätigung bildet, um ein Zwölftel. Für den Zeitraum, in dem das häusliche Arbeitszimmer nicht den Mittelpunkt der gesamten betrieblichen und beruflichen Betätigung bildet, kommt ggf. ein Abzug der Tagespauschale nach §4 Abs.5 Satz1 Nr.6c EStG in Betracht.[467]

462 BMF, Schreiben v. 15.8.2023 - IV C 6 - S 2145/19/10006 :027, BStBl 2023 I S.1555, Rz.19 NWB BAAAJ-46602.

463 BFH, Urteil v. 6.12.2017 - VI R 41/15, BStBl 2018 II S.355 NWB SAAAG-80018.

464 BFH, Urteil v. 15.12.2016 - VI R 86/13, BStBl 2017 II S.941 NWB ZAAAG-38328.

465 BMF, Schreiben v. 15.8.2023 - IV C 6 - S 2145/19/10006 :027, BStBl 2023 I S.1555f., Rz.19 NWB BAAAJ-46602.

466 BMF, Schreiben v. 15.8.2023 - IV C 6 - S 2145/19/10006 :027, BStBl 2023 I S.1556, Rz.19 NWB BAAAJ-46602.

467 BMF, Schreiben v. 15.8.2023 - IV C 6 - S 2145/19/10006 :027, BStBl 2023 I S.1556, Rz.21 NWB BAAAJ-46602. Die Aufwendungen für ein häusliches Arbeitszimmer oder die Jahrespauschale können in Zeiten der Nichtbeschäftigung (z.B. Erwerbslosigkeit, Mutterschutz, Elternzeit) nach den Regeln zu vorweggenommenen Betriebsausgaben oder Werbungskosten abgezogen werden, wenn und soweit dem Steuerpflichtigen der Abzug der Aufwendungen oder der Jahrespauschale auch unter den zu erwartenden Umständen der späteren betrieblichen oder beruflichen Tätigkeit zustehen würde. BMF, Schreiben v. 15.8.2023 - IV C 6 - S 2145/19/10006 :027, BStBl 2023 I S.1556, Rz.23 NWB BAAAJ-46602, mit Verweis auf BFH, Urteil v. 2.12.2005 - VI R 63/03, BStBl 2006 II S.329 NWB PAAAB-77018.

BEISPIEL A hat ab dem 15.6. den Mittelpunkt der gesamten betrieblichen und beruflichen Betätigung im häuslichen Arbeitszimmer. Die tatsächlichen Gesamtaufwendungen ermittelt A nicht. Stattdessen macht A die Jahrespauschale geltend. A kann für sieben Monate (Juni bis Dezember) die zeitanteilige Jahrespauschale abziehen, d.h. sieben Zwölftel von 1.260€ (=735€). Für den Zeitraum bis zum 31.5. kann A die Tagespauschale abziehen, wenn die Abzugsvoraussetzungen dafür vorliegen.[468]

3.2.7.4 Abzug der Tagespauschale

Darüber hinaus wurde mit dem Jahressteuergesetz 2020 (BGBl 2020 I S. 3096) eine sogenannte **Homeoffice-Pauschale** in das Einkommensteuergesetz aufgenommen; diese sollte einen unbürokratischen Werbungskostenabzug bei coronabedingter Heimarbeit ermöglichen. Denn „gerade während der Corona-Pandemie waren und sind viele Steuerpflichtige gezwungen, ihrer betrieblichen/beruflichen Tätigkeit an einem Arbeitsplatz in ihrer Wohnung nachzugehen".[469] Laut der Gesetzesbegründung lagen in vielen Fällen jedoch die Voraussetzungen für die steuerliche Berücksichtigung eines Arbeitszimmers nach §4 Abs.5 Satz1 Nr.6b Satz 2 und 3 EStG nicht vor, da die Steuerpflichtigen entweder über keinen Raum verfügen, „der dem gesetzlichen Typusbegriff entspricht, oder dieser Raum nicht ausschließlich oder fast ausschließlich für die betriebliche oder berufliche Betätigung genutzt wird oder werden kann".[470]

Diesen Umstand nahm man zum Anlass, betrieblich oder beruflich veranlasste (Mehr-) Aufwendungen auch dann zum Abzug zu bringen, wenn die Tätigkeiten bspw. in der Küche, im Wohnzimmer oder in einer Arbeitsecke ausgeübt wurden.[471] Gleichwohl bedurfte es keiner coronabedingten Veranlassung, um die Pauschale i.H. von 5€ je Kalendertag (jährlicher Maximalbetrag: 600€) in Anspruch zu nehmen, sodass auch **„Ohnehin-Heimarbeiter"** abzugsberechtigt waren und die häusliche betriebliche oder berufliche Betätigung im Allgemeinen gefördert wurde.[472]

468 BMF, Schreiben v. 15.8.2023 - IV C 6 - S 2145/19/10006 :027, BStBl 2023 I S.1556, Rz.21 NWB BAAAJ-46602. Wird das häusliche Arbeitszimmer für eine spätere Nutzung vorbereitet, bei der der Mittelpunkt der gesamten betrieblichen und beruflichen Betätigung im häuslichen Arbeitszimmer liegt, und liegen die übrigen Abzugsvoraussetzungen vor, sind die darauf entfallenden Aufwendungen entsprechend zu berücksichtigen. So BMF, Schreiben v. 15.8.2023 - IV C 6 - S 2145/19/10006 :027, BStBl 2023 I S.1556, Rz.22 NWB BAAAJ-46602, mit Verweis auf BFH, Urteil v. 23.5.2006 - VI R 21/03, BStBl 2006 II S.600 NWB XAAAB-88306.

469 BT-Drucks. 19/25160 S.186.

470 Vgl. BT-Drucks. 19/25160 S.186 (auch direktes Zitat). Beachte auch Kälberer, Die Steuerfachangestellten 06/2021 S.7f.

471 Vgl. BT-Drucks. 19/25160 S.186 sowie Kälberer/Gölz-Kälberer, Besteuerung der Einkünfte aus nichtselbständiger Arbeit, 2021, S.165.

472 Vgl. Drüen in Brandis/Heuermann (Hrsg.), Ertragsteuerrecht, Kommentar, 174. Erg.-Lfg. November 2024, Werkstand: 174. Erg.-Lfg. November 2024, §4 EStG Rz.868a, BT-Drucks. 19/25160 S.187. Zum Werbungskostenabzug bei Heimarbeitern i. S. des Heimarbeitsgesetzes beachte R 9.13 LStR.

Angesichts einer neuen Normalität des Homeoffice sowie sozial- bzw. städtebaupolitischer wie auch ökologischer Lenkungsziele wurde die Regelung zur Homeoffice-Pauschale mit dem Jahressteuergesetz 2022 (BGBl 2022 I S. 2294) ab dem Veranlagungszeitraum 2023 nicht nur erhöht, sondern auch **verstetigt** und **verselbständigt.**[473] Seitdem sieht § 4 Abs. 5 Satz 1 Nr. 6c Satz 1 EStG vor, dass für jeden Kalendertag, an dem die betriebliche oder berufliche Tätigkeit überwiegend in der häuslichen Wohnung ausgeübt und keine außerhalb der häuslichen Wohnung belegene erste Tätigkeitsstätte aufgesucht wird, für die gesamte betriebliche und berufliche Betätigung ein Betrag von 6 € (Tagespauschale), höchstens 1.260 € im Wirtschafts- oder Kalenderjahr, abgezogen werden kann.[474]

HINWEIS

Die Tätigkeit eines Arbeitnehmers in dessen häuslichem Homeoffice begründet in der Regel keine Betriebsstätte des Arbeitgebers. Auch abkommensrechtlich begründet ein häusliches Homeoffice nach deutscher Anwenderstaatsperspektive in der Regel keine Betriebsstätte. Dies gilt auch bei:

- Übernahme der Kosten für das Homeoffice und dessen Ausstattung durch den Arbeitgeber;
- Abschluss eines Mietvertrages über häusliche Räume des Arbeitnehmers zwischen Arbeitgeber (Mieter) und Arbeitnehmer (Vermieter), außer der Arbeitgeber ist im Einzelfall tatsächlich befugt, die Räume anderweitig zu nutzen (etwa durch ein Recht zum Entsenden anderer Arbeitnehmer in die Räume oder ein Recht zum Betreten der Räume außerhalb von Prüfungen zur Arbeitssicherheit);
- Fällen, in denen dem Arbeitnehmer kein anderer Arbeitsplatz durch den Arbeitgeber zur Verfügung gestellt wird.

Grund hierfür ist, dass der Arbeitgeber typischerweise nicht über eine ausreichende Verfügungsmacht über die häuslichen Räumlichkeiten des Arbeitnehmers verfügt. Anderes kann gelten, wenn ein Arbeitnehmer Leitungsfunktionen ausübt und diese Verfügungsmacht des Unternehmens vermitteln.[475]

Damit gilt: Die Tagespauschale kann für jeden Kalendertag abgezogen werden, an dem die betriebliche oder berufliche Tätigkeit überwiegend in der häuslichen Wohnung ausgeübt und keine außerhalb der häuslichen Wohnung belegene erste Tätigkeitsstätte aufgesucht wird (§ 4 Abs. 5 Satz 1 Nr. 6c Satz 1 EStG). In diesen Fällen kommt es für den Abzug nicht darauf an, ob dem Steuerpflichtigen ein anderer Arbeitsplatz zur Verfügung steht, d. h., eine Auswärtstätigkeit am selben Tag wäre unschädlich, soweit der Steuerpflichtige an diesem Tag seine betriebliche oder berufliche Tätigkeit überwiegend in der

473 Vgl. Drüen in Brandis/Heuermann (Hrsg.), Ertragsteuerrecht, Kommentar, 174. Erg.-Lfg. November 2024, Werkstand: 174. Erg.-Lfg. November 2024, § 4 EStG Rz. 868e und 868g. Beachte zudem Dohrmann, DB 2022 S. 664; Grotherr, NWB 43/2022 S. 3026; Müller, DStR 2022 S. 760; Sopp/Gast/Ullmann, FR 2022 S. 106; Wittwer, FR 2021 S. 1019, sowie zum Ort der Arbeit: Bruns, FR 2021 S. 1010; Reimer, FR 2021 S. 1005.

474 Vgl. dazu auch Drüen in Brandis/Heuermann (Hrsg.), Ertragsteuerrecht, Kommentar, 174. Erg.-Lfg. November 2024, Werkstand: 174. Erg.-Lfg. November 2024, § 4 EStG Rz. 868g.

475 AEAO zu § 12, Nr. 4.

häuslichen Wohnung ausübt – „überwiegend" ist in diesem Zusammenhang eine **zeitliche** Bestimmung. Danach muss mehr als die Hälfte der tatsächlichen täglichen Arbeitszeit in der häuslichen Wohnung verrichtet werden.[476]

BEISPIEL Der angestellte Bauingenieur B fährt an einem Tag erst zur Baustelle (Auswärtstätigkeit). Anschließend erledigt B die Büroarbeiten nicht am Arbeitsplatz des Arbeitgebers (erste Tätigkeitsstätte), sondern in der häuslichen Wohnung. B kann für diesen Tag sowohl Reisekosten für die Fahrt zur Baustelle als auch die Tagespauschale abziehen, wenn die Arbeit zeitlich überwiegend in der häuslichen Wohnung ausgeübt wird, d. h. die Arbeitszeit in der häuslichen Wohnung mehr als die Hälfte der Gesamtarbeitszeit des Tages beträgt.[477]

BEISPIEL V ist angestellter Versicherungsmakler. An einem Tag fährt V zunächst zu einem Kunden (eine Stunde Fahrtzeit) und berät diesen in dessen Wohnung (Dauer: zwei Stunden). Anschließend fährt V wieder nach Hause (eine Stunde Fahrtzeit). Von dort aus übt V an seinem Küchentisch weitere berufliche Tätigkeiten in der häuslichen Wohnung aus (drei Stunden). V steht im Büro seines Arbeitgebers (erste Tätigkeitsstätte) ein anderer Arbeitsplatz zur Verfügung. V wird nicht überwiegend in seiner häuslichen Wohnung tätig. Die Fahrtzeiten (Hin- und Rückweg insgesamt zwei Stunden) und die Beratung beim Kunden (zwei Stunden) übersteigen zusammen die Arbeitszeit in der häuslichen Wohnung (drei Stunden). V hat keinen Anspruch auf die Tagespauschale.[478]

Im Ergebnis beträgt die Tagespauschale **6 € pro Kalendertag, höchstens 1.260 € im Wirtschafts- oder Kalenderjahr.** Mit ihr sind sämtliche Aufwendungen abgegolten, die dem Steuerpflichtigen durch die betriebliche oder berufliche Betätigung in der häuslichen Wohnung entstehen.[479] Des Weiteren bezieht sich die Pauschale auf den Kalendertag und erhöht sich auch dann nicht, wenn an einem Kalendertag verschiedene betriebliche oder berufliche Betätigungen ausgeübt werden, für die jeweils die Abzugsvoraussetzungen vorliegen. Dabei ist es indes nicht zu beanstanden, wenn der Steuerpflichtige auf eine Aufteilung der Tagespauschale auf die verschiedenen Tätigkeiten verzichtet und diese insgesamt einer Tätigkeit zuordnet, für die die Voraussetzungen für den Abzug der Tagespauschale vorliegen.[480]

Steht für die betriebliche oder berufliche Tätigkeit dauerhaft kein anderer Arbeitsplatz zur Verfügung und wird der Steuerpflichtige auch in der häuslichen Wohnung tätig, ist ein Abzug der Tagespauschale auch dann zulässig, wenn die Tätigkeit am selben Kalendertag auswärts oder an der ersten Tätigkeitsstätte ausgeübt wird (§ 4 Abs. 5 Satz 1

476 BMF, Schreiben v. 15.8.2023 - IV C 6 - S 2145/19/10006 :027, BStBl 2023 I S. 1557, Rz. 21 NWB BAAAJ-46602.

477 BMF, Schreiben v. 15.8.2023 - IV C 6 - S 2145/19/10006 :027, BStBl 2023 I S. 1557, Rz. 21 NWB BAAAJ-46602.

478 BMF, Schreiben v. 15.8.2023 - IV C 6 - S 2145/19/10006 :027, BStBl 2023 I S. 1557, Rz. 21 NWB BAAAJ-46602.

479 BMF, Schreiben v. 15.8.2023 - IV C 6 - S 2145/19/10006 :027, BStBl 2023 I S. 1557, Rz. 28 NWB BAAAJ-46602. Die Aufwendungen für Arbeitsmittel sind davon jedoch nicht umfasst.

480 BMF, Schreiben v. 15.8.2023 - IV C 6 - S 2145/19/10006 :027, BStBl 2023 I S. 1557, Rz. 29 NWB BAAAJ-46602. Die Kalendertage, an denen die Voraussetzungen für die Inanspruchnahme der Tagespauschale erfüllt sind, sind vom Steuerpflichtigen aufzuzeichnen und in geeigneter Form glaubhaft zu machen. BMF, Schreiben v. 15.8.2023 - IV C 6 - S 2145/19/10006 :027, BStBl 2023 I S. 1557, Rz. 30 NWB BAAAJ-46602.

Nr. 6c Satz 2 EStG). In diesen Fällen ist zwar ein Tätigwerden, aber **kein zeitlich überwiegendes Tätigwerden** in der häuslichen Wohnung i. S. des § 4 Abs. 5 Satz 1 Nr. 6c Satz 1 EStG für den Abzug der Tagespauschale erforderlich.[481]

BEISPIEL A ist Lehrer, unterrichtet täglich von 08:00 Uhr bis 13:00 Uhr an der Schule und erledigt nachmittags von 15:00 Uhr bis 18:00 Uhr in der häuslichen Wohnung die Vor- und Nachbereitung des Unterrichts und korrigiert Klassenarbeiten. Für die Unterrichtsvor- und -nachbereitung steht A in der Schule kein anderer Arbeitsplatz zur Verfügung. A kann neben der Entfernungspauschale für die Fahrten zur Schule (erste Tätigkeitsstätte) auch die Tagespauschale für die berufliche Tätigkeit in der häuslichen Wohnung abziehen.[482]

HINWEIS

Anderer Arbeitsplatz i. S. des § 4 Abs. 5 Satz 1 Nr. 6c Satz 2 EStG ist grundsätzlich jeder Arbeitsplatz, der zur Erledigung büromäßiger Arbeiten geeignet ist.[483] Weitere Anforderungen an die Beschaffenheit des Arbeitsplatzes werden nicht gestellt. Unbeachtlich sind mithin grundsätzlich die konkreten Arbeitsbedingungen und Umstände, wie bspw. Lärmbelästigung oder Publikumsverkehr.[484] Voraussetzung ist auch nicht das Vorhandensein eines eigenen, räumlich abgeschlossenen Arbeitsbereiches oder eines individuell zugeordneten Arbeitsplatzes, sodass auch ein Arbeitsplatz in einem Großraumbüro oder in der Schalterhalle einer Bank ein anderer Arbeitsplatz i. S. dieser Vorschrift ist.[485] Die Ausstattung mit Arbeitsmitteln, die im Betrieb oder an dem vom Arbeitgeber zur Verfügung gestellten Arbeitsplatz nicht vorhanden sind, ist ohne Bedeutung. Ob ein anderer Arbeitsplatz vorliegt, ist nach objektiven Gesichtspunkten zu beurteilen. Subjektive Erwägungen des Steuerpflichtigen zur Annehmbarkeit des Arbeitsplatzes sind unbeachtlich.[486]

Geht ein Steuerpflichtiger nur einer betrieblichen oder beruflichen Tätigkeit nach, muss ein vorhandener anderer Arbeitsplatz auch tatsächlich für **alle Aufgabenbereiche** dieser Erwerbstätigkeit genutzt werden können. Der Steuerpflichtige ist auch dann auf die Betätigung in der häuslichen Wohnung angewiesen, wenn er dort einen nicht unerheblichen Teil seiner betrieblichen oder beruflichen Tätigkeit verrichten muss. Es genügt

481 BMF, Schreiben v. 15.8.2023 - IV C 6 - S 2145/19/10006 :027, BStBl 2023 I S. 1557, Rz. 31 NWB BAAAJ-46602.

482 BMF, Schreiben v. 15.8.2023 - IV C 6 - S 2145/19/10006 :027, BStBl 2023 I S. 1557, Rz. 31 NWB BAAAJ-46602.

483 BFH, Urteil v. 7.8.2003 - VI R 17/01, BStBl 2004 II S. 78 NWB OAAAA-71940.

484 BFH, Urteil v. 7.8.2003 - VI R 162/00, BStBl 2004 II S. 83 NWB XAAAA-71937.

485 BFH, Urteil v. 7.8.2003 - VI R 17/01, BStBl 2004 II S. 78 NWB OAAAA-71940, und BFH, Urteil v. 7.8.2003 - VI R 162/00, BStBl 2004 II S. 83 NWB XAAAA-71937.

486 Insgesamt BMF, Schreiben v. 15.8.2023 - IV C 6 - S 2145/19/10006 :027, BStBl 2023 I S. 1557 f., Rz. 32 NWB BAAAJ-46602. Ein anderer Arbeitsplatz steht dem Steuerpflichtigen dann zur Verfügung, wenn dieser ihn in dem konkret erforderlichen Umfang und in der konkret erforderlichen Art und Weise tatsächlich nutzen kann. Der Arbeitsplatz muss grundsätzlich so beschaffen sein, dass der Steuerpflichtige auf die häusliche Tätigkeit nicht angewiesen ist (BFH, Urteil v. 7.8.2003 - VI R 17/01, BStBl 2004 II S. 78 NWB OAAAA-71940). Ein anderer Arbeitsplatz steht auch dann zur Verfügung, wenn dieser außerhalb der üblichen Arbeitszeiten, wie z. B. am Wochenende oder in den Ferien, nicht zugänglich ist. BMF, Schreiben v. 15.8.2023 - IV C 6 - S 2145/19/10006 :027, BStBl 2023 I S. 1558, Rz. 33 NWB BAAAJ-46602.

allerdings nicht, wenn er in der häuslichen Wohnung Arbeiten verrichtet, die er grundsätzlich auch an einem anderen Arbeitsplatz verrichten könnte.[487]

Hat bspw. ein Lehrer für die Unterrichtsvorbereitung in der Schule keinen Schreibtisch, so ist kein anderer Arbeitsplatz vorhanden, denn das jeweilige Klassen- oder Lehrerzimmer stellt keinen anderen Arbeitsplatz dar. Entsprechendes gilt für einen angestellten oder selbständigen Orchestermusiker, der im Konzertsaal keine Möglichkeit zu üben hat und deshalb auf die Nutzung der häuslichen Wohnung ausweichen muss.[488] Ist im Übrigen ein zur Verfügung gestellter Arbeitsplatz wegen Gesundheitsgefahr nicht nutzbar, steht gleichfalls kein anderer Arbeitsplatz zur Verfügung.[489] Ähnlich verhält es sich, wenn ein vorhandener „anderer" Arbeitsplatz nicht in dem **konkret erforderlichen Umfang** und in der **konkret erforderlichen Art und Weise** für alle Aufgabenbereiche der Erwerbstätigkeit zur Verfügung steht – Beispiele hierfür sind:[490]

- Ein EDV-Berater übt außerhalb der regulären Arbeitszeit in der häuslichen Wohnung Bereitschaftsdienst aus und kann dafür den Arbeitsplatz beim Arbeitgeber tatsächlich nicht nutzen.[491]
- Einem Grundschulleiter, der zu 50 % von der Unterrichtsverpflichtung freigestellt ist, steht für die Verwaltungstätigkeit ein Dienstzimmer von 11 qm zur Verfügung. Das Dienstzimmer bietet keinen ausreichenden Platz zur Unterbringung der für die Vor- und Nachbereitung des Unterrichts erforderlichen Gegenstände.[492]

Nach § 4 Abs. 5 Satz 1 Nr. 6c Satz 2 EStG darf ein anderer Arbeitsplatz dauerhaft nicht zur Verfügung stehen. In diesem Zusammenhang ist bei der Beurteilung des Kriteriums der Dauerhaftigkeit für die voraussichtliche Dauer der jeweiligen Tätigkeit und unter Berücksichtigung der Umstände des Einzelfalles (z. B. Sachverhalt, dienst- oder arbeitsrechtliche Vereinbarungen sowie Weisungen und Absprachen) anhand einer **Prognose** zu entscheiden, ob dem Steuerpflichtigen ein anderer Arbeitsplatz zur Verfügung steht.

Ändern sich die Verhältnisse (bspw. aufgrund eines Arbeitsplatzwechsels oder geänderter dienst- oder arbeitsrechtlicher Vereinbarungen), ist der Sachverhalt ab diesem Zeitpunkt **neu zu würdigen** und eine neue Prognoseentscheidung zu treffen. Steht dem Steuerpflichtigen regelmäßig nur tage- oder wochenweise kein anderer Arbeitsplatz

487 BMF, Schreiben v. 15.8.2023 - IV C 6 - S 2145/19/10006 :027, BStBl 2023 I S. 1558 Rz. 34 NWB BAAAJ-46602, mit Verweis auf BFH, Urteil v. 7.8.2003 - VI R 17/01, BStBl 2004 II S. 78 NWB OAAAA-71940.

488 BMF, Schreiben v. 15.8.2023 - IV C 6 - S 2145/19/10006 :027, BStBl 2023 I S. 1558, Rz. 34 NWB BAAAJ-46602.

489 BMF, Schreiben v. 15.8.2023 - IV C 6 - S 2145/19/10006 :027, BStBl 2023 I S. 1558, Rz. 34 NWB BAAAJ-46602, mit Verweis auf BFH, Urteil v. 26.2.2014 - VI R 11/12, BStBl 2014 II S. 674 NWB VAAAE-68645.

490 BMF, Schreiben v. 15.8.2023 - IV C 6 - S 2145/19/10006 :027, BStBl 2023 I S. 1558, Rz. 34 NWB BAAAJ-46602.

491 BFH, Urteil v. 7.8.2003 - VI R 41/98, BStBl 2004 II S. 80 NWB HAAAA-71951.

492 BFH, Urteil v. 7.8.2003 - VI R 16/01, BStBl 2004 II S. 77 NWB JAAAA-71933.

zur Verfügung (z. B. Poolarbeitsplatz), ist ein Abzug der Tagespauschale nur für solche Tage zulässig, an denen der Steuerpflichtige die (erste) Betriebsstätte oder erste Tätigkeitsstätte nicht aufsucht und zeitlich überwiegend in der häuslichen Wohnung tätig wird (§ 4 Abs. 5 Satz 1 Nr. 6c Satz 1 EStG). Dabei kommt es nicht darauf an, ob zeitlich überwiegend kein anderer Arbeitsplatz zur Verfügung steht. Ein anderer Arbeitsplatz darf generell nicht zur Verfügung stehen.[493]

BEISPIEL A ist Betriebsprüfer. Im Finanzamt (erste Tätigkeitsstätte) steht A an einem Tag in der Woche ein Arbeitsplatz in einem Gemeinschaftsbüro (Desk-Sharing) zur Verfügung. Er arbeitet entweder im Außendienst, in der häuslichen Wohnung oder an der ersten Tätigkeitsstätte. A steht nicht dauerhaft kein anderer Arbeitsplatz für seine berufliche Tätigkeit zur Verfügung, weshalb er die Tagespauschale für Kalendertage abziehen kann, an denen er überwiegend in der häuslichen Wohnung gearbeitet und die erste Tätigkeitsstätte nicht aufgesucht hat.[494]

Übt ein Steuerpflichtiger nun mehrere betriebliche oder berufliche Tätigkeiten nebeneinander aus, sind die Voraussetzungen für den Abzug der Tagespauschale **tätigkeitsbezogen** zu prüfen. Eine Tagespauschale kann danach abgezogen werden, wenn:

1. der Steuerpflichtige bezogen auf die jeweilige Tätigkeit zeitlich überwiegend in der häuslichen Wohnung gearbeitet und keine erste Tätigkeitsstätte aufgesucht hat (§ 4 Abs. 5 Satz 1 Nr. 6c Satz 1 EStG) oder
2. dem Steuerpflichtigen bezogen auf die jeweilige Tätigkeit dauerhaft kein anderer Arbeitsplatz zur Verfügung steht und der Steuerpflichtige diese Tätigkeit in der häuslichen Wohnung ausgeübt hat (§ 4 Abs. 5 Satz 1 Nr. 6c Satz 2 EStG).[495]

Die Tagespauschale kann letztlich auch bei mehreren betrieblichen oder beruflichen Tätigkeiten in der häuslichen Wohnung je Kalendertag **nur einmal** abgezogen werden.[496]

---

493 BMF, Schreiben v. 15.8.2023 - IV C 6 - S 2145/19/10006 :027, BStBl 2023 I S. 1558, Rz. 35 NWB BAAAJ-46602. Steht für einen Zeitraum von mindestens einem Monat kein anderer Arbeitsplatz zur Verfügung, ist es nicht zu beanstanden, wenn für diesen Zeitraum von einer Dauerhaftigkeit i. S. des § 4 Abs. 5 Satz 1 Nr. 6c Satz 2 EStG ausgegangen wird. So BMF, Schreiben v. 15.8.2023 - IV C 6 - S 2145/19/10006 :027, BStBl 2023 I S. 1558, Rz. 35 NWB BAAAJ-46602.

494 BMF, Schreiben v. 15.8.2023 - IV C 6 - S 2145/19/10006 :027, BStBl 2023 I S. 1558, Rz. 35 NWB BAAAJ-46602.

495 BMF, Schreiben v. 15.8.2023 - IV C 6 - S 2145/19/10006 :027, BStBl 2023 I S. 1558 f., Rz. 36 NWB BAAAJ-46602.

496 BMF, Schreiben v. 15.8.2023 - IV C 6 - S 2145/19/10006 :027, BStBl 2023 I S. 1559, Rz. 36 NWB BAAAJ-46602. Ein Abzug der Tagespauschale ist für solche Zeiträume nicht zulässig, für die Aufwendungen oder die Jahrespauschale für ein häusliches Arbeitszimmer nach § 4 Abs. 5 Satz 1 Nr. 6b EStG abgezogen werden. Liegen für einen Teilzeitraum die Abzugsvoraussetzungen nach § 4 Abs. 5 Satz 1 Nr. 6b EStG nicht vor, kann für diesen Zeitraum der Abzug der Tagespauschale in Betracht kommen (§ 4 Abs. 5 Satz 1 Nr. 6c Satz 3 EStG). So auch BMF, Schreiben v. 15.8.2023 - IV C 6 - S 2145/19/10006 :027, BStBl 2023 I S. 1559, Rz. 39 NWB BAAAJ-46602.

BEISPIEL Der Steuerpflichtige A ist Busfahrer. Neben der nichtselbständigen Tätigkeit ist er freiberuflich als Schriftsteller tätig; zudem werden Einkünfte aus Vermietung und Verpachtung erzielt. A nutzt für seine selbständige Tätigkeit und die Vermietungstätigkeit die häusliche Wohnung; ein anderer Arbeitsplatz steht ihm dafür dauerhaft nicht zur Verfügung. Daher kann A für jeden Tag, an dem er die schriftstellerische Tätigkeit und/oder die durch die Vermietung veranlassten Tätigkeiten in der häuslichen Wohnung ausübt, eine Tagespauschale von 6€, insgesamt höchstens 1.260€ im Kalenderjahr, abziehen. Dass A am selben Tag auch der nichtselbständigen Tätigkeit nachgeht, ist für den Abzug der Tagespauschale für die weiteren Tätigkeiten unschädlich. Insoweit kann er die Tagespauschale anteilig den Einkünften aus freiberuflicher Tätigkeit und den Einkünften aus Vermietung und Verpachtung oder einer dieser beiden Einkunftsarten in voller Höhe zuordnen.[497]

Abschließend gilt es, darauf hinzuweisen, dass der Steuerpflichtige konkret darzulegen hat, dass ihm dauerhaft kein anderer Arbeitsplatz für die jeweilige betriebliche oder berufliche Tätigkeit zur Verfügung steht. Die Art der Tätigkeit kann hierfür Anhaltspunkte bieten. Zusätzliches Indiz kann eine entsprechende Bescheinigung des Arbeitgebers sein.[498]

HINWEIS

Bei der Ermittlung der Aufwendungen für die eigene Berufsausbildung nach §10 Abs.1 Nr.7 Satz4 EStG sind die Regelungen des §4 Abs.5 Satz1 Nr.6b und 6c EStG anzuwenden, wenn die häusliche Wohnung für eine eigene erstmalige Berufsausbildung oder im Rahmen eines Erststudiums, das zugleich eine Erstausbildung vermittelt und nicht im Rahmen eines Dienstverhältnisses stattfindet, genutzt wird. Erstausbildungskosten können jedoch in jedem Fall nur bis zu insgesamt 6.000€ als Sonderausgaben abgezogen werden (§10 Abs.1 Nr.7 Satz1 EStG). Wird für eine betriebliche oder berufliche Tätigkeit in der häuslichen Wohnung aber die Tagespauschale als Betriebsausgaben oder Werbungskosten abgezogen (§4 Abs.5 Satz1 Nr.6c EStG und §9 Abs.5 Satz1 EStG), kommt daneben ein weiterer Abzug als Sonderausgaben nicht in Betracht.[499]

3.2.8 Aufwendungen für die Aus- und Fortbildung

Das Steuerrecht ging bisweilen davon aus, dass mit Abschluss der Berufsausbildung die Grundlage für die spätere – lebenslange – Erwerbstätigkeit geschaffen werde. Die damit verbundenen Aufwendungen wurden dabei der privaten Lebensführung zugeordnet und waren daher steuerlich nicht abzugsfähig. Der sich abzeichnende Wandel in der Arbeitswelt und die zunehmende Bedeutung von Bildung machten es jedoch erforder-

497 BMF, Schreiben v. 15.8.2023 - IV C 6 - S 2145/19/10006 :027, BStBl 2023 I S.1559, Rz. 36 NWB BAAAJ-46602.

498 BMF, Schreiben v. 15.8.2023 - IV C 6 - S 2145/19/10006 :027, BStBl 2023 I S.1559, Rz. 36 NWB BAAAJ-46602. Beim Abzug der Tagespauschale bestehen die besonderen Aufzeichnungspflichten nach §4 Abs.7 EStG indes nicht. BMF, Schreiben v. 15.8.2023 - IV C 6 - S 2145/19/10006 :027, BStBl 2023 I S.1559, Rz. 40 NWB BAAAJ-46602.

499 BMF, Schreiben v. 15.8.2023 - IV C 6 - S 2145/19/10006 :027, BStBl 2023 I S.1559, Rz. 41 NWB BAAAJ-46602.

lich, die **Aus- und Weiterbildung** stärker in den Mittelpunkt zu rücken und (nicht zuletzt) **mit den Mitteln des Steuerrechts zu fördern.**

Verstärkt durch die höchstrichterliche Rechtsprechung, die in immer mehr Fällen einen unbegrenzten Werbungskostenabzug vorsah, sah sich der Gesetzgeber mit dem Gesetz zur Änderung der Abgabenordnung und weiterer Gesetze vom 21.7.2004 (BGBl 2004 I S. 1753) schließlich dazu veranlasst, die einkommensteuerliche Behandlung von Berufsausbildungskosten (§ 12 Nr. 5 EStG a. F.) neu zu ordnen.[500] Seitdem sind **Aufwendungen für eine erstmalige Berufsausbildung** oder ein **Erststudium** grundsätzlich nicht mehr als Betriebsausgaben oder Werbungskosten abzugsfähig, sofern diese nicht im Rahmen eines Dienstverhältnisses (Ausbildungsdienstverhältnis) erfolgen.[501]

Mit Urteil vom 18.6.2009 stellte der BFH sodann klar, dass das seit 2004 geltende Abzugsverbot nicht für Aufwendungen eines Erststudiums gelte, wenn diesem eine abgeschlossene Berufsausbildung vorangegangen ist. Die Kosten für das Studium seien vielmehr als (vorweggenommene) Werbungskosten bei den Einkünften aus nichtselbständiger Arbeit zu berücksichtigen, wobei § 12 Nr. 5 EStG a. F. in typisierender Weise bestimme, dass bei einer erstmaligen Berufsausbildung ein hinreichend veranlasster Zusammenhang mit einer bestimmten Erwerbstätigkeit fehle. Diese Typisierung erstrecke sich jedoch nicht auf Steuerpflichtige, die ein Studium im späteren Berufsleben berufsbegleitend oder in sonstiger Weise als **Zweitausbildung** aufnehmen.[502]

Ist einer Berufsausbildung oder einem Studium eine abgeschlossene erstmalige Berufsausbildung oder ein abgeschlossenes Erststudium vorausgegangen (weitere Berufsausbildung oder weiteres Studium), handelt es sich bei den durch die weitere Berufsausbildung oder das weitere Studium veranlassten Aufwendungen folglich um Betriebsausgaben oder Werbungskosten, wenn ein hinreichend konkreter, objektiv feststellbarer **Zusammenhang mit späteren im Inland steuerpflichtigen Einnahmen aus der angestrebten beruflichen Tätigkeit** besteht. Entsprechendes gilt für ein Erststudium nach einer abgeschlossenen nichtakademischen Berufsausbildung.[503] Letztere liegt vor, wenn der Steuerpflichtige durch eine berufliche Ausbildungsmaßnahme die notwendigen fachlichen Fertigkeiten und Kenntnisse erwirbt, die zur Aufnahme eines Berufs befähigen. Voraussetzung ist, dass der Beruf durch eine Ausbildung im Rahmen eines öffentlich-rechtlich geordneten Ausbildungsgangs erlernt wird[504] und der Ausbildungsgang durch eine Prüfung abgeschlossen wird.[505]

500 Vgl. Körper, SteuK 2010 S. 483.
501 BMF, Schreiben v. 22.9.2010 - IV C 4 - S 2227/07/10002 :002, BStBl 2010 I S. 721, Rz. 1 NWB NAAAD-52785.
502 BFH, Urteil v. 18.6.2009 - VI R 14/07, BStBl 2010 II S. 816 NWB QAAAD-28296; Körper, SteuK 2010 S. 483.
503 BMF, Schreiben v. 22.9.2010 - IV C 4 - S 2227/07/10002 :002, BStBl 2010 I S. 721, Rz. 2 NWB NAAAD-52785.
504 Vgl. BFH, Urteil v. 6.3.1992 - VI R 163/88, BStBl 1992 II S. 661 NWB OAAAA-94173.
505 BMF, Schreiben v. 22.9.2010 - IV C 4 - S 2227/07/10002 :002, BStBl 2010 I S. 722, Rz. 4 NWB NAAAD-52785.

Ein **Studium** liegt vor, wenn es sich um ein Studium an einer Hochschule i.S. des § 1 Hochschulrahmengesetz (HRG) handelt. Nach dieser Vorschrift sind Hochschulen die Universitäten, die pädagogischen Hochschulen, die Kunsthochschulen, die Fachhochschulen und die sonstigen Einrichtungen des Bildungswesens, die nach Landesrecht staatliche Hochschulen sind. Gleichgestellt sind private und kirchliche Bildungseinrichtungen sowie die Hochschulen des Bundes, die nach Landesrecht als Hochschule anerkannt werden (§ 70 HRG).

Gemäß § 13 HRG können Studien auch als Fernstudien durchgeführt werden. Auf die Frage, welche schulischen Abschlüsse oder sonstigen Leistungen den Zugang zum Studium eröffnet haben, kommt es hingegen nicht an. Insoweit stellt ein Studium dann ein erstmaliges Studium dar, wenn es sich um eine **Erstausbildung** handelt. Es darf ihm kein anderes, durch einen berufsqualifizierenden Abschluss beendetes Studium oder keine andere, abgeschlossene nichtakademische Berufsausbildung vorangegangen sein.[506]

Dies gilt auch in den Fällen, in denen während eines Studiums eine Berufsausbildung erst abgeschlossen wird, unabhängig davon, ob die beiden Ausbildungen sich inhaltlich ergänzen. In diesen Fällen ist eine Berücksichtigung der Aufwendungen für das Studium als Werbungskosten bzw. Betriebsausgaben erst – unabhängig vom Zahlungszeitpunkt – ab dem Zeitpunkt des **Abschlusses der Berufsausbildung** möglich.[507] Letztlich wird ein Studium aufgrund der entsprechenden Prüfungsordnung einer inländischen Hochschule durch eine Hochschulprüfung oder eine staatliche oder kirchliche Prüfung abgeschlossen (§§ 15, 16 HRG).[508]

506 Beachte dazu BFH, Urteil v. 18.6.2009 - VI R 14/07, BStBl 2010 II S. 816 NWB QAAAD-28296.

507 Davon ausgenommen ist ein Studium, das im Rahmen eines Dienstverhältnisses stattfindet. Beachte dazu BMF, Schreiben v. 22.9.2010 - IV C 4 - S 2227/07/10002 :002, BStBl 2010 I S. 724, Rz. 27 NWB NAAAD-52785.

508 BMF, Schreiben v. 22.9.2010 - IV C 4 - S 2227/07/10002 :002, BStBl 2010 I S. 723, Rz. 12f. NWB NAAAD-52785. Studien- und Prüfungsleistungen an ausländischen Hochschulen, die zur Führung eines ausländischen akademischen Grades berechtigen, der nach § 20 HRG i.V. mit dem Recht des Landes, in dem der Gradinhaber seinen inländischen Wohnsitz oder inländischen gewöhnlichen Aufenthalt hat, anerkannt wird, sowie Studien- und Prüfungsleistungen, die von Staatsangehörigen eines Mitgliedstaats der EU oder von Vertragsstaaten des EWR oder der Schweiz an Hochschulen dieser Staaten erbracht werden, sind nach diesen Grundsätzen inländischen Studien- und Prüfungsleistungen gleichzustellen. Der Steuerpflichtige hat die Berechtigung zur Führung des Grades nachzuweisen. Für die Gleichstellung von Studien- und Prüfungsleistungen werden die in der Datenbank „anabin" (www.anabin.de) der Zentralstelle für ausländisches Bildungswesen beim Sekretariat der Kultusministerkonferenz aufgeführten Bewertungsvorschläge zugrunde gelegt. BMF, Schreiben v. 22.9.2010 - IV C 4 - S 2227/07/10002 :002, BStBl 2010 I S. 723, Rz 17 NWB NAAAD-52785.

HINWEIS

Werden zwei (oder ggf. mehrere) Studiengänge parallel studiert, die zu unterschiedlichen Zeiten abgeschlossen werden, stellt der nach dem berufsqualifizierenden Abschluss eines der Studiengänge weiter fortgesetzte andere Studiengang vom Zeitpunkt des Abschlusses an ein weiteres Studium dar.[509]

Im Ergebnis gilt, dass Aufwendungen für den erstmaligen Erwerb von Kenntnissen, die zur Aufnahme eines Berufs befähigen, bzw. für ein erstes Studium (Erstausbildung) als Kosten der Lebensführung zu qualifizieren sind und nur als **Sonderausgaben** gemäß § 10 Abs. 1 Nr. 7 EStG abzuziehen sind.[510] In diesem Fall sind Aufwendungen für die eigene Berufsausbildung von bis zu 6.000 € im Kalenderjahr berücksichtigungsfähig; bei Ehegatten, welche die Voraussetzungen des § 26 Abs. 1 Satz 1 EStG (Ehegattenwahlrecht) erfüllen, gilt dieser Höchstbetrag für jeden Ehegatten (§ 10 Abs. 1 Nr. 7 Satz 1 und 2 EStG).[511] Auch der Besuch einer allgemein bildenden Schule unterliegt nicht dem Werbungskostenabzug.[512]

Demgegenüber liegen nach § 9 Abs. 6 EStG Werbungskosten vor, wenn die erstmalige Berufsausbildung oder das Erststudium **Gegenstand eines Dienstverhältnisses** (Ausbildungsdienstverhältnis) ist;[513] Beispiele hierfür sind:[514]

- Referendariat zur Vorbereitung auf das zweite Staatsexamen,[515]
- Beamtenanwärter,[516]
- zum Studium abkommandierte oder beurlaubte Bundeswehroffiziere,[517]

509 BMF, Schreiben v. 22.9.2010 - IV C 4 - S 2227/07/10002 :002, BStBl 2010 I S. 724, Rz. 20 NWB NAAAD-52785.

510 Die steuerliche Behandlung von Erstausbildungskosten wird als verfassungsgemäß angesehen, vgl. BVerfG, Beschluss v. 19.11.2019 - 2 BvL 22-27/14, DStR 2020 S. 93. Auch nach vorheriger langjähriger Berufstätigkeit sind Aufwendungen für eine Berufsausbildung ohne den vorherigen Abschluss einer Erstausbildung nicht als Werbungskosten abzugsfähig. So BFH, Urteil v. 15.2.2023 - VI R 22/21, DStR 2023 S. 882 NWB CAAAJ-38075. Beachte zudem BFH, Urteil v. 12.2.2020 - VI R 17/20, BStBl 2020 II S. 719 NWB PAAAH-54041, und BFH, Urteil v. 16.6.2020 - VIII R 4/20 (VIII R 49/11), BStBl 2021 II S. 11 NWB VAAAH-62408.

511 Vgl. auch Kälberer/Gölz-Kälberer, Besteuerung der Einkünfte aus nichtselbstständiger Arbeit, 2021, S. 165.

512 H 9.2 „Allgemein bildende Schulen" LStH mit Verweis auf BFH, Urteil v. 22.6.2006 - VI R 5/04, BStBl 2006 II S. 717 NWB QAAAB-90536. Aufwendungen eines Berufsschülers für eine im Rahmen eines Ausbildungsdienstverhältnisses als verbindliche Schulveranstaltung durchgeführte Klassenfahrt sind regelmäßig Werbungskosten. H 9.2 „Klassenfahrt" LStH mit Verweis auf BFH, Urteil v. 7.2.1992 - VI R 93/90, BStBl 1992 II S. 531.

513 Dazu R 9.2 Satz 2 LStR. Zur lohnsteuerlichen Behandlung der Übernahme von Studiengebühren für ein berufsbegleitendes Studium durch den Arbeitgeber beachte BMF, Schreiben v. 13.4.2012 - IV C 5 - S 2332/07/0001, BStBl 2012 I S. 531 NWB UAAAE-08159.

514 H 9.2 „Ausbildungsdienstverhältnis – Beispiele" LStH.

515 BFH, Urteil v. 10.12.1971 - VI R 112/70, BStBl 1972 II S. 251 NWB GAAAA-90739.

516 BFH, Urteil v. 21.1.1972 - VI R 337/70, BStBl 1972 II S. 261 NWB XAAAA-90742.

517 BFH, Urteil v. 7.11.1980 - VI R 50/79, BStBl 1981 II S. 216 NWB QAAAA-91589, und BFH, Urteil v. 28.9.1984 - VI R 127/80, BStBl 1985 II S. 87 NWB EAAAA-92111.

- zur Erlangung der mittleren Reife abkommandierte Zeitsoldaten,[518]
- für ein Promotionsstudium[519] beurlaubte Geistliche.[520]

Unabhängig davon sind die Aufwendungen für die **Fortbildung** in dem bereits erlernten Beruf und für die **Umschulungsmaßnahmen,** die einen Berufswechsel vorbereiten, als Werbungskosten abziehbar. Dies gilt ebenfalls für ein **weiteres Studium,** wenn es in einem hinreichend konkreten, objektiv feststellbaren Zusammenhang mit späteren steuerpflichtigen Einnahmen aus der angestrebten beruflichen Tätigkeit steht.[521] In der Folge sind Aufwendungen für eine Berufsausbildung oder für ein Studium nur dann Werbungskosten, wenn der Steuerpflichtige zuvor bereits eine Erstausbildung (Berufsausbildung oder Studium) abgeschlossen hat oder wenn die Berufsausbildung oder das Studium im Rahmen eines Dienstverhältnisses stattfindet.[522]

Vor diesem Hintergrund sind bspw. die Kosten für ein **Zweitstudium** (z. B. Master), für ein **Aufbaustudium** (z. B. LL. M.) oder für eine **Fortbildung,** d. h. für eine Weiterbildung im bereits ausgeübten Beruf, als Werbungskosten abzugsfähig.[523] Dies gilt auch für Pro-

518 BFH, Urteil v. 28.9.1984 - VI R 144/83, BStBl 1985 II S. 89 NWB OAAAA-92112.

519 Es ist regelmäßig davon auszugehen, dass dem Promotionsstudium und der Promotion durch die Hochschule selbst der Abschluss eines Studiums vorangeht. Aufwendungen für ein Promotionsstudium und die Promotion stellen Betriebsausgaben oder Werbungskosten dar, sofern ein berufsbezogener Veranlassungszusammenhang zu bejahen ist (BFH, Urteil v. 4.11.2003 - VI R 96/01, BStBl 2004 II S. 891 NWB PAAAB-15853). Dies gilt auch, wenn das Promotionsstudium bzw. die Promotion im Einzelfall ohne vorhergehenden berufsqualifizierenden Studienabschluss durchgeführt wird. Eine Promotion stellt im Übrigen keinen berufsqualifizierenden Abschluss eines Studienganges dar. BMF, Schreiben v. 22.9.2010 - IV C 4 - S 2227/07/10002 :002, BStBl 2010 I S. 724, Rz. 26 NWB NAAAD-52785.

520 BFH, Urteil v. 7.8.1987 - VI R 60/84, BStBl 1987 II S. 780 NWB ZAAAA-92425.

521 R 9.2 Satz 3 und 4 LStR.

522 So § 9 Abs. 6 Satz 1 EStG und hierzu BFH, Urteil v. 12.2.2020 - VI R 17/20, BStBl 2020 II S. 719 NWB PAAAH-54041, sowie Kälberer/Gölz-Kälberer, Besteuerung der Einkünfte aus nichtselbstständiger Arbeit, 2021, S. 166.

523 Vgl. Birk/Desens/Tappe, Steuerrecht, 27. Aufl. 2024, S. 230, Rz. 779. Nach § 19 Abs. 2 HRG stellt der Bachelor- oder Bakkalaureusgrad einer inländischen Hochschule einen berufsqualifizierenden Abschluss dar. Daraus folgt, dass der Abschluss eines Bachelorstudiengangs den Abschluss eines Erststudiums darstellt und ein nachfolgender Studiengang als weiteres Studium anzusehen ist. Nach § 19 Abs. 3 HRG kann die Hochschule aufgrund von Prüfungen, mit denen ein weiterer berufsqualifizierender Abschluss erworben wird, einen Master- oder Magistergrad verleihen. Die Hochschule kann einen Studiengang ausschließlich mit dem Abschluss Bachelor anbieten (grundständig). Sie kann einen Studiengang mit dem Abschluss als Bachelor und einem inhaltlich darauf aufbauenden Masterstudiengang vorsehen (konsekutives Masterstudium). Sie kann aber auch ein Masterstudium anbieten, ohne selbst einen entsprechenden Bachelorstudiengang anzubieten (postgraduales Masterstudium). Ein Masterstudium i. S. des § 19 HRG kann nicht ohne ein abgeschlossenes Bachelor- oder anderes Studium aufgenommen werden. Es stellt daher ein weiteres Studium dar. Dies gilt auch für den Master of Business Administration (MBA). Er ermöglicht Studenten verschiedener Fachrichtungen ein anwendungsbezogenes Postgraduiertenstudium in den Wirtschaftswissenschaften. BMF, Schreiben v. 22.9.2010 - IV C 4 - S 2227/07/10002 :002, BStBl 2010 I S. 724, Rz. 24 NWB NAAAD-52785.

motionskosten, die beruflich veranlasst sind,[524] oder für Aufwendungen, die ein wissenschaftlicher Assistent an einer Hochschule für seine Habilitation macht.[525]

HINWEIS

Eine Berufsausbildung wird gemäß § 9 Abs. 6 Satz 2 EStG erst dann als Erstausbildung angesehen, wenn sie über eine Mindestdauer von zwölf Monaten bei vollzeitiger Ausbildung und mit einer Abschlussprüfung durchgeführt wird. Der Gesetzestext spricht hier von einer geordneten Ausbildung.[526] Dies soll Gestaltungen verhindern, bei denen vor Beginn des Studiums z. B. eine „Ausbildung" als Taxifahrer oder Skilehrer absolviert wird, um so die Qualifizierung als Sonderausgaben zu umgehen.[527]

3.2.9 Umzugskosten

Kosten, die einem Arbeitnehmer durch einen **beruflich veranlassten Wohnungswechsel** entstehen, sind Werbungskosten.[528] Ein Wohnungswechsel ist z. B. beruflich veranlasst, wenn durch ihn eine erhebliche Verkürzung der Entfernung zwischen Wohnung und Tätigkeitsstätte eintritt und die verbleibende Wegezeit im Berufsverkehr als normal angesehen werden kann.[529] In diesem Fall ist eine erhebliche Verkürzung der Entfernung zwischen Wohnung und Tätigkeitsstätte dann anzunehmen, wenn sich die Dauer der täglichen Hin- und Rückfahrt insgesamt wenigstens zeitweise um mindestens eine Stunde ermäßigt.[530]

HINWEIS

Die Fahrzeitersparnisse beiderseits berufstätiger Ehegatten/Lebenspartner sind weder zusammenzurechnen[531] noch zu saldieren.[532] Steht bei einem Umzug eine arbeitstägliche Fahrzeitersparnis von mindestens einer Stunde fest, sind private Gründe wie etwa die Gründung eines gemeinsamen Haushalts aus Anlass einer Eheschließung bzw. der Begründung einer Lebenspartnerschaft oder der erhöhte Wohnbedarf wegen der Geburt eines Kindes im Übrigen unbeachtlich.[533]

524 Vgl. BFH, Urteil v. 4.11.2003 - VI R 96/01, BStBl 2004 II S. 891 NWB PAAAB-15853, und Birk/Desens/Tappe, Steuerrecht, 27. Aufl. 2024, S. 230, Rz. 779.

525 BFH, Urteil v. 7.8.1967 - VI R 25/67, BStBl 1967 III S. 778 NWB YAAAA-90357.

526 § 9 Abs. 6 Satz 2 bis 5 EStG und Birk/Desens/Tappe, Steuerrecht, 27. Aufl. 2024, S. 230, Rz. 780. Eine geordnete Ausbildung liegt vor, wenn sie auf der Grundlage von Rechts- oder Verwaltungsvorschriften oder internen Vorschriften eines Bildungsträgers durchgeführt wird (§ 9 Abs. 6 Satz 3 EStG).

527 Vgl. Birk/Desens/Tappe, Steuerrecht, 27. Aufl. 2024, S. 230, Rz. 780.

528 R 9.9 Abs. 1 LStR.

529 H 9.9 „Berufliche Veranlassung" Nr. 1 LStH mit Verweis auf BFH, Urteil v. 6.11.1986 - VI R 106/85, BStBl 1987 II S. 81 NWB SAAAA-92436.

530 H 9.9 „Erhebliche Fahrzeitverkürzung" 1. Spiegelstrich mit Verweis auf BFH, Urteil v. 22.11.1991 - VI R 77/89, BStBl 1992 II S. 494 NWB MAAAA-94097, und BFH, Urteil v. 16.10.1992 - VI R 132/88, BStBl 1993 II S. 610 NWB VAAAA-94564.

531 BFH, Urteil v. 27.7.1995 - VI R 17/95, BStBl 1995 II S. 728 NWB YAAAA-95360.

532 BFH, Urteil v. 21.2.2006 - IX R 79/01, BStBl 2006 II S. 598 NWB EAAAB-82051, sowie insgesamt H 9.9 „Eheschließung/Begründung einer Lebenspartnerschaft" LStH.

533 H 9.9 „Erhebliche Fahrzeitverkürzung" 3. Spiegelstrich LStH mit Verweis auf BFH, Urteil v. 23.3.2001 - VI R 175/99, BStBl 2001 II S. 585 NWB FAAAA-88983, und BFH, Urteil v. 23.3.2001 - VI R 189/97, BStBl 2002 II S. 56 NWB AAAAA-89105.

Außer bei einer erheblichen Fahrzeitverkürzung ist ein Wohnungswechsel auch beruflich veranlasst, wenn er **im ganz überwiegenden betrieblichen Interesse** des Arbeitgebers durchgeführt wird. Dies ist insbesondere beim Beziehen oder Räumen einer Dienstwohnung der Fall, die aus betrieblichen Gründen bestimmten Arbeitnehmern vorbehalten ist, um bspw. deren jederzeitige Einsatzmöglichkeit zu gewährleisten.[534] Eine berufliche Veranlassung liegt zudem vor, wenn der Wohnungswechsel aus Anlass der erstmaligen Aufnahme einer beruflichen Tätigkeit, des Wechsels des Arbeitgebers oder im Zusammenhang mit einer Versetzung durchgeführt wird[535] bzw. wenn der eigene Hausstand zur Beendigung einer doppelten Haushaltsführung an den Beschäftigungsort verlegt wird.[536]

Im Weiteren können **doppelt geleistete Mietzahlungen** auch beruflich veranlasst sein und deshalb in voller Höhe als Werbungskosten abgezogen werden. Diese Mietaufwendungen können jedoch nur **zeitanteilig,** und zwar für die neue Familienwohnung ab dem Kündigungs- bis zum Umzugstag und für die bisherige Wohnung ab dem Umzugstag, längstens bis zum Ablauf der Kündigungsfrist des bisherigen Mietverhältnisses, als Werbungskosten berücksichtigt werden.[537] Wird vom Arbeitgeber eine vorgesehene Versetzung schließlich rückgängig gemacht, sind die dem Arbeitnehmer durch die Aufgabe seiner Umzugsabsicht entstandenen vergeblichen Aufwendungen gleichfalls als Werbungskosten abziehbar.[538]

Nicht als Werbungskosten abziehbar sind hingegen die bei einem Grundstückskauf angefallenen **Maklergebühren** – auch soweit sie auf die Vermittlung einer vergleichbaren Mietwohnung entfallen würden[539] – sowie Aufwendungen für die Anschaffung von **klimabedingter Kleidung und Wohnungsausstattung** i.S. der §§ 19 und 21 Auslandsumzugskostenverordnung (AUV).[540] Auch Veräußerungsverluste aus dem **Verkauf eines Eigenheims** inklusive zwischenzeitlich angefallener Finanzierungskosten

534 H 9.9 „Berufliche Veranlassung" 2. Spiegelstrich LStH mit Verweis auf BFH, Urteil v. 28.4.1988 - IV R 42/86, BStBl 1988 II S. 777 NWB EAAAA-92659.

535 H 9.9 „Berufliche Veranlassung" 3. Spiegelstrich LStH.

536 H 9.9 „Berufliche Veranlassung" 4. Spiegelstrich LStH mit Verweis auf BFH, Urteil v. 21.7.1989 - VI R 129/86, BStBl 1989 II S. 917 NWB PAAAA-97774. Die privaten Motive für die Auswahl der neuen Wohnung sind in der Regel unbeachtlich. Dazu BFH, Urteil v. 23.3.2001 - VI R 189/97, BStBl 2002 II S. 56 NWB AAAAA-89105.

537 H 9.9 „Doppelter Mietaufwand" LStH mit Verweis auf BFH, Urteil v. 13.7.2011 - VI R 2/11, BStBl 2012 II S. 104 NWB KAAAD-92353. Die umzugskostenrechtliche Beschränkung einer Mietausfallentschädigung für den bisherigen Wohnungsvermieter gilt nicht für den Werbungskostenabzug. Vgl. H 9.9 „Höhe der Umzugskosten" 2. Spiegelstrich LStH mit Verweis auf BFH, Urteil v. 1.12.1993 - I R 61/93, BStBl 1994 II S. 323 NWB XAAAA-94802.

538 H 9.9 „Aufgabe der Umzugsabsicht" LStH mit Verweis auf BFH, Urteil v. 24.5.2000 - VI R 17/96, BStBl 2000 II S. 584 NWB YAAAA-88754.

539 BFH, Urteil v. 24.5.2000 - VI R 188/97, BStBl 2000 II S. 586 NWB IAAAA-88755.

540 H 9.9 „Höhe der Umzugskosten" 3. Spiegelstrich mit Verweis auf BFH, Urteil v. 20.3.1992 - VI R 55/89, BStBl 1993 II S. 192 NWB DAAAA-94369; BFH, Urteil v. 27.5.1994 - VI R 67/92, BStBl 1995 II S. 17 NWB JAAAA-95112, und BFH, Urteil v. 12.4.2007 - VI R 53/04, BStBl 2007 II S. 536 NWB MAAAC-44914.

anlässlich eines beruflich bedingten Umzugs sind keine Werbungskosten bei den Einkünften aus nichtselbständiger Arbeit.[541]

Im Ergebnis können bei einem beruflich veranlassten Wohnungswechsel die tatsächlichen Umzugskosten in der Regel bis zur Höhe der Beträge als Werbungskosten abgezogen werden, die nach dem **Bundesumzugskostengesetz** (BUKG) **und der AUV** als Umzugskostenvergütung höchstens gezahlt werden könnten – mit Ausnahme der Pauschalen nach §§ 19, 21 AUV und der Auslagen (insbesondere Maklergebühren) für die Anschaffung einer eigenen Wohnung (Wohneigentum) nach § 9 Abs. 1 BUKG.[542] Werden die umzugskostenrechtlich festgelegten Grenzen eingehalten, ist im Weiteren nicht zu prüfen, ob die Umzugskosten Werbungskosten darstellen.

Zudem hat die dienstrechtliche Beschränkung des § 13 Abs. 2 Nr. 4 BUKG für den Bereich des Werbungskostenabzugs keine Gültigkeit. Auch im Fall des Umzugs **vom Ausland ins Inland** können die dem Arbeitnehmer entstandenen sonstigen Umzugsauslagen als Werbungskosten nach § 9 Abs. 1 Satz 1 EStG i. H. der sich aus § 18 Abs. 1 und 2 AUV ergebenden Pauschbeträge für Auslandsumzüge vergleichbarer Beamter geschätzt werden. Die Werbungskosten sind nicht in entsprechender Anwendung des § 18 Abs. 4 AUV zu kürzen. Werden höhere Umzugskosten im Einzelnen nachgewiesen, ist insgesamt zu prüfen, ob und inwieweit die Aufwendungen Werbungskosten oder nicht abziehbare Kosten der Lebensführung sind, z. B. bei Aufwendungen für die Neuanschaffung von Einrichtungsgegenständen.[543] Letzteres wäre bspw. bei Renovierungsmaterial, Gardinen, Rollos, Lampen, dem Telefonanschluss oder der Anschaffung und Installation eines Wasserboilers der Fall.[544]

541 H 9.9 „Höhe der Umzugskosten“ 7. Spiegelstrich LStH mit Verweis auf BFH, Urteil v. 24.5.2000 - VI R 28/97, BStBl 2000 II S. 474 NWB YAAAA-88715. Auch die Aufwendungen aufgrund der Veräußerung eines Eigenheims anlässlich eines beruflich bedingten Umzugs sind keine Werbungskosten bei den Einkünften aus nichtselbständiger Arbeit. So H 9.9 „Höhe der Umzugskosten“ 6. Spiegelstrich LStH mit Verweis auf BFH, Urteil v. 24.5.2000 - VI R 147/99, BStBl 2000 II S. 476 NWB IAAAA-88716.

542 R 9.9 Abs. 2 Satz 1 Halbsatz 1 LStR. Die Pauschbeträge für Verpflegungsmehraufwendungen nach § 9 Abs. 4a EStG sind zu beachten (R 9.9 Abs. 2 Satz 1 Halbsatz 2 LStR).

543 R 9.9 Abs. 2 Satz 2 bis 6 LStR. Zur Höhe der maßgebenden Beträge für umzugsbedingte Unterrichtskosten und sonstige Umzugsauslagen ab 1.4.2021 sowie 1.4.2022 beachte BMF, Schreiben v. 21.7.2021 - IV C 5 - S 2353/20/10004 :002, BStBl 2021 I S. 1021 NWB XAAAH-85453, und ab 1.3.2024: BMF, Schreiben v. 28.12.2023 - IV C 5 - S 2353/20/10004 :003, BStBl 2024 I S. 84 NWB HAAAJ-56145.

544 H 9.9 „Höhe der Umzugskosten“ 8. Spiegelstrich LStH mit Verweis auf BFH, Urteil v. 17.12.2002 - VI R 188/98, BStBl 2003 II S. 314 NWB UAAAA-89480. Vom Umstand, dass Aufwendungen für die Ausstattung der neuen Wohnung grundsätzlich nicht als Werbungkosten abziehbar sind, bleibt die Berücksichtigung der Pauschale nach § 10 BUKG unberührt (R 9.9 Abs. 2 Satz 2 LStR).

HINWEIS

Anstelle der in § 10 BUKG pauschal erfassten Umzugskosten können auch die im Einzelfall nachgewiesenen höheren Umzugskosten als Werbungskosten abgezogen werden. Ein Werbungskostenabzug entfällt, soweit die Umzugskosten vom Arbeitgeber steuerfrei erstattet worden sind (§ 3c EStG).[545]

Abschließend gilt es, darauf hinzuweisen, dass die Umzugskosten auch durch den Arbeitgeber steuerfrei erstattet werden können, soweit keine höheren Beträge erstattet werden, als nach R 9.9 Abs. 2 LStR (s. o.) Werbungskosten abziehbar wären. Voraussetzung ist, dass der Arbeitnehmer seinem Arbeitgeber hierzu Unterlagen vorlegt, aus denen die tatsächlichen Aufwendungen ersichtlich sein müssen. Diese Unterlagen sind als Belege zum Lohnkonto aufzubewahren.[546]

3.3 Zusammenfassendes Beispiel

Arbeitnehmer A absolvierte ab Mai 2024 einen Wochenendlehrgang zur Vorbereitung auf die Controller-Prüfung der Industrie- und Handelskammer in Stuttgart. Die Weiterbildung fand jeden Samstag und Sonntag in der Zeit von 08:30 bis 17:00 Uhr statt und kostete 3.200 €. Da A einen eigenen Hausstand in Ulm unterhält, fuhr er an insgesamt 32 Wochenenden mit seinem eigenen Pkw nach Stuttgart; die einfache Entfernung beträgt 100 km. Die Lehrgangsgebühr wurde vom Arbeitgeber des A bezahlt. Darüber hinaus wurde vereinbart, dass A die Hälfte der berücksichtigungsfähigen Fahrtkosten und Verpflegungsmehraufwendungen vom Arbeitgeber erstattet bekommt.[547]

545 R 9.9 Abs. 2 Satz 7 und 8 LStR.

546 R 9.9 Abs. 3 LStR.

547 Vgl. auch Kälberer/Gölz-Kälberer, Besteuerung der Einkünfte aus nichtselbstständiger Arbeit, 2021, S. 167 f.

Tab. 9: Beispiel zur Ermittlung der Werbungskosten

Berechnung der Werbungskosten	**im Jahr**
1. Fahrtkosten	
100 km × 2 Fahrten × 0,30 €/km = 60 € 60 € × 2 Tage × 32 Wochen = 3.840 €	3.840 €
Hinweis: Statt der tatsächlichen Aufwendungen kann je nach Art des benutzten Verkehrsmittels ein pauschaler Kilometersatz für jeden gefahrenen Kilometer angesetzt werden (§ 9 Abs. 1 Satz 3 Nr. 4a Satz 2 EStG). Hierfür ist die höchste Wegstreckenentschädigung nach dem Bundesreisekostengesetz für das jeweils benutzte Beförderungsmittel heranzuziehen: Benutzung eines Kraftwagens (z. B. Pkw) 0,30 €, für jedes andere motorbetriebene Fahrzeug (z. B. Motorrad) 0,20 €.[548]	
2. Verpflegungsmehraufwand	
14 € × 2 Tage × 32 Wochen = 896 €	896 €
Hinweis: Aufgrund seiner Abwesenheit von mehr als acht Stunden kann A Verpflegungsmehraufwendungen gemäß § 9 Abs. 4a Satz 3 Nr. 3 EStG geltend machen.	
3. Lehrgangsgebühr	
Vollständig vom Arbeitgeber bezahlt	0 €
Hinweis: Die Teilnahme am Wochenendlehrgang steht in einem unmittelbaren Zusammenhang mit dem Dienstverhältnis. Demnach sind die Aufwendungen für die Fortbildung in einem bereits erlernten Beruf gemäß R 9.2 Satz 3 LStR grundsätzlich als Werbungskosten abzugsfähig. Da die Lehrgangsgebühr aber vollständig vom Arbeitgeber bezahlt wurde, kommt ein Abzug nicht in Betracht. Im Übrigen führt die berufliche Fortbildungsleistung nicht zu Arbeitslohn, da die Bildungsmaßnahme im ganz überwiegenden betrieblichen Interesse des Arbeitgebers durchgeführt worden ist (R 19.7 Abs. 1 Satz 1 LStR).	
Summe berücksichtigungsfähiger Aufwendungen (= 3.840 € + 896 € + 0 €)	4.736 €
– steuerfreier Ersatz	– 2.368 €
Hinweis: Beachte hierzu R 9.5 Abs. 2 LStR, H 9.5 „Werbungskostenabzug und Erstattung durch den Arbeitgeber" LStH und H 9.6 „Erstattung durch den Arbeitgeber" LStH.	
Abziehbare Werbungskosten	2.368 €
Hinweis: Der Arbeitnehmer-Pauschbetrag i. H. von 1.230 € gemäß § 9a Satz 1 Nr. 1 Buchst. a EStG kommt nicht zum Ansatz (2.368 € > 1.230 €).	

548 BMF, Schreiben v. 25.11.2020 - IV C 5 - S 2353/19/10011 :006, BStBl 2020 I S. 1236, Rz. 37 NWB EAAAH-65600.

4 Abc der Werbungskosten – wichtige Werbungskosten im Überblick

Aktienoptionen: Erhält ein Arbeitnehmer von seinem Arbeitgeber nicht handelbare Aktienoptionsrechte, können die von ihm getragenen Aufwendungen im Zahlungszeitpunkt nicht als Werbungskosten berücksichtigt werden; sie mindern erst im Jahr der Verschaffung der verbilligten Aktien den geldwerten Vorteil. Verfällt das Optionsrecht, sind die Optionskosten im Jahr des Verfalls als vergebliche Werbungskosten abziehbar.[549]

Allgemein bildende Schulen: Aufwendungen für den Besuch allgemein bildender Schulen sind regelmäßig keine Werbungskosten.[550]

Anwaltskosten: Es spricht regelmäßig eine Vermutung dafür, dass Aufwendungen für aus dem Arbeitsverhältnis folgende zivil- und arbeitsgerichtliche Streitigkeiten einen den Werbungskostenabzug rechtfertigenden hinreichend konkreten Veranlassungszusammenhang mit den Lohneinkünften aufweisen. Dies gilt grundsätzlich auch, wenn sich Arbeitgeber und Arbeitnehmer über solche streitigen Ansprüche im Rahmen eines arbeitsgerichtlichen Vergleichs einigen.[551]

Arbeitnehmerbeiträge: Beiträge eines Arbeitnehmers zur gesetzlichen Rentenversicherung sind keine vorab entstandenen Werbungskosten, sondern Sonderausgaben.[552]

Arbeitsgerichtlicher Vergleich: Es spricht regelmäßig eine Vermutung dafür, dass Aufwendungen für aus dem Arbeitsverhältnis folgende zivil- und arbeitsgerichtliche Streitigkeiten einen den Werbungskostenabzug rechtfertigenden hinreichend konkreten Veranlassungszusammenhang mit den Lohneinkünften aufweisen. Dies gilt auch, wenn sich Arbeitgeber und Arbeitnehmer über solche streitigen Ansprüche im Rahmen eines arbeitsgerichtlichen Vergleichs einigen.[553]

---

549 H 9.1 „Aktienoptionen“ LStH mit Verweis auf BFH, Urteil v. 3.5.2007 - VI R 37/05, BStBl 2007 II S. 712.

550 H 9.2 „Allgemein bildende Schulen“ LStH mit Verweis auf BFH, Urteil v. 22.6.2006 - VI R 5/04, BStBl 2006 II S. 717 NWB QAAAB-90536.

551 BFH, Urteil v. 9.2.2012 - VI R 23/10, BStBl 2012 II S. 829 NWB IAAAE-12297. Strafbare Handlungen, die im Zusammenhang mit einer betrieblichen oder beruflichen Tätigkeit stehen, können Erwerbsaufwendungen begründen und zu Werbungskosten oder Betriebsausgaben führen. Die Annahme von Erwerbsaufwendungen setzt voraus, dass die – die Aufwendungen auslösenden – schuldhaften Handlungen noch im Rahmen der betrieblichen oder beruflichen Aufgabenerfüllung liegen und nicht auf privaten, den betrieblichen oder beruflichen Zusammenhang aufhebenden Umständen beruhen. So FG Münster, Urteil v. 22.3.2023 - 9 K 1136/20 NWB BAAAJ-42649.

552 Vgl. BFH, Urteil v. 29.7.1986 - IX R 206/84, BStBl 1986 II S. 747 NWB WAAAA-97964.

553 H 9.1 „Arbeitsgerichtlicher Vergleich“ LStH mit Verweis auf BFH, Urteil v. 9.2.2012 - VI R 23/10, BStBl 2012 II S. 829 NWB IAAAE-12297.

Aufteilung von Aufwendungen bei mehreren Einkunftsarten: Erzielt ein Arbeitnehmer sowohl Einnahmen aus selbständiger als auch aus nichtselbständiger Arbeit, sind die durch diese Tätigkeiten veranlassten Aufwendungen den jeweiligen Einkunftsarten, ggf. nach einer im Schätzungswege vorzunehmenden Aufteilung der Aufwendungen, als Werbungskosten oder Betriebsausgaben zuzuordnen.[554]

Aus- und Fortbildung: Aufwendungen für den erstmaligen Erwerb von Kenntnissen, die zur Aufnahme eines Berufs befähigen, bzw. für ein erstes Studium (Erstausbildung) sind Kosten der Lebensführung und nur als Sonderausgaben im Rahmen von § 10 Abs. 1 Nr. 7 EStG abziehbar. Werbungskosten liegen dagegen nach § 9 Abs. 6 EStG vor, wenn der Arbeitnehmer zuvor bereits eine Erstausbildung abgeschlossen hat oder wenn die Berufsausbildung oder das Studium Gegenstand eines Dienstverhältnisses (Ausbildungsdienstverhältnis) ist. Unabhängig davon, ob ein Dienstverhältnis besteht, sind die Aufwendungen für die Fortbildung in dem bereits erlernten Beruf und für die Umschulungsmaßnahmen, die einen Berufswechsel vorbereiten, als Werbungskosten abziehbar. Das gilt auch für die Aufwendungen für ein weiteres Studium, wenn dieses in einem hinreichend konkreten, objektiv feststellbaren Zusammenhang mit späteren steuerpflichtigen Einnahmen aus der angestrebten beruflichen Tätigkeit steht.[555]

Ausgleichszahlungen: Ausgleichszahlungen, die ein Arbeitnehmer, dem eine Altersversorgung nach beamtenrechtlichen Grundsätzen zugesagt worden ist, leistet, um bei einem Arbeitgeberwechsel die Anrechnung von Dienstzeiten durch den neuen Arbeitgeber zu erreichen, sind als Werbungskosten abziehbar.[556]

Auslandstätigkeit: Die auf eine Auslandstätigkeit entfallenden Werbungskosten, die nicht eindeutig den steuerfreien oder steuerpflichtigen Bezügen zugeordnet werden können, sind regelmäßig zu dem Teil nicht abziehbar, der dem Verhältnis der steuerfreien Einnahmen zu den Gesamteinnahmen während der Auslandstätigkeit entspricht.[557]

Auslandsgruppenreise:

- Aufwendungen für Reisen, die der beruflichen Fortbildung dienen, sind als Werbungskosten abziehbar, wenn sie unmittelbar beruflich veranlasst sind (z. B. das Aufsuchen eines Kunden des Arbeitgebers, das Halten eines Vortrags auf einem Fach-

554 H 9.1 „Aufteilung von Aufwendungen bei mehreren Einkunftsarten" LStH mit Verweis auf BFH, Urteil v. 10.6.2008 - VIII R 76/05, BStBl 2008 II S. 937 NWB DAAAC-89513.

555 R 9.2 LStR.

556 H 9.1 „Ausgleichszahlungen" LStH mit Verweis auf BFH, Urteil v. 19.10.2016 - VI R 22/14, BStBl 2017 II S. 999.

557 H 9.1 „Auslandstätigkeit" LStH mit Verweis auf BFH, Urteil v. 11.2.1993 - VI R 66/91, BStBl 1993 II S. 450, und BFH, Urteil v. 11.2.2009 - I R 25/08, BStBl 2010 II S. 536.

kongress oder die Durchführung eines Forschungsauftrags) und die Verfolgung privater Interessen nicht den Schwerpunkt der Reise bildet.[558]

- Ein unmittelbarer beruflicher Anlass liegt nicht vor, wenn der Arbeitnehmer mit der Teilnahme an der Auslandsgruppenreise eine allgemeine Verpflichtung zur beruflichen Fortbildung erfüllt oder die Reise von einem Fachverband angeboten wird.[559]

Auslands- und Praxissemester: Sieht die Studienordnung einer Universität vor, dass Studierende einen Teil des Studiums an einer anderen (weiteren) Hochschule (hier Auslandssemester) absolvieren können bzw. müssen, wird an der anderen Hochschule keine weitere erste Tätigkeitsstätte i.S. des §9 Abs.4 Satz8 EStG begründet. Studierende können daher Unterkunftskosten und Verpflegungsmehraufwendungen, die durch den Besuch der anderen Hochschule veranlasst sind, nach Maßgabe des §9 Abs.1 Satz3 Nr.5a und Abs.4a EStG als vorab entstandene Werbungskosten geltend machen. Entsprechendes gilt in der Regel auch für Studierende, die im Rahmen ihres Studiums ein Praxissemester oder Praktikum ableisten können bzw. müssen und dabei ein Dienstverhältnis begründen.[560]

Berufskleidung: Aufwendungen für die Reinigung von typischer Berufskleidung[561] in einer privaten Waschmaschine sind als Werbungskosten abziehbar. Hierzu gehören neben den unmittelbaren Kosten des Waschvorgangs (Wasser- und Energiekosten, Wasch- und Spülmittel) auch die Aufwendungen im Zusammenhang mit der Abnutzung sowie Instandhaltung und Wartung der für die Reinigung eingesetzten Waschmaschine. Die Aufwendungen können ggf. geschätzt werden.[562]

Berufskrankheit: Aufwendungen zur Wiederherstellung der Gesundheit können dann beruflich veranlasst sein, wenn es sich um eine typische Berufskrankheit handelt oder der Zusammenhang zwischen der Erkrankung und dem Beruf eindeutig feststeht.[563]

---

558 H 9.2 „Auslandsgruppenreise" 1. Spiegelstrich LStH mit Verweis auf BFH, Beschluss v. 21.9.2009 - GrS 1/06, BStBl 2010 II S.672.

559 H 9.2 „Auslandsgruppenreise" 2. Spiegelstrich LStH mit Verweis auf BFH, Urteil v. 19.1.2012 - VI R 3/11, BStBl 2012 II S.416 NWB FAAAE-06369. Zur Abgrenzung gegenüber der konkreten beruflichen Verpflichtung zur Reiseteilnahme vgl. BFH, Urteil v. 9.12.2010 - VI R 42/09, BStBl 2011 II S.522 NWB LAAAD-78889, und zur Aufteilung gemischt veranlasster Aufwendungen bei auch beruflicher Veranlassung der Auslandsgruppenreise beachte H 9.1 „Gemischte Aufwendungen" LStH.

560 BFH, Urteil v. 14.5.2020 - VI R 3/18, BStBl 2021 II S.302 NWB WAAAH-64499.

561 Zur typischen Berufskleidung gehören Kleidungsstücke, die als Arbeitsschutzkleidung auf die jeweils ausgeübte Berufstätigkeit zugeschnitten sind oder nach ihrer z.B. uniformartigen Beschaffenheit oder dauerhaft angebrachten Kennzeichnung durch Firmenemblem objektiv eine berufliche Funktion erfüllen, wenn ihre private Nutzung so gut wie ausgeschlossen ist. Normale Schuhe und Unterwäsche sind z.B. keine typische Berufskleidung (R 3.31 Abs.1 Satz3 und 4 LStR).

562 H 9.12 „Berufskleidung" 2. Spiegelstrich LStH mit Verweis auf BFH, Urteil v. 29.6.1993 - VI R 77/91, BStBl 1993 II S.837 NWB BAAAA-94669 (Reinigung von Diensthemden eines Polizeibeamten), und BFH, Urteil v. 29.6.1993 - VI R 53/92, BStBl 1993 II S.838 NWB YAAAA-94670.

563 H 9.1 „Berufskrankheit" LStH mit Verweis auf BFH, Urteil v. 11.7.2013 - VI R 37/12, BStBl 2013 II S.815 NWB LAAAE-43796.

Berufsverband:

- Ehrenamtliche Tätigkeit: Aufwendungen eines Arbeitnehmers im Zusammenhang mit einer ehrenamtlichen Tätigkeit für seine Gewerkschaft oder seinen Berufsverband können Werbungskosten sein;[564]
- Mitgliedsbeiträge an einen Interessenverband: s. u.;
- Reiseaufwendungen für einen Berufsverband: Reiseaufwendungen eines Arbeitnehmers im Zusammenhang mit einer ehrenamtlichen Tätigkeit für seine Gewerkschaft oder seinen Berufsverband sind keine Werbungskosten, wenn der Schwerpunkt der Reise allgemeintouristischen Zwecken dient.[565]

Beteiligung am Arbeitgeberunternehmen:

- Aufwendungen eines Arbeitnehmers zum Erwerb einer Beteiligung an seinem (ggf. künftigen) Arbeitgeber sind regelmäßig auch dann nicht als (vorab entstandene) Werbungskosten bei den Einkünften aus nichtselbständiger Arbeit abzugsfähig, wenn die Zahlung Voraussetzung für den Abschluss des Anstellungsvertrags ist.[566]
- Schuldzinsen für Darlehen, mit denen Arbeitnehmer den Erwerb von Gesellschaftsanteilen an ihrer Arbeitgeberin finanzieren, um damit die arbeitsvertragliche Voraussetzung für die Erlangung einer höher dotierten Position zu erfüllen, sind regelmäßig nicht bei den Einkünften aus nichtselbständiger Arbeit als Werbungskosten zu berücksichtigen.[567]

Bewirtungskosten:

- Aufwendungen für die Feier eines Arbeitnehmers anlässlich eines persönlichen Ereignisses (z. B. Geburtstag) sind regelmäßig auch durch die gesellschaftliche Stellung veranlasst und nicht als Werbungskosten abziehbar.[568] Allerdings kann sich trotz des herausgehobenen persönlichen Ereignisses aus den übrigen Umständen des einzelnen Falls ergeben, dass die Kosten für eine solche Feier ausnahmsweise ganz oder teilweise beruflich veranlasst sind.[569]

---

564 H 9.3 „Ehrenamtliche Tätigkeit“ LStH mit Verweis auf BFH, Urteil v. 28.11.1980 - VI R 193/77, BStBl 1981 II S. 368 NWB PAAAA-91614, und BFH, Urteil v. 2.10.1992 - VI R 11/90, BStBl 1993 II S. 53 NWB ZAAAA-94528.

565 H 9.3 „Reiseaufwendungen für einen Berufsverband“ LStH mit Verweis auf BFH, Urteil v. 25.3.1993 - VI R 14/90, BStBl 1993 II S. 559 NWB PAAAA-94540.

566 H 9.1 „Beteiligung am Arbeitgeberunternehmen“ 1. Spiegelstrich LStH mit Verweis auf BFH, Urteil v. 17.5.2017 - VI R 1/16, BStBl 2017 II S. 1073 NWB XAAAG-56542.

567 H 9.1 „Beteiligung am Arbeitgeberunternehmen“ 2. Spiegelstrich LStH mit Verweis auf BFH, Urteil v. 5.4.2006 - IX R 111/00, BStBl 2006 II S. 654 NWB IAAAB-89789.

568 H 9.1 „Bewirtungskosten“ 1. Spiegelstrich LStH mit Verweis auf BFH, Beschluss v. 19.2.1993 - VI B 137/92, BStBl 1993 II S. 403 NWB BAAAA-94468, und BFH, Urteil v. 15.7.1994 - VI R 70/93, BStBl 1994 II S. 896 NWB FAAAA-95054.

569 H 9.1 „Bewirtungskosten“ 1. Spiegelstrich LStH mit Verweis auf BFH, Urteil v. 10.11.2016 - VI R 7/16, BStBl 2017 II S. 409 NWB SAAAF-89564.

- Bewirtungskosten, die einem Offizier für einen Empfang aus Anlass der Übergabe der Dienstgeschäfte (Kommandoübergabe) und der Verabschiedung in den Ruhestand entstehen, können als Werbungskosten zu berücksichtigen sein.[570]
- Bewirtungskosten eines angestellten Geschäftsführers mit variablen Bezügen anlässlich einer ausschließlich für Betriebsangehörige im eigenen Garten veranstalteten Feier zum 25-jährigen Dienstjubiläum können Werbungskosten sein.[571]
- Beruflich veranlasste Bewirtungskosten können ausnahmsweise auch dann vorliegen, wenn der Arbeitnehmer nicht variabel vergütet wird.[572]
- Aufwendungen für eine betriebsinterne Feier anlässlich eines berufsbezogenen Ereignisses (z. B. Dienstjubiläum) können (nahezu) ausschließlich beruflich veranlasst und damit als Werbungskosten zu berücksichtigen sein, wenn der Arbeitnehmer die Gäste nach abstrakten berufsbezogenen Kriterien einlädt.[573]
- Bewirtungskosten sind nur zu 70 % als Werbungskosten abzugsfähig (§ 4 Abs. 5 Satz 1 Nr. 2 EStG i. V. mit § 9 Abs. 5 EStG). Diese Abzugsbeschränkung gilt nur, wenn der Arbeitnehmer Bewirtender ist.[574] Sie gilt nicht, wenn der Arbeitnehmer nur Arbeitnehmer des eigenen Arbeitgebers bewirtet.[575]

Brille: Aufwendungen für die Anschaffung einer Brille, die zur Korrektur einer Sehschwäche dient, sind selbst dann nicht als Werbungskosten abziehbar, wenn die Brille ausschließlich am Arbeitsplatz (Bildschirmtätigkeit) getragen wird.[576]

Bürgerliche Kleidung: Aufwendungen für bürgerliche Kleidung sind auch bei außergewöhnlich hohen Aufwendungen nicht als Werbungskosten abziehbar.[577]

Bürgschaftsverpflichtung:

- Tilgungskosten aus einer Bürgschaftsverpflichtung durch den Arbeitnehmer einer Gesellschaft können zu Werbungskosten bei den Einkünften aus nichtselbständiger

570 H 9.1 „Bewirtungskosten" 2. Spiegelstrich LStH mit Verweis auf BFH, Urteil v. 11.1.2007 - VI R 52/03, BStBl 2007 II S. 317 NWB KAAAC-37749.

571 H 9.1 „Bewirtungskosten" 3. Spiegelstrich LStH mit Verweis auf BFH, Urteil v. 1.2.2007 - VI R 25/03, BStBl 2007 II S. 459 NWB WAAAC-40372.

572 H 9.1 „Bewirtungskosten" 4. Spiegelstrich LStH mit Verweis auf BFH, Urteil v. 24.5.2007 - VI R 78/04, BStBl 2007 II S. 721 NWB IAAAC-49684.

573 H 9.1 „Bewirtungskosten" 5. Spiegelstrich LStH mit Verweis auf BFH, Urteil v. 20.1.2016 - VI R 24/15, BStBl 2016 II S. 744 NWB XAAAF-78707.

574 H 9.1 „Bewirtungskosten" 6. Spiegelstrich LStH mit Verweis auf BFH, Urteil v. 19.6.2008 - VI R 48/07, BStBl 2008 II S. 870 NWB YAAAC-86791.

575 H 9.1 „Bewirtungskosten" 6. Spiegelstrich LStH mit Verweis auf BFH, Urteil v. 19.6.2008 - VI R 33/07, BStBl 2009 II S. 11 NWB ZAAAC-92244.

576 BFH, Urteil v. 23.10.1992 - VI R 31/92, BStBl 1993 II S. 193. Für einen Rechtsprechungsüberblick zur steuerlichen Abzugsfähigkeit von Brillen beachte zudem Trinks/Trinks, NWB 33/2021 S. 2445.

577 H 9.1 „Bürgerliche Kleidung" LStH mit Verweis auf BFH, Urteil v. 6.7.1989 - IV R 91-92/87, BStBl 1990 II S. 49 NWB SAAAA-93246.

Arbeit führen, wenn eine Gesellschafterstellung zwar vereinbart, aber nicht zustande gekommen ist.[578]

- Erwerbsaufwand ist den Einkünften zuzurechnen, mit denen der engere und wirtschaftlich vorrangige Veranlassungszusammenhang besteht. Es kann nicht ausgeschlossen werden, dass auch im Fall einer gegenwärtig ausgeübten Erwerbstätigkeit die Inanspruchnahme aus einer Bürgschaftsverpflichtung wirtschaftlich vorrangig durch eine zunächst nur angestrebte andere Erwerbstätigkeit veranlasst und dementsprechend dieser zuzurechnen ist. Eine solche Zurechnung setzt allerdings voraus, dass diese künftige Erwerbstätigkeit schon hinreichend konkret feststeht; nur dann kann zwischen dieser und den Aufwendungen auch ein hinreichend konkreter und objektiv feststellbarer Veranlassungszusammenhang bestehen, der eine entsprechende Zurechnung rechtfertigt.[579]

Dienststrafverfahren: Aufwendungen eines Beamten in einem Dienststrafverfahren, z. B. die Gerichtskosten und Anwaltskosten, sind Werbungskosten; nicht aber eine Geldbuße.[580]

Doppelte Haushaltsführung: Notwendige Mehraufwendungen, die einem Arbeitnehmer wegen einer beruflich veranlassten doppelten Haushaltsführung entstehen, sind Werbungskosten (§ 9 Abs. 1 Satz 3 Nr. 5 Satz 1 EStG sowie Kap. 3.2.5).

Deutschkurs: Aufwendungen eines in Deutschland lebenden Ausländers für das Erlernen der deutschen Sprache gehören regelmäßig auch dann zu den nicht abziehbaren Kosten der Lebensführung, wenn ausreichende Deutschkenntnisse für einen angestrebten Ausbildungsplatz förderlich sind.[581]

Diensthund: Die Aufwendungen eines Polizei-Hundeführers für den ihm anvertrauten Diensthund sind Werbungskosten.[582]

578 H 9.1 „Bürgschaftsverpflichtung“ 1. Spiegelstrich LStH mit Verweis auf BFH, Urteil v. 16.11.2011 - VI R 97/10, BStBl 2012 II S. 343 NWB JAAAD-99938.

579 H 9.1 „Bürgschaftsverpflichtung“ 2. Spiegelstrich LStH mit Verweis auf BFH, Urteil v. 8.7.2015 - VI R 77/14, BStBl 2016 II S. 60 NWB CAAAF-07660, und BFH, Urteil v. 3.9.2015 - VI R 58/13, BStBl 2016 II S. 305 NWB LAAAF-49314.

580 BFH, Urteil v. 25.8.1961 - VI 99/59 S, BStBl 1961 III S. 482 NWB ZAAAB-48024.

581 H 9.2 „Deutschkurs“ LStH mit Verweis auf BFH, Urteil v. 15.3.2007 - VI R 14/04, BStBl 2007 II S. 814 NWB WAAAC-49140.

582 H 9.12 „Diensthund“ LStH mit Verweis auf BFH, Urteil v. 30.6.2010 - VI R 45/09, BStBl 2011 II S. 45 NWB CAAAD-53123.

Einbürgerung: Aufwendungen für die Einbürgerung sind nicht als Werbungskosten abziehbar.[583]

Ernährung: Aufwendungen für die Ernährung am Ort der ersten Tätigkeitsstätte sind auch dann nicht als Werbungskosten abziehbar, wenn der Arbeitnehmer berufsbedingt arbeitstäglich überdurchschnittlich oder ungewöhnlich lange von seiner Wohnung abwesend ist.[584]

Erziehungsurlaub/Elternzeit: Aufwendungen während eines Erziehungsurlaubs/einer Elternzeit können vorab entstandene Werbungskosten sein. Der berufliche Verwendungsbezug ist darzulegen, wenn er sich nicht bereits aus den Umständen von Umschulungs- oder Qualifizierungsmaßnahmen ergibt.[585]

Fachbücher und Fachzeitschriften: Bücher und Zeitschriften sind Arbeitsmittel, wenn sichergestellt ist, dass die erworbenen Bücher und Zeitschriften ausschließlich oder ganz überwiegend beruflichen Zwecken dienen. Die allgemeinen Grundsätze zur steuerlichen Behandlung von Arbeitsmitteln gelten auch, wenn zu entscheiden ist, ob Bücher als Arbeitsmittel eines Lehrers zu würdigen sind. Die Eigenschaft eines Buchs als Arbeitsmittel ist bei einem Lehrer nicht ausschließlich danach zu bestimmen, in welchem Umfang der Inhalt eines Schriftwerks in welcher Häufigkeit Eingang in den abgehaltenen Unterricht gefunden hat. Auch die Verwendung der Literatur zur Unterrichtsvorbereitung oder die Anschaffung von Büchern und Zeitschriften für eine Unterrichtseinheit, die nicht abgehalten worden ist, kann eine ausschließlich oder zumindest weitaus überwiegende berufliche Nutzung der Literatur begründen.[586]

Fachkongress: Aufwendungen für Fachkongresse können als Werbungskosten bei den Einkünften aus nichtselbständiger Arbeit abziehbar sein, wenn ein konkreter Zusammenhang mit der Berufstätigkeit besteht. Dies ist im Rahmen einer Gesamtwürdigung aller Umstände des Einzelfalls zu bestimmen.[587]

Fahrtkosten (Aufwendungen für Wege zwischen Wohnung und erster Tätigkeitsstätte; Entfernungspauschale):

583 H 9.1 „Einbürgerung" LStH mit Verweis auf BFH, Urteil v. 18.5.1984 - VI R 130/80, BStBl 1984 II S. 588 NWB CAAAA-91961. Dies etwa hervorhebend: BFH, Urteil v. 18.5.1984 - VI R 130/80, BStBl 1984 II S. 588 NWB CAAAA-91961: Einbürgerungskosten einer französischen Staatsangehörigen, die den Erwerb der deutschen Staatsangehörigkeit begehrt, um ins deutsche Beamtenverhältnis aufgenommen zu werden, sind Kosten der allgemeinen Lebensführung.

584 H 9.1 „Ernährung" LStH mit Verweis auf BFH, Urteil v. 21.1.1994 - VI R 112/92, BStBl 1994 II S. 418 NWB VAAAA-94846.

585 H 9.1 „Erziehungsurlaub/Elternzeit" LStH mit Verweis auf BFH, Urteil v. 22.7.2003 - VI R 137/99, BStBl 2004 II S. 888 NWB KAAAA-71924.

586 H 9.12 „Fachbücher und Fachzeitschriften" LStH mit Verweis auf BFH, Urteil v. 20.5.2010 - VI R 53/09, BStBl 2011 II S. 723 NWB NAAAD-41327.

587 BFH, Urteil v. 11.1.2007 - VI R 8/05, BStBl 2007 II S. 457 NWB SAAAC-38218.

- Allgemeine Grundsätze: BMF, Schreiben v. 18.11.2021 - IV C 5 - S 2351/20/10001 :002, BStBl 2021 I S. 2315, sowie Kap. 3.2.3.
- Bei Antritt einer Auswärtstätigkeit von der ersten Tätigkeitsstätte: Hat der Arbeitnehmer eine erste Tätigkeitsstätte, ist die Entfernungspauschale auch dann anzusetzen, wenn der Arbeitnehmer seine erste Tätigkeitsstätte aufsucht, um von dort eine Auswärtstätigkeit anzutreten.[588]
- Bei einfacher Fahrt: Die Entfernungspauschale für Wege zwischen Wohnung und erster Tätigkeitsstätte gilt arbeitstäglich zwei Wege (einen Hin- und einen Rückweg) ab. Legt ein Arbeitnehmer nur einen Weg zurück, so ist nur die Hälfte der Entfernungspauschale je Entfernungskilometer und Arbeitstag als Werbungskosten zu berücksichtigen. Dies gilt, wenn sich z. B. an die Hinfahrt eine Auswärtstätigkeit anschließt, die an der Wohnung des Arbeitnehmers endet,[589] wenn Hin- und Rückfahrt sich auf unterschiedliche Wohnungen beziehen[590] oder wenn die Rückfahrt erst an einem späteren Tag erfolgt.[591]
- Bei mehreren ersten Tätigkeitsstätten: Zum Ansatz der Entfernungspauschale bei mehreren ersten Tätigkeitsstätten in mehreren Dienstverhältnissen beachte BMF, Schreiben v. 18.11.2021 - IV C 5 - S 2351/20/10001 :002, BStBl 2021 I S. 2319, Rz. 24.
- Bei Nutzung verschiedener Verkehrsmittel: BMF, Schreiben v. 18.11.2021 - IV C 5 - S 2351/20/10001 :002, BStBl 2021 I S. 2318 f., Rz. 20 ff.
- Zu einem bestimmten Sammelpunkt: § 9 Abs. 1 Satz 3 Nr. 4a Satz 3 EStG und BMF, Schreiben v. 25.11.2020 - IV C 5 - S 2353/19/10011 :006, BStBl 2020 I S. 1236, Rz. 38 ff.[592]
- Zu einem weiträumigen Tätigkeitsgebiet: § 9 Abs. 1 Satz 3 Nr. 4a Satz 3 und BMF, Schreiben v. 25.11.2020 - IV C 5 - S 2353/19/10011 :006, BStBl 2020 I S. 1236 f., Rz. 41 ff.[593]

588 H 9.10 „Fahrtkosten" 1. Spiegelstrich LStH mit Verweis auf BFH, Urteil v. 18.1.1991 - VI R 132/86, BStBl 1991 II S. 408 NWB VAAAA-93634.

589 H 9.10 „Fahrtkosten" 2. Spiegelstrich LStH mit Verweis auf BFH, Urteil v. 9.12.1988 - VI R 199/84, BStBl 1989 II S. 296 NWB KAAAA-92790.

590 Vgl. BFH, Urteil v. 9.12.1988 - VI R 199/84, BStBl 1989 II S. 296 NWB KAAAA-92790.

591 Vgl. BFH, Urteil v. 12.2.2020 - VI R 42/17, BStBl 2020 II S. 473 NWB MAAAH-50692, und insgesamt H 9.10 „Fahrtkosten" 2. Spiegelstrich LStH.

592 Die Anwendung der Entfernungspauschale setzt typischerweise arbeitstägliches (nicht fahrtägliches) dauerhaftes Aufsuchen eines vom Arbeitgeber festgelegten Sammelpunkts voraus. BFH, Urteil v. 19.4.2021 - VI R 6/19, BStBl 2021 II S. 727 NWB RAAAH-87117.

593 Ein Tätigwerden in einem weiträumigen Tätigkeitsgebiet liegt nur vor, wenn der Arbeitnehmer die vertraglich vereinbarte Arbeitsleistung auf einer festgelegten Fläche und nicht innerhalb einer ortsfesten betrieblichen Einrichtung des Arbeitgebers, eines verbundenen Unternehmens (§ 15 AktG) oder bei einem vom Arbeitgeber bestimmten Dritten auszuüben hat. So BFH, Urteil v. 15.2.2023 - VI R 4/21, BStBl 2023 II S. 829 NWB VAAAJ-41076.

- Leasingsonderzahlung: Durch die Entfernungspauschale wird auch eine Leasingsonderzahlung abgegolten.[594]
- Leerfahrten: Wird ein Arbeitnehmer im eigenen Kfz von einem Dritten zu seiner ersten Tätigkeitsstätte gefahren oder wieder abgeholt, so sind die sogenannten Leerfahrten selbst dann nicht zu berücksichtigen, wenn die Fahrten wegen schlechter öffentlicher Verkehrsverhältnisse erforderlich sind.[595]
- Mehrere Wege an einem Arbeitstag: Die Entfernungspauschale kann für die Wege zu derselben ersten Tätigkeitsstätte für jeden Arbeitstag nur einmal angesetzt werden.[596] Die Abgeltungswirkung der Entfernungspauschale greift auch dann ein, wenn wegen atypischer Dienstzeiten Wege zwischen Wohnung und erster Tätigkeitsstätte zweimal arbeitstäglich erfolgen.[597]
- Parkgebühren: Nach §9 Abs.2 Satz1 EStG sind durch die Entfernungspauschale sämtliche Aufwendungen abgegolten, die durch die Wege zwischen Wohnung und erster Tätigkeitsstätte und Familienheimfahrten entstehen. Dies gilt z.B. auch für Parkgebühren beim Abstellen des Kraftwagens während der Arbeitszeit, für Finanzierungskosten, Beiträge für Kraftfahrerverbände, Versicherungsbeiträge für einen Insassenunfallschutz, Aufwendungen infolge von Diebstahl sowie für die Kosten eines Austauschmotors anlässlich eines Motorschadens auf einer Fahrt zwischen Wohnung und erster Tätigkeitsstätte oder einer Familienheimfahrt.[598]
- Park and Ride: Arbeitnehmer legen die Wege zwischen Wohnung und erster Tätigkeitsstätte oftmals auf unterschiedliche Weise zurück, d.h., für eine Teilstrecke wird der Kraftwagen und für die weitere Teilstrecke öffentliche Verkehrsmittel benutzt (Park and Ride) oder es wird für einen Teil des Jahres der eigene Kraftwagen und für den anderen Teil öffentliche Verkehrsmittel benutzt. In derartigen Mischfällen ist zunächst die maßgebende Entfernung anhand der kürzesten Straßenverbindung der Ge-

594 H 9.10 „Leasingsonderzahlung" LStH mit Verweis auf BFH, Urteil v. 15.4.2010 - VI R 20/08, BStBl 2010 II S.805 NWB WAAAD-45427.

595 H 9.10 „Leerfahrten" 1. Spiegelstrich LStH mit Verweis auf BFH, Urteil v. 7.4.1989 - VI R 176/85, BStBl 1989 II S.360. Hinsichtlich etwaiger Leerfahrten bei Menschen mit Behinderungen i.S. des §9 Abs.2 Satz3 EStG beachte R 9.10 Abs.3 LStR; H 9.10 „Menschen mit Behinderung" LStH und Kap. 3.2.3.

596 BMF, Schreiben v. 18.11.2021 - IV C 5 - S 2351/20/10001 :002, BStBl 2021 I S.2319, Rz.23 NWB SAAAH-95221.

597 H 9.10 „Mehrere Wege an einem Arbeitstag" 2. Spiegelstrich LStH mit Verweis auf BFH, Beschluss v. 11.9.2003 - VI B 101/03, BStBl 2003 II S.893 NWB NAAAA-71910.

598 BMF, Schreiben v. 18.11.2021 - IV C 5 - S 2351/20/10001 :002, BStBl 2021 I S.2321, Rz.30 NWB SAAAH-95221.

samtstrecke von der Wohnung zur ersten Tätigkeitsstätte zu ermitteln. Diese ist im nächsten Schritt in die Teilstrecken der jeweiligen Verkehrsmittel aufzuteilen.[599]

- Taxikosten: Ein im Gelegenheitsverkehr genutztes Taxi ist kein öffentliches Verkehrsmittel i. S. des § 9 Abs. 2 Satz 2 EStG. Aufwendungen für Fahrten zwischen Wohnung und erster Tätigkeitsstätte können daher lediglich i. H. der Entfernungspauschale gemäß § 9 Abs. 1 Satz 3 Nr. 4 Satz 2 und 8 EStG als Werbungskosten berücksichtigt werden.[600]
- Unfallschaden: Neben der Entfernungspauschale können nur Aufwendungen berücksichtigt werden für die Beseitigung von Unfallschäden bei einem Verkehrsunfall:
  1. auf der Fahrt zwischen Wohnung und erster Tätigkeitsstätte,[601]
  2. auf einer Umwegfahrt zum Betanken des Fahrzeugs,[602]
  3. unter einschränkenden Voraussetzungen auf einer Leerfahrt des Ehegatten bzw. Lebenspartners zwischen der Wohnung und der Haltestelle eines öffentlichen Verkehrsmittels oder auf der Abholfahrt des Ehegatten bzw. Lebenspartners,[603]
  4. auf einer Umwegstrecke zur Abholung der Mitfahrer einer Fahrgemeinschaft unabhängig von der Gestaltung der Fahrgemeinschaft.[604]

  Zu den berücksichtigungsfähigen Unfallkosten gehören auch Schadensersatzleistungen, die der Arbeitnehmer unter Verzicht auf die Inanspruchnahme seiner gesetzlichen Haftpflichtversicherung selbst getragen hat.[605] Nicht berücksichtigungsfähig sind dagegen

599 BMF, Schreiben v. 18.11.2021 - IV C 5 - S 2351/20/10001 :002, BStBl 2021 I S. 2318, Rz. 20 und im Weiteren dazu Rz. 21 NWB SAAAH-95221: Die Teilstrecke, die mit dem eigenen Kraftwagen zurückgelegt wird, ist in voller Höhe (bzw. unter Berücksichtigung der verkehrsgünstigeren Strecke) anzusetzen. Der verbleibende Teil der maßgebenden Entfernung ist die Teilstrecke, die auf öffentliche Verkehrsmittel entfällt. Die anzusetzende Entfernungspauschale ist sodann für die Teilstrecke und Arbeitstage zu ermitteln, an denen der Arbeitnehmer seinen eigenen oder ihm zur Nutzung überlassenen Kraftwagen eingesetzt hat. Anschließend ist die anzusetzende Entfernungspauschale für die Teilstrecke und Arbeitstage zu ermitteln, an denen der Arbeitnehmer öffentliche Verkehrsmittel benutzt. Beide Beträge ergeben die insgesamt anzusetzende Entfernungspauschale, sodass auch in Mischfällen ein höherer Betrag als 4.500 € angesetzt werden kann.

600 H 9.10 „Taxikosten" LStH mit Verweis auf BFH, Urteil v. 9.6.2022 - VI R 26/20, BStBl 2023 II S. 43 NWB EAAAJ-25544.

601 Vgl. BFH, Urteil v. 23.6.1978 - VI R 133/76, BStBl 1978 II S. 457 NWB VAAAA-91330, und BFH, Urteil v. 14.7.1978 - VI R 158/76, BStBl 1978 II S. 553.

602 Vgl. BFH, Urteil v. 11.10.1984 - VI R 48/81, BStBl 1985 II S. 10 NWB FAAAA-91999.

603 Vgl. BFH, Urteil v. 26.6.1987 - VI R 124/83, BStBl 1987 II S. 818 NWB WAAAA-92439, und BFH, Urteil v. 11.2.1993 - VI R 82/92, BStBl 1993 II S. 518 NWB XAAAA-94520.

604 Vgl. BFH, Urteil v. 11.7.1980 - VI R 55/79, BStBl 1980 II S. 655 NWB HAAAB-01999, sowie insgesamt H 9.10 „Unfallschäden" LStH.

605 H 9.10 „Berücksichtigungsfähige Unfallkosten" LStH.

1. die in den Folgejahren erhöhten Beiträge für die Haftpflicht- und Fahrzeugversicherung, wenn die Schadensersatzleistungen von dem Versicherungsunternehmen erbracht worden sind,[606]
2. Finanzierungskosten, und zwar auch dann, wenn die Kreditfinanzierung des Fahrzeugs wegen Verlusts eines anderen Kfz auf einer Fahrt von der Wohnung zur ersten Tätigkeitsstätte erforderlich geworden ist,[607]
3. der sogenannte merkantile Minderwert eines reparierten und weiterhin benutzten Fahrzeugs[608] sowie
4. Reparaturaufwendungen infolge der Falschbetankung eines Kfz auf der Fahrt zwischen Wohnung und erster Tätigkeitsstätte sowie auf Fahrten nach § 9 Abs. 1 Satz 3 Nr. 4a Satz 3 EStG.[609]

Fortbildung:[610]

- Aufwendungen von Führungskräften für Seminare zur Persönlichkeitsentfaltung können Werbungskosten sein.[611]
- Aufwendungen einer leitenden Redakteurin zur Verbesserung beruflicher Kommunikationsfähigkeit sind Werbungskosten.[612]
- Aufwendungen für den Erwerb des Verkehrsflugzeugführerscheins inklusive Musterberechtigung können vorab entstandene Werbungskosten sein.[613] Die Aufwendungen für den Erwerb des Privatflugzeugführerscheins führen regelmäßig nicht zu Werbungskosten.[614] Bei einer durchgehenden Ausbildung zum Verkehrsflugzeugführer sind aber auch die Aufwendungen für den Erwerb des Privatflugzeugführerscheins als Werbungskosten abziehbar.[615]

606 Vgl. BFH, Urteil v. 11.7.1986 - VI R 39/83, BStBl 1986 II S. 866 NWB GAAAA-92252.

607 Vgl. BFH, Urteil v. 1.10.1982 - VI R 192/79, BStBl 1983 II S. 17 NWB PAAAA-91799.

608 Vgl. BFH, Urteil v. 31.1.1992 - VI R 57/88, BStBl 1992 II S. 401 NWB TAAAA-94060.

609 Vgl. BFH, Urteil v. 20.3.2014 - VI R 29/13, BStBl 2014 II S. 849 NWB OAAAE-67846, und insgesamt dazu: H 9.10 „Nicht berücksichtigungsfähig sind dagegen" LStH. Auch die Folgen von Verkehrsunfällen auf einer Probefahrt (BFH, Urteil v. 23.6.1978 - VI R 133/76, BStBl 1978 II S. 457 NWB VAAAA-91330) oder einer Fahrt unter Alkoholeinfluss (BFH, Urteil v. 6.4.1984 - VI R 103/79, BStBl 1984 II S. 434 NWB FAAAA-91934) sind nicht berücksichtigungsfähig.

610 Vgl. dazu H 9.2 „Fortbildung" LStH und zur Kürzung des Werbungskostenabzugs bei steuerfreien Leistungen aus einem Stipendium beachte BFH, Urteil v. 29.9.2022 - VI R 34/20, BStBl 2023 II S. 142 NWB HAAAJ-26045.

611 BFH, Urteil v. 28.8.2008 - VI R 35/05, BStBl 2009 II S. 108 NWB RAAAC-94782.

612 BFH, Urteil v. 28.8.2008 - VI R 44/04, BStBl 2009 II S. 106 NWB BAAAC-94783.

613 BFH, Urteil v. 27.10.2011 - VI R 52/10, BStBl 2012 II S. 825 NWB JAAAD-98389.

614 BFH, Urteil v. 27.5.2003 - VI R 85/02, BStBl 2005 II S. 202 NWB KAAAB-13782

615 BFH, Urteil v. 30.9.2008 - VI R 4/07, BStBl 2009 II S. 111 NWB DAAAC-95293.

Fremdsprachenunterricht:[616]

- Der Abzug der Aufwendungen für einen Sprachkurs kann nicht mit der Begründung versagt werden, er habe in einem anderen Mitgliedstaat der Europäischen Union stattgefunden.[617] Dies gilt auch für Staaten, auf die das Abkommen über den Europäischen Wirtschaftsraum Anwendung findet (Island, Liechtenstein, Norwegen), und wegen eines bilateralen Abkommens, das die Dienstleistungsfreiheit festschreibt, auch für die Schweiz.[618]
- Ein Sprachkurs kann auch dann beruflich veranlasst sein, wenn er nur Grundkenntnisse oder allgemeine Kenntnisse in einer Fremdsprache vermittelt, diese aber für die berufliche Tätigkeit ausreichen. Die Kursgebühren sind dann als Werbungskosten abziehbar. Der Ort, an dem der Sprachkurs durchgeführt wird, kann ein Indiz für eine private Mitveranlassung sein. Die Reisekosten sind dann in Werbungskosten und Kosten der privaten Lebensführung aufzuteilen.[619] Dabei kann auch ein anderer als der zeitliche Aufteilungsmaßstab anzuwenden sein.[620]
- Aufwendungen für eine zur Erteilung von Fremdsprachenunterricht in den eigenen Haushalt aufgenommene Lehrperson sind selbst bei einem konkreten Bezug zur Berufstätigkeit keine Fortbildungskosten.[621]

Geldauflagen: Geldauflagen sind nicht als Werbungskosten abziehbar, soweit die Auflagen nicht der Wiedergutmachung des durch die Tat verursachten Schadens dienen.[622]

Geldbußen: Geldbußen sind nicht als Werbungskosten abziehbar.[623]

Geschenke: Geschenke eines Arbeitnehmers anlässlich persönlicher Feiern sind nicht als Werbungskosten abziehbar.[624]

Habilitation: Die Aufwendungen, die ein wissenschaftlicher Assistent an einer Hochschule für seine Habilitation tätigt, sind Werbungskosten.[625]

---

616 H 9.2 „Fremdsprachenunterricht“ LStH.

617 BFH, Urteil v. 13.6.2002 - VI R 168/00, BStBl 2003 II S. 765 NWB SAAAA-69309.

618 BMF, Schreiben v. 26.9.2003 - IV A 5 - S 2227 - 1/03, BStBl 2003 I S. 447 NWB TAAAB-15172.

619 Beachte dazu H 9.1 „Gemischte Aufwendungen“ LStH.

620 BFH, Urteil v. 24.2.2011 - VI R 12/10, BStBl 2011 II S. 796 NWB PAAAD-83210.

621 BFH, Urteil v. 8.10.1993 - VI R 10/90, BStBl 1994 II S. 114 NWB HAAAA-94709.

622 H 9.1 „Erziehungsurlaub/Elternzeit“ LStH mit Verweis auf BFH, Urteil v. 22.7.2008 - VI R 47/06, BStBl 2009 II S. 151 NWB XAAAC-96361, und BFH, Urteil v. 15.1.2009 - VI R 37/06, BStBl 2010 II S. 111 NWB ZAAAD-18521.

623 H 9.1 „Geldbußen“ LStH mit Verweis auf BFH, Urteil v. 22.7.2008 - VI R 47/06, BStBl 2009 II S. 151 NWB XAAAC-96361.

624 H 9.1 „Geschenke“ LStH mit Verweis auf BFH, Urteil v. 1.7.1994 - VI R 67/93, BStBl 1993 II S. 273 NWB RAAAA-95157.

625 BFH, Urteil v. 7.8.1967 - VI R 25/67, BStBl 1967 III S. 778 NWB YAAAA-90357.

Haftungsschulden eines angestellten Geschäftsführers: Aufwendungen eines angestellten Geschäftsführers einer GmbH zur Tilgung von Haftungsschulden sind auch insoweit als Werbungskosten abziehbar, als die Haftung auf nicht abgeführter Lohnsteuer beruht, die auf den Arbeitslohn des Geschäftsführers selbst entfällt. Das Abzugsverbot gemäß § 12 Nr. 3 EStG steht dem nicht entgegen, da mit der Zahlung nicht die eigene Lohnsteuerschuld, sondern die auf §§ 69, 34 AO beruhenden Haftungsschulden getilgt werden.[626]

Haushälterin/Kinderpflegerin: Aufwendungen berufstätiger Eheleute für die Beschäftigung einer Kinderpflegerin sind bei der Ermittlung der Einkünfte nicht abziehbar.[627]

Kindergartenbeiträge: Die Kosten für die Unterbringung eines Kindes im Kindergarten sind auch bei einer geschiedenen berufstätigen Mutter grundsätzlich keine Werbungskosten, sie gehören jedoch zu den Kinderbetreuungskosten.[628]

Klassenfahrt: Aufwendungen eines Berufsschülers für eine im Rahmen eines Ausbildungsdienstverhältnisses als verbindliche Schulveranstaltung durchgeführte Klassenfahrt sind in der Regel Werbungskosten.[629]

Körperpflege und Kosmetika: Aufwendungen für Körperpflege und Kosmetika sind auch bei außergewöhnlich hohen Aufwendungen nicht als Werbungskosten abziehbar.[630]

Kontoführungsgebühren: Kontoführungsgebühren sind Werbungskosten, soweit sie durch Gutschriften von Einnahmen aus dem Dienstverhältnis und durch beruflich veranlasste Überweisungen entstehen. Pauschale Kontoführungsgebühren sind ggf. nach dem Verhältnis beruflich und privat veranlasster Kontenbewegungen aufzuteilen.[631]

Krankheitskosten: Aufwendungen in Zusammenhang mit der Beseitigung oder Linderung von Körperschäden, die durch einen Unfall auf einer beruflich veranlassten Fahrt zwischen Wohnung und erster Tätigkeitsstätte eingetreten sind, können gemäß § 9 Abs. 1 Satz 1 EStG als Werbungskosten abgezogen werden.[632]

---

626 H 9.1 „Haftungsschulden eines angestellten Geschäftsführers“ LStH mit Verweis auf BFH, Urteil v. 8.3.2022 - VI R 19/20, BStBl 2022 II S. 633 NWB CAAAJ-20212.

627 BFH, Urteil v. 9.11.1982 - VIII R 198/81, BStBl 1983 II S. 297 NWB LAAAA-91812.

628 BFH, Urteil v. 23.2.1968 - VI R 292/66, BStBl 1968 II S. 434 NWB WAAAB-50312.

629 H 9.2 „Klassenfahrt“ LStH mit Verweis auf BFH, Urteil v. 7.2.1992 - VI R 93/90, BStBl 1992 II S. 531 NWB GAAAA-94115.

630 H 9.1 „Körperpflege und Kosmetika“ LStH mit Verweis auf BFH, Urteil v. 6.7.1989 - IV R 91-92/87, BStBl 1990 II S. 49 NWB SAAAA-93246.

631 H 9.1 „Kontoführungsgebühr“ LStH mit Verweis auf BFH, Urteil v. 9.5.1984 - VI R 63/80, BStBl 1984 II S. 560 NWB BAAAA-91957.

632 H 9.1 „Krankheitskosten“ LStH mit Verweis auf BFH, Urteil v. 19.12.2019 - VI R 8/18, BStBl 2020 II S. 291 NWB HAAAH-45297.

Kunstgegenstände: Aufwendungen für die Ausschmückung eines Dienstzimmers sind nicht als Werbungskosten abziehbar.[633]

Kur: Aufwendungen für eine Kneipp-Badekur als vorbeugende Maßnahme zur Erhaltung des allgemeinen Gesundheitszustands sind weder als Werbungskosten noch als außergewöhnliche Belastung abziehbar.[634]

Medizinische Hilfsmittel: Aufwendungen für die Anschaffung medizinischer Hilfsmittel sind selbst dann nicht als Werbungskosten abziehbar, wenn sie ausschließlich am Arbeitsplatz benutzt werden.[635]

Mitgliedsbeiträge an einen Interessenverband: Mitgliedsbeiträge an einen Interessenverband sind Werbungskosten, wenn dieser als Berufsverband auch die spezifischen beruflichen Interessen des Arbeitnehmers vertritt. Dies ist nicht nur nach der Satzung, sondern auch nach der tatsächlichen Verbandstätigkeit zu beurteilen.[636]

Pay-TV/Sky-Abo: Die Aufwendungen eines Fußballtrainers für ein Sky-Bundesliga-Abo können Werbungskosten bei den Einkünften aus nichtselbständiger Arbeit sein, wenn tatsächlich eine berufliche Verwendung vorliegt.[637]

Promotion: Es ist regelmäßig davon auszugehen, dass dem Promotionsstudium und der Promotion durch die Hochschule selbst der Abschluss eines Studiums vorangeht. Aufwendungen für ein Promotionsstudium und die Promotion stellen Betriebsausgaben oder Werbungskosten dar, sofern ein berufsbezogener Veranlassungszusammenhang zu bejahen ist.[638] Dies gilt auch, wenn das Promotionsstudium bzw. die Promotion im Einzelfall ohne vorhergehenden berufsqualifizierenden Studienabschluss durchgeführt wird. Eine Promotion stellt im Übrigen keinen berufsqualifizierenden Abschluss eines Studienganges dar.[639]

Reisekosten: Als Reisekosten können die Aufwendungen für Fahrten zwischen Wohnung oder erster Tätigkeitsstätte und auswärtiger Tätigkeitsstätte einschließlich sämtlicher Zwischenheimfahrten,[640] innerhalb desselben Dienstverhältnisses Fahrten zwischen mehreren auswärtigen Tätigkeitsstätten oder innerhalb eines weiträumigen Tä-

633 H 9.1 „Kunstgegenstände" LStH mit Verweis auf BFH, Urteil v. 12.3.1993 - VI R 92/92, BStBl 1993 II S. 506 NWB IAAAA-94512.

634 BFH, Urteil v. 17.7.1992 - VI R 96/88, DStR 1992 S. 1396 NWB XAAAB-33452.

635 H 9.12 „Medizinische Hilfsmittel" LStH mit Verweis auf BFH, Urteil v. 23.10.1992 - VI R 31/92, BStBl 1993 II S. 193 NWB AAAAA-94370.

636 H 9.3 „Mitgliedsbeiträge an einen Interessenverband" LStH mit Verweis auf BFH, Urteil v. 13.8.1993 - VI R 51/92, BStBl 1994 II S. 33 NWB BAAAA-94805.

637 BFH, Urteil v. 16.1.2019 - VI R 24/16, BStBl 2019 II S. 376 NWB NAAAH-13857.

638 Beachte: BFH, Urteil v. 4.11.2003 - VI R 96/01, BStBl 2004 II S. 891 NWB PAAAB-15853.

639 BMF, Schreiben v. 22.9.2010 - IV C 4 - S 2227/07/10002 :002, BStBl 2010 I S. 724, Rz. 26 NWB NAAAD-52785.

640 Vgl. BFH, Urteil v. 17.12.1976 - VI R 145/74, BStBl 1977 II S. 294 NWB KAAAA-91205, und BFH, Urteil v. 24.4.1992 - VI R 105/89, BStBl 1992 II S. 664 NWB IAAAA-94175.

tigkeitsgebietes (§ 9 Abs. 1 Satz 3 Nr. 4a Satz 4 EStG) und Fahrten zwischen einer Unterkunft am Ort der auswärtigen Tätigkeitsstätte oder in ihrem Einzugsbereich und auswärtiger Tätigkeitsstätte angesetzt werden.[641]

Reisenebenkosten: Reisenebenkosten, die im Zuge einer beruflich veranlassten Auswärtstätigkeit i. S. des § 9 Abs. 4a Satz 2 und 4 EStG entstehen, werden in tatsächlicher Höhe berücksichtigt und können als Werbungskosten abgezogen werden, soweit sie nicht vom Arbeitgeber steuerfrei erstattet wurden.

- Allgemeine Grundsätze: BMF, Schreiben v. 25.11.2020 - IV C 5 - S 2353/19/10011 :006, BStBl 2020 I S. 1254, Rz. 129 ff., sowie Kap. 3.2.4.
- Diebstahl: Wertverluste bei einem Diebstahl des für die Reise notwendigen persönlichen Gepäcks sind Reisenebenkosten.[642] Dies gilt nicht für den Verlust von Geld oder Schmuck.
- Geld: Der Verlust einer Geldbörse führt nicht zu Reisenebenkosten.[643]
- Geldbußen: Geldbußen, Ordnungsgelder und Verwarnungsgelder, die von einem Gericht oder einer Behörde in der Bundesrepublik Deutschland oder von Organen der Europäischen Gemeinschaften festgesetzt werden, dürfen nach § 4 Abs. 5 Satz 1 Nr. 8 Satz 1 EStG den Gewinn auch dann nicht mindern, wenn sie betrieblich veranlasst sind (R 4.13 Abs. 1 Satz 1 EStR).[644] Dies gilt nach § 9 Abs. 5 Satz 1 EStG sinngemäß für den Bereich der Werbungskosten.[645]
- Reisegepäckversicherung: Kosten für eine Reisegepäckversicherung, soweit sich der Versicherungsschutz auf eine beruflich bedingte Abwesenheit von einer ersten Tätigkeitsstätte beschränkt, sind Reisenebenkosten.[646]
- Schaden: Wertverluste aufgrund eines Schadens an mitgeführten Gegenständen, die der Arbeitnehmer auf seiner Reise verwenden musste, sind Reisenebenkosten, wenn der Schaden auf einer reisespezifischen Gefährdung beruht.[647]

---

641 Vgl. BFH, Urteil v. 17.12.1976 - VI R 145/74, BStBl 1977 II S. 294 NWB KAAAA-91205, sowie insgesamt auch H 9.5 „Reisekosten" LStH und BMF, Schreiben v. 25.11.2020 - IV C 5 - S 2353/19/10011 :006, BStBl 2020 I S. 1236 f., Rz. 36 ff. NWB EAAAH-65600.

642 H 9.8 „Diebstahl" LStH mit Verweis auf BFH, Urteil v. 30.6.1995 - VI R 26/95, BStBl 1995 II S. 744 NWB AAAAA-95368.

643 H 9.8 „Geld" LStH mit Verweis auf BFH, Urteil v. 4.7.1986 - VI R 227/83, BStBl 1986 II S. 771 NWB OAAAA-92232.

644 Dazu im Weiteren R 4.13 Abs. 1 Satz 2 bis 3 sowie Abs. 2 EStR.

645 Vgl. H 9.8 „Geldbußen" LStH. Entsprechendes gilt für Ordnungsgelder (R 4.13 Abs. 1 i. V. mit Abs. 4 EStR sowie H 9.8 „Ordnungsgelder" LStH) und für Verwarnungsgelder (R 4.13 Abs. 1 i. V. mit Abs. 5 EStR sowie H 9.8 „Verwarnungsgelder" LStH).

646 H 9.8 „Reisegepäckversicherung" LStH mit Verweis auf BFH, Urteil v. 19.2.1993 - VI R 42/92, BStBl 1993 II S. 519 NWB HAAAA-94521, zur Aufteilung der Aufwendungen für eine gemischte Reisegepäckversicherung.

647 H 9.8 „Schaden" LStH mit Verweis auf BFH, Urteil v. 30.11.1993 - VI R 21/92, BStBl 1994 II S. 256 NWB AAAAA-94772.

- Schmuck: Der Verlust von Schmuck führt nicht zu Reisenebenkosten.[648]
- Telefonkosten: Zu den Reisenebenkosten gehören auch die tatsächlichen Aufwendungen für private Telefongespräche, soweit sie der beruflichen Sphäre zugeordnet werden können.[649]
- Unfallversicherung: Beiträge zu Unfallversicherungen sind Reisenebenkosten, soweit sie Berufsunfälle außerhalb einer ersten Tätigkeitsstätte abdecken.[650]

Psychoseminar: Aufwendungen für die Teilnahme an psychologischen Seminaren, die nicht auf den konkreten Beruf zugeschnittene psychologische Kenntnisse vermittelt, sind auch dann nicht als Werbungskosten abziehbar, wenn der Arbeitgeber für die Teilnahme an den Seminaren bezahlten Bildungsurlaub gewährt.[651] Aufwendungen einer leitenden Redakteurin zur Verbesserung beruflicher Kommunikationsfähigkeit sind hingegen Werbungskosten;[652] auch Aufwendungen von Führungskräften für Seminare zur Persönlichkeitsentfaltung können Werbungskosten sein.[653]

Schulgeld: Schulgeldzahlungen an eine fremdsprachige Schule im Inland sind auch dann nicht als Werbungskosten abziehbar, wenn sich die ausländischen Eltern aus beruflichen Gründen nur vorübergehend im Inland aufhalten.[654]

Schulhund: Aufwendungen für einen Schulhund können bei Lehrern bis zu 50% als Werbungskosten abgezogen werden, wenn der Hund innerhalb einer regelmäßig fünftägigen Unterrichtswoche arbeitstäglich in der Schule eingesetzt wird. Aufwendungen für die Ausbildung eines Schulhundes zum Therapiehund sind regelmäßig in voller Höhe beruflich veranlasst und damit als Werbungskosten abziehbar.[655]

---

648 H 9.8 „Schmuck" LStH mit Verweis auf BFH, Urteil v. 26.1.1968 - VI R 131/66, BStBl 1968 II S. 342 NWB NAAAB-50127.

649 H 9.8 „Telefonkosten" LStH mit Verweis auf BFH, Urteil v. 5.7.2012 - VI R 50/10, BStBl 2013 II S. 282 NWB SAAAE-24993.

650 H 9.8 „Unfallversicherung" LStH. Hinsichtlich der steuerlichen Behandlung von Unfallversicherungen, die das Unfallrisiko sowohl im beruflichen als auch im außerberuflichen Bereich abdecken, wird auf BFH, Urteil v. 11.12.2008 - VI R 9/05, BStBl 2009 II S. 385 NWB EAAAD-08095, und BMF, Schreiben v. 28.10.2009 - IV C 5 - S 2332/09/10 004, BStBl 2009 I S. 1275 NWB QAAAD-31328, verwiesen.

651 H 9.1 „Psychoseminar" LStH mit Verweis auf BFH, Urteil v. 6.3.1995 - VI R 76/94, BStBl 1995 II S. 393 NWB RAAAA-95212.

652 H 9.2 „Fortbildung" 2. Spiegelstrich mit Verweis auf BFH, Urteil v. 28.8.2008 - VI R 44/04, BStBl 2009 II S. 106 NWB BAAAC-94783.

653 H 9.2 „Fortbildung" 1. Spiegelstrich mit Verweis auf BFH, Urteil v. 28.8.2008 - VI R 35/05, BStBl 2009 II S. 108 NWB RAAAC-94782. Siehe dazu auch unter Stichwort „Fortbildung".

654 H 9.1 „Schulgeld" LStH mit Verweis auf BFH, Urteil v. 23.11.2000 - VI R 38/97, BStBl 2001 II S. 132 NWB UAAAA-88819.

655 H 9.12 „Schulhund" LStH mit Verweis auf BFH, Urteil v. 14.1.2021 - VI R 15/19, BStBl 2021 II S. 453 NWB UAAAH-74736.

Shiatsu-Kurs: Aufwendungen für die Ausbildung zur Shiatsu-Praktikerin können bei einer Heilerzieherin Werbungskosten im Rahmen ihrer Einkünfte aus nichtselbständiger Arbeit darstellen.[656]

Sicherheitsmaßnahmen: Aufwendungen des Arbeitgebers für Sicherheitsmaßnahmen bei Arbeitnehmern, die aufgrund ihrer beruflichen Position einer konkreten Positionsgefährdung ausgesetzt sind (z. B. Leibwächter, Personenschützer), führen nicht zu steuerpflichtigem Arbeitslohn der konkret zu schützenden Person, weil diese Vorteile im ganz überwiegend eigenbetrieblichen Interesse des Arbeitgebers gewährt werden. Nicht vom Arbeitgeber ersetzte Aufwendungen des konkret gefährdeten Arbeitnehmers für Sicherheitseinrichtungen sind als Werbungskosten bei den Einkünften aus nichtselbständiger Arbeit abziehbar. Aufwendungen eines nicht konkret gefährdeten Arbeitnehmers für Sicherheitseinrichtungen gehören zu den Kosten der privaten Lebensführung.[657]

Ski- und Snowboardkurse: Aufwendungen von Lehrern für Snowboardkurse können als Werbungskosten bei den Einkünften aus nichtselbständiger Arbeit abziehbar sein, wenn ein konkreter Zusammenhang mit der Berufstätigkeit besteht.[658]

Sportseminar: Die Teilnahme an einem Fortbildungslehrgang, der von einem Ärzteverband veranstaltet wird und mit bestimmten Stundenzahlen auf die Voraussetzungen zur Erlangung der Zusatzbezeichnung „Sportmedizin" angerechnet werden kann, ist nicht ganz überwiegend beruflich veranlasst, wenn der Lehrgang nach Programm und Durchführung in nicht unerheblichem Maße die Verfolgung privater Erlebnis- und Erholungsinteressen zulässt. Dies kann insbesondere dann der Fall sein, wenn der Lehrgang zur Skihauptsaison an bekannten Wintersportorten stattfindet und weitgehend Gelegenheit zur Ausübung des Wintersports bietet.[659]

Sportunfähigkeitsversicherung: Werden durch die zur Absicherung von Einnahmenausfällen abgeschlossene Sportunfähigkeitsversicherung eines Berufssportlers sowohl die dem beruflichen als auch die dem privaten Bereich zuzuordnenden Risiken von Krankheit und Unfall abgedeckt, sind die gezahlten Beiträge aufgrund des wegen der Mitveranlassung durch die Lebensführung eingreifenden Aufteilungs- und Abzugsverbots nicht als Werbungskosten bei den Einkünften aus nichtselbständiger Arbeit abzugsfähig. Die Abgrenzung eines beruflich veranlassten Teils der Aufwendungen nach ob-

656 FG Hamburg, Urteil v. 1.2.2000 - II 278/99, EFG 2000 S. 616.

657 Dazu ausführlich BMF, Schreiben v. 11.11.2024 - IV C 5 - S 2332/23/10006 :001, BStBl 2024 I S. 1412 NWB PAAAJ-78741. Beachte auch BFH, Urteil v. 5.4.2006 - IX R 109/00, BStBl 2006 II S. 541 NWB HAAAB-87536.

658 H 9.2 „Ski- und Snowboardkurse" LStH mit Verweis auf BFH, Urteil v. 22.6.2006 - VI R 61/02, BStBl 2006 II S. 782 NWB AAAAB-90537, und zu den Merkmalen der beruflichen Veranlassung vgl. BFH, Urteil v. 26.8.1988 - VI R 175/85, BStBl 1989 II S. 91 NWB IAAAA-92996.

659 BFH, Urteil v. 19.10.1989 - VI R 155/88, BStBl 1990 II S. 134 NWB QAAAA-93089.

jektiv nachprüfbaren Merkmalen kommt jedenfalls dann nicht in Betracht, wenn der auf das Risiko typischer Sportverletzungen entfallende Anteil des Versicherungsbeitrags sich nicht den Versicherungsunterlagen entnehmen lässt.[660]

Statusfeststellungsverfahren: Aufwendungen im Zusammenhang mit dem Anfrageverfahren nach § 7a SGB IV (sogenanntes Statusfeststellungsverfahren) sind durch das Arbeitsverhältnis veranlasst und deshalb als Werbungskosten bei den Einkünften aus nichtselbständiger Arbeit zu berücksichtigen.[661]

Strafverteidigungskosten: Aufwendungen für die Strafverteidigung können Werbungskosten sein, wenn der Schuldvorwurf durch berufliches Verhalten veranlasst war.[662]

Umschulung: Aufwendungen für eine Umschulungsmaßnahme, die die Grundlage dafür bildet, von einer Berufs- oder Erwerbsart zu einer anderen überzuwechseln, können vorab entstandene Werbungskosten sein.[663]

Umzugskosten:

- Arbeitszimmer: Aufwendungen des Steuerpflichtigen für einen Umzug in eine andere Wohnung, um dort (erstmals) ein Arbeitszimmer einzurichten, sind nicht als Werbungskosten abzugsfähig.[664]
- Allgemeines: Kosten, die einem Arbeitnehmer durch einen beruflich veranlassten Wohnungswechsel entstehen, sind Werbungskosten.[665]
- Aufgabe der Umzugsabsicht: Wird vom Arbeitgeber eine vorgesehene Versetzung rückgängig gemacht, sind die dem Arbeitnehmer durch die Aufgabe seiner Umzugsabsicht entstandenen vergeblichen Aufwendungen als Werbungskosten abziehbar.[666]
- Rückumzug ins Ausland: Der Rückumzug ins Ausland ist bei einem ausländischen Arbeitnehmer, der unbefristet ins Inland versetzt wurde und dessen Familie mit ins Inland umzog und der bei Erreichen der Altersgrenze ins Heimatland zurückzieht,

660 FG Düsseldorf, Urteil v. 12.1.2021 - 10 K 2192/17 E NWB VAAAH-71130.

661 H 9.1 „Statusfeststellungsverfahren" LStH mit Verweis auf BFH, Urteil v. 6.5.2010 - VI R 25/09, BStBl 2010 II S. 851 NWB NAAAD-46360.

662 H 9.1 „Strafverteidigung" LStH mit Verweis auf BFH, Urteil v. 19.2.1982 - VI R 31/78, BStBl 1982 II S. 467 NWB ZAAAA-91735, und BFH, Urteil v. 18.10.2007 - VI R 42/04, BStBl 2008 II S. 223 NWB PAAAC-64823. Dazu auch BFH, Beschluss v. 31.3.2022 - VI B 88/21, NZG 2023 S. 189 NWB DAAAI-61974.

663 BFH, Urteil v. 4.12.2002 - VI R 120/01, BStBl 2003 II S. 403 NWB ZAAAA-89516.

664 BFH, Urteil v. 5.2.2025 - VI R 3/23, BeckRS 2025, 7414.

665 R 9.9 Abs. 1 LStR und dazu ausführlich: Kap. 3.2.9.

666 H 9.9 „Aufgabe der Umzugsabsicht" LStH mit Verweis auf BFH, Urteil v. 24.5.2000 - VI R 17/96, BStBl 2000 II S. 584 NWB YAAAA-88754.

nicht beruflich veranlasst;[667] anders bei einer von vornherein befristeten Tätigkeit im Inland.[668]

- Umzug ins Ausland: Umzugskosten im Zusammenhang mit einer beabsichtigten nichtselbständigen Tätigkeit im Ausland sind bei den inländischen Einkünften nicht als Werbungskosten abziehbar, wenn die Einkünfte aus der beabsichtigten Tätigkeit nicht der deutschen Besteuerung unterliegen.[669]
- Zwischenumzug: Die berufliche Veranlassung eines Umzugs endet regelmäßig mit dem Einzug in die erste Wohnung am neuen Arbeitsort. Die Aufwendungen für die Einlagerung von Möbeln für die Zeit vom Bezug dieser Wohnung bis zur Fertigstellung eines Wohnhauses am oder in der Nähe vom neuen Arbeitsort sind daher keine Werbungskosten.[670]

Übernachtung an der ersten Tätigkeitsstätte: Die Kosten für gelegentliche Hotelübernachtungen am Ort der ersten Tätigkeitsstätte sind Werbungskosten, wenn sie beruflich veranlasst sind. Für eine Tätigkeit an diesem Ort sind Verpflegungsmehraufwendungen nicht zu berücksichtigen.[671]

Übernachtungskosten: Als Werbungskosten abzugsfähig sind Unterkunftskosten bei einer Auswärtstätigkeit. Hierbei muss es sich um notwendige Mehraufwendungen eines Arbeitnehmers für beruflich veranlasste Übernachtungen an einer Tätigkeitsstätte handeln, die nicht erste Tätigkeitsstätte ist.[672]

Verlorener Zuschuss eines Gesellschafter-Geschäftsführers: Gewährt der Gesellschafter-Geschäftsführer einer GmbH, an der er nicht nur unwesentlich beteiligt ist, einen

667 BFH, Urteil v. 8.11.1996 - VI R 65/94, BStBl 1997 II S.207 NWB BAAAA-95774.

668 BFH, Urteil v. 4.12.1992 - VI R 11/92, BStBl 1993 II S.722 NWB AAAAA-94613. Beachte hierzu insgesamt H 9.9 „Rückumzug ins Ausland" LStH.

669 H. 9.9 „Umzug ins Ausland" LStH mit Verweis auf BFH, Urteil v. 20.9.2006 - I R 59/05, BStBl 2007 II S.756 NWB EAAAC-34394. Angesichts einer zeitweisen unbeschränkten Steuerpflicht gilt es zu beachten, dass vorab entstandene Werbungskosten im Zusammenhang mit einer beabsichtigten Tätigkeit im Ausland beim Progressionsvorbehalt zu berücksichtigen sind, wenn dies nicht durch ein DBA ausgeschlossen wird. So H 32b „Zeitweise unbeschränkte Steuerpflicht" 2. Spiegelstrich EStH mit Verweis auf BFH, Urteil v. 20.9.2006 - I R 59/05, BStBl 2007 II S.756 NWB EAAAC-34394. Besteht also wegen Zu- oder Wegzugs nur zeitweise die unbeschränkte Steuerpflicht, sind die außerhalb der unbeschränkten Steuerpflicht im Kalenderjahr erzielten Einkünfte im Wege des Progressionsvorbehalts zu berücksichtigen, wenn diese nicht der beschränkten Steuerpflicht unterliegen. H 32b „Zeitweise unbeschränkte Steuerpflicht" 1. Spiegelstrich EStH mit Verweis auf BFH, Urteil v. 19.12.2001 - I R 63/00, BStBl 2003 II S.302 NWB XAAAA-89479; BFH, Urteil v. 15.5.2002 - I R 40/01, BStBl 2002 II S.660 NWB EAAAA-89309, und BFH, Urteil v. 19.11.2003 - I R 19/03, BStBl 2004 II S.549 NWB WAAAB-13901.

670 H 9.9 „Zwischenumzug" LStH mit Verweis auf BFH, Urteil v. 21.9.2000 - IV R 78/99, BStBl 2001 II S.70 NWB YAAAA-89029.

671 H 9.1 „Übernachtung an der ersten Tätigkeitsstätte" LStH mit Verweis auf BFH, Urteil v. 5.8.2004 - VI R 40/03, BStBl 2004 II S.1074 NWB HAAAB-26941.

672 BMF, Schreiben v. 25.11.2020 - IV C 5 - S 2353/19/10011 :006, BStBl 2020 I S.1252, Rz.115 NWB EAAAH-65600, und dazu weiter Rz.116ff. NWB EAAAH-65600, sowie Kap. 3.2.4.

verlorenen Zuschuss, ist die Berücksichtigung als Werbungskosten regelmäßig abzulehnen.[673]

Verlust einer Beteiligung am Unternehmen des Arbeitgebers:

- Der Verlust einer Beteiligung an einer GmbH kann selbst dann nicht als Werbungskosten berücksichtigt werden, wenn die Beteiligung am Stammkapital der GmbH Voraussetzung für die Beschäftigung als Arbeitnehmer der GmbH war.[674]
- Der Veräußerungsverlust aus einer Kapitalbeteiligung am Unternehmen des Arbeitgebers führt nur dann zu Werbungskosten, wenn ein erheblicher Veranlassungszusammenhang mit dem Dienstverhältnis besteht und nicht auf der Nutzung der Beteiligung als Kapitalertragsquelle beruht.[675]

Verlust einer Darlehensforderung gegen den Arbeitgeber:

- Der Verlust einer Darlehensforderung gegen den Arbeitgeber ist als Werbungskosten zu berücksichtigen, wenn der Arbeitnehmer das Risiko, die Forderung zu verlieren, aus beruflichen Gründen bewusst auf sich genommen hat.[676]
- Die berufliche Veranlassung eines Darlehens wird nicht zwingend dadurch ausgeschlossen, dass der Darlehensvertrag mit dem alleinigen Gesellschafter-Geschäftsführer der Arbeitgeberin (GmbH) statt mit der insolvenzbedrohten GmbH geschlossen worden und die Darlehensvaluta an diesen geflossen ist. Maßgeblich sind der berufliche Veranlassungszusammenhang und der damit verbundene konkrete Verwendungszweck des Darlehens.[677]
- Auch wenn ein Darlehen aus im Gesellschaftsverhältnis liegenden Gründen gewährt wurde, kann der spätere Verzicht darauf durch das zugleich bestehende Arbeitsverhältnis veranlasst sein und dann insoweit zu Werbungskosten bei den Einkünften aus nichtselbständiger Arbeit führen, als die Darlehensforderung noch werthaltig ist.[678]

---

673 H 9.1 „Verlorener Zuschuss eines Gesellschafter-Geschäftsführers" LStH mit Verweis auf BFH, Urteil v. 26.11.1993 - VI R 3/92, BStBl 1994 II S. 242 NWB VAAAA-94765.

674 H 9.1 „Verlust einer Beteiligung am Unternehmen des Arbeitgebers" 1. Spiegelstrich LStH mit Verweis auf BFH, Urteil v. 12.5.1995 - VI R 64/94, BStBl 1995 II S. 644 NWB XAAAA-95330.

675 H 9.1 „Verlust einer Beteiligung am Unternehmen des Arbeitgebers" 2. Spiegelstrich LStH mit Verweis auf BFH, Urteil v. 17.9.2009 - VI R 24/08, BStBl 2010 II S. 198 NWB HAAAD-33139.

676 H 9.1 „Verlust einer Darlehensforderung gegen den Arbeitgeber" 1. Spiegelstrich LStH mit Verweis auf BFH, Urteil v. 7.5.1993 - VI R 38/91, BStBl 1993 II S. 663 NWB RAAAA-94587.

677 H 9.1 „Verlust einer Darlehensforderung gegen den Arbeitgeber" 2. Spiegelstrich LStH mit Verweis auf BFH, Urteil v. 7.2.2008 - VI R 75/06, BStBl 2020 II S. 48 NWB SAAAC-74153.

678 H 9.1 „Verlust einer Darlehensforderung gegen den Arbeitgeber" 3. Spiegelstrich LStH mit Verweis auf BFH, Urteil v. 25.11.2010 - VI R 34/08, BStBl 2012 II S. 24 NWB SAAAD-61303.

- Der Verlust einer aus einer Gehaltsumwandlung entstandenen Darlehensforderung eines Arbeitnehmers gegen seinen Arbeitgeber kann insoweit zu Werbungskosten bei den Einkünften aus nichtselbständiger Arbeit führen, als der Arbeitnehmer ansonsten keine Entlohnung für seine Arbeitsleistung erhalten hätte, ohne seinen Arbeitsplatz erheblich zu gefährden. Dabei ist der Umstand, dass ein außenstehender Dritter, insbesondere eine Bank, dem Arbeitgeber kein Darlehen mehr gewährt hätte, lediglich ein Indiz für eine beruflich veranlasste Darlehenshingabe, nicht aber unabdingbare Voraussetzung für den Werbungskostenabzug eines Darlehensverlustes.[679]

Verpflegungsmehraufwendungen: Arbeitnehmer haben bei einer beruflichen Auswärtstätigkeit einen Rechtsanspruch darauf, dass die gesetzlichen Pauschbeträge berücksichtigt werden.[680]

Versorgungszuschlag: Zahlt der Arbeitgeber bei beurlaubten Beamten ohne Bezüge einen Versorgungszuschlag, handelt es sich um steuerpflichtigen Arbeitslohn. In gleicher Höhe liegen beim Arbeitnehmer Werbungskosten vor; dies gilt auch, wenn der Arbeitnehmer den Versorgungszuschlag zahlt.[681]

Vertragsstrafe: Die Zahlung einer in einem Ausbildungsverhältnis begründeten Vertragsstrafe kann zu Werbungskosten führen.[682]

Videorecorder: Aufwendungen für einen Videorecorder sind – ohne Nachweis der weitaus überwiegenden beruflichen Nutzung – nicht als Werbungskosten abziehbar.[683]

Wehrdisziplinarverfahren: Rechtsverfolgungskosten eines Berufssoldaten für ein gegen ihn geführtes Wehrdisziplinarverfahren sind als Werbungskosten abzugsfähig. Die zur Abzugsfähigkeit von Prozesskosten eines Strafverfahrens ergangene Rechtsprechung des BFH ist auf Rechtsverfolgungskosten für ein Wehrdisziplinarverfahren nicht übertragbar.[684]

679 H 9.1 „Verlust einer Darlehensforderung gegen den Arbeitgeber" 3. Spiegelstrich LStH mit Verweis auf BFH, Urteil v. 10.4.2014 - VI R 57/13, BStBl 2014 II S. 850 NWB LAAAE-71096.

680 H 9.6 „Verpflegungsmehraufwendungen" 1. Spiegelstrich LStH mit Verweis auf BFH, Urteil v. 4.4.2006 - VI R 44/03, BStBl 2006 II S. 567 NWB GAAAB-84350. Die allgemeinen Grundsätze ergeben sich aus BMF, Schreiben v. 25.11.2020 - IV C 5 - S 2353/19/10011 :006, BStBl 2020 I S. 1237 ff., Rz. 47 ff. NWB EAAAH-65600. Zur pauschalen Versteuerung üblicher Mahlzeiten vgl. § 40 Abs. 2 Satz 1 Nr. 1a EStG sowie zur Pauschalbesteuerungsmöglichkeit bei Vergütungen für Verpflegungsmehraufwendungen beachte § 40 Abs. 2 Satz 1 Nr. 4 EStG.

681 H 9.1 „Versorgungszuschlag" LStH mit Verweis auf BMF, Schreiben v. 22.2.1991 - IV B 6-S 2360-3/91, BStBl 1991 I S. 951 NWB AAAAA-79061.

682 H 9.1 „Vertragsstrafe" LStH mit Verweis auf BFH, Urteil v. 22.6.2006 - VI R 5/03, BStBl 2007 II S. 4 NWB NAAAC-03831.

683 H 9.1 „Videorecorder" LStH mit Verweis auf BFH, Urteil v. 27.9.1991 - VI R 1/90, BStBl 1992 II S. 195 NWB BAAAA-93953.

684 BFH, Beschluss v. 10.1.2024 - VI R 16/21, BStBl 2024 II S. 442 NWB YAAAJ-64154.

Werbegeschenke: Aufwendungen eines Arbeitnehmers für Werbegeschenke an Kunden seines Arbeitgebers sind Werbungskosten, wenn er sie tätigt, um die Umsätze seines Arbeitgebers und damit seine erfolgsabhängigen Einkünfte zu steigern.[685] Aufwendungen für Werbegeschenke können ausnahmsweise auch dann Werbungskosten sein, wenn der Arbeitnehmer nicht variabel vergütet wird.[686] Die nach § 4 Abs. 5 Satz 1 Nr. 1 EStG maßgebende Wertgrenze von 50 € ist zu beachten (§ 9 Abs. 5 EStG).

Wohnungsnutzung zu beruflichen Zwecken: Nutzt ein Miteigentümer allein eine Wohnung zu beruflichen Zwecken und werden die Darlehen zum Erwerb der Wohnung gemeinsam aufgenommen und Zins und Tilgung von einem gemeinsamen Konto beglichen, kann er AfA und Schuldzinsen nur entsprechend seinem Miteigentumsanteil als Werbungskosten geltend machen. Entsprechendes gilt für gemeinschaftlich getragene andere grundstücksorientierte Aufwendungen, z. B. Grundsteuer, allgemeine Reparaturkosten, Versicherungsprämien.[687]

Yoga: Lässt sich eine Lehrerin an einer allgemein bildenden Schule zur Yoga-Lehrerin ausbilden und hält sie an ihrer Schule regelmäßig Yoga-Kurse für die Schüler im Rahmen von Arbeitsgemeinschaften ab, so sind die Aufwendungen für die dreijährige Ausbildung als Werbungskosten bei ihren Einkünften aus nichtselbständiger Tätigkeit abziehbar.[688]

685 H 9.1 „Werbegeschenke“ LStH mit Verweis auf BFH, Urteil v. 13.1.1984 - VI R 194/80, BStBl 1984 II S. 315 NWB XAAAA-91915.

686 H 9.1 „Werbegeschenke“ LStH mit Verweis auf BFH, Urteil v. 24.5.2007 - VI R 78/04, BStBl 2007 II S. 721 NWB IAAAC-49684.

687 H 9.1 „Wohnungsnutzung zu beruflichen Zwecken“ LStH mit Verweis auf BFH, Urteil v. 6.12.2017 - VI R 41/15, BStBl 2018 II S. 355 NWB SAAAG-80018.

688 Niedersächsisches FG, Urteil v. 17.2.1999 - IX 647/97, EFG 1999 S. 543.

LITERATURVERZEICHNIS

A. Wissenschaftliche Ausarbeitungen (Monographien, Beiträge in Handbüchern und anderen Sammelwerken sowie Artikel in Periodika)

Atilgan, Steuergerechtigkeit: Die Notwendigkeit der Besteuerung des kommerzialisierbaren Teils des Namensrechts von Influencern – trotz der Kritik in der Steuerberatungspraxis, DStR 2023 S. 2425–2428.

Bach, 100 Jahre deutsches Steuersystem: Revolution und Evolution, StuW 2019 S. 105–117.

Becker/Pflaum, Begriff der Digitalisierung – Extension und Intension aus betriebswirtschaftlicher Perspektive, in Becker et al. (Hrsg.), Geschäftsmodelle in der digitalen Welt – Strategien, Prozesse und Praxiserfahrungen, 2019, S. 3–13.

Bergan, Das Steuerentlastungsgesetz 2022 im Überblick, DStR 2022 S. 1017–1021.

Bergan, Das Vierte Corona-Steuerhilfegesetz im Überblick, DStR 2022 S. 1233–1238.

Bergkemper in Hey/Klein/Wendt (Hrsg.), Einkommen- und Körperschaftsteuergesetz, Kommentar, 324. Erg.-Lfg. März 2024, § 9 EStG, Anm. 241 bis Anm. 614.

Birk, Das Leistungsfähigkeitsprinzip als Maßstab der Steuernormen – Ein Beitrag zu den Grundfragen des Verhältnisses Steuerrecht und Verfassungsrecht, in Freericks/Friauf/Kirchhof/Ruppe (Hrsg.), Steuerwissenschaft, Band 13, 1983.

Birk, Verfassungsfragen im Steuerrecht – Eine Zwischenbilanz nach den jüngsten Entscheidungen des BFH und des BVerfG, DStR 2009 S. 877–882.

Birk/Desens/Tappe, Steuerrecht, 27. Aufl. 2024.

Böckenholt, § 21 Tarnung des kommerziellen Zwecks geschäftlicher Handlungen, in Hasselblatt (Hrsg.), Münchener Anwaltshandbuch Gewerblicher Rechtsschutz, 6. Aufl. 2022, § 5a Abs. 4 UWG.

Bolik/Nonnenmacher, Steuerliches Corona-Quartett vollendet – Viertes Corona-Steuerhilfegesetz verabschiedet, StuB 2022 S. 481–487.

Breidenbach/Glatz, Die Digitalisierung des Rechts, beck.digitax 2020 S. 18–23.

Breinersdorfer, Arbeitslohn und seine Grenzen, in Drüen (Hrsg.), Besteuerung von Arbeitnehmern, DStJG 40/2017 S. 105–135.

Brüheim/Lindyuk/Totzek, Transfer Pricing Technology – Mit Agilität und cross-funktionalen Ansätzen manuellen Aufwand reduzieren und bessere Entscheidungen treffen, beck.digitax 2022 S. 192–198.

Bruns, Der Ort der Arbeit – internationale Aspekte, FR 2021 S. 1010–1017.

Burger/Kälberer, Rechts- und Planungssicherheit im Zeichen einer neuen Weltsteuerordnung, IStR 2020 S. 411–417.

von Campenhausen/Grawert, Steuerrecht im Überblick – Zusammenfassungen und Grafiken, 7. Aufl. 2024.

CDU/CSU/SPD, Verantwortung für Deutschland, Koalitionsvertrag zwischen CDU, CSU und SPD, 21. Legislaturperiode, 2025.

Dohrmann, New Work nach der Corona-Pandemie – Implikationen der Pandemie im Hinblick auf Arbeitsort und Arbeitszeit, DB 2022 S. 664–668.

Drüen, Arbeitnehmerbesteuerung im System der Einkommensteuer, in Drüen (Hrsg.), Besteuerung von Arbeitnehmern, DStJG 40/2017 S. 11–46.

Drüen, Digitalisierung im Steuerrecht – Eröffnung der Jahrestagung, in Hey (Hrsg.), Digitalisierung im Steuerrecht, DStJG 42/2019 S. 1–14.

Drüen, Konzeptpflichten für Steuergesetzgebung und Steuervollzug?, StuW 2023 S. 43–54.

Drüen in Brandis/Heuermann (Hrsg.), Ertragsteuerrecht, Kommentar, 174. Erg.-Lfg. November 2024, Werkstand: 174. Erg.-Lfg. November 2024, § 4 EStG.

Drummler, Einsatz von Künstlicher Intelligenz in der österreichischen Steuerbehörde und europäische Grundrechte der Steuerzahler, beck.digitax 2024 S. 252–270.

Egner/Gries, Steuerrecht im digitalen Wandel: Wie die Digitalisierung den Steuerbereich restrukturiert – Schwerpunktthema: Digitalisierung und Besteuerung, BFuP 2024 S. 529–556.

Endres/Spengel, 50 Jahre deutsche Steuergeschichte im Zeitraffer, in Gosch/Schnitger/Schön (Hrsg.), Festschrift für Jürgen Lüdicke, 2019, S. 115–128.

Expertenkommission „Bürgernahe Einkommensteuer“, Weniger Bürokratie, mehr Digitalisierung – Wege zu einer bürgerfreundlichen Einkommensteuer, Abschlussbericht der Expertenkommission „Bürgernahe Einkommensteuer“, eingesetzt vom Bundesministerium der Finanzen, Stand: Juli 2024, 2024.

Fehrenbacher, Steuerrecht, 8. Aufl. 2023.

Fischer, Zur Methode und Aussagefähigkeit von internationalen Steuerbelastungsvergleichen als Grundlage für steuerrechtliche Gestaltungsüberlegungen des Gesetzgebers, in Cagianut/Vallender (Hrsg.), Steuerrecht – Ausgewählte Probleme am Ende des 20. Jahrhunderts – Festschrift zum 65. Geburtstag von Ernst Höhn, 1995, S. 25–64.

Fissenewert in Hey/Klein/Wendt (Hrsg.), Einkommen- und Körperschaftsteuergesetz, Kommentar, 320. Erg.-Lfg. August 2023, § 9 EStG.

Forêt/Groß/Schirrmeister, Transformationshoffnung Recht?, ZUR 2023 S. 187–188.

Friesike/Sprondel, Träge Transformation – Welche Denkfehler den digitalen Wandel blockieren, 2022.

Geserich, Kein Werbungskostenabzug bei Umzug des Steuerpflichtigen wegen Einrichtung eines Arbeitszimmers, NWB 2025 S. 1158–1159.

Grashoff/Mach, Grundzüge des Steuerrechts – Alle wichtigen Steuerarten, Verfahrensrecht, Internationales Steuerrecht, 16. Aufl. 2023.

Griesel, Einkommensteuer und Gewinnermittlung, in Jesgarzewski/Schmittmann (Hrsg.), Steuerrecht – Grundlagen und Anwendungsfälle aus der Wirtschaft, 4. Aufl. 2023, S. 45–82.

Grotherr, Geplante Änderungen beim häuslichen Arbeitszimmer und bei der Homeoffice-Pauschale durch das JStG 2022 – Erleichterungen und Verschärfungen, NWB 2022 S. 3026–3042.

Happe, Das Wachstumschancengesetz im Überblick – Die wichtigsten steuerlichen Änderungen und ab wann sie gelten, BBK 2024 S. 348–360.

Happe, Influencer im Steuerrecht – Fallstricke erkennen und vermeiden, BBK 2024 S. 934–944.

Hechtner, Steuerentlastungen im Jahr 2025, NWB 2025 S. 1.

Heine/Trinks, Besteuerung von Petfluencern, beck.digitax 2021 S. 386–389.

Heine/Trinks, Besteuerung von Food-Influencern, beck.digitax 2022 S. 2–5.

Heine/Trinks, Besteuerung von Beauty- & Fashion-Influencern, beck.digitax 2022 S. 78–81.

Heine/Trinks, Besteuerung von Fitness-Influencern, beck.digitax 2022 S. 168–171.

Heine/Trinks, Besteuerung von Travel-Influencern, beck.digitax 2022 S. 230–234.

Heine/Trinks, Besteuerung von Gaming-Influencern und E-Sportlern, beck.digitax 2022 S. 302–307.

Heine/Trinks, Besteuerung KI-generierter Einkünfte, beck.digitax 2023 S. 358–362.

Heine/Trinks, Influencer-Besteuerung – Die steuerliche Beratung von Creator- und Influencer-Mandaten, 2023.

Heine/Trinks, Aktuelle steuerliche Entwicklungen für Creator und Influencer, beck.digitax 2024 S. 231–236.

Heuermann, Entrichtungsplicht – Steuerplicht – Grundplicht?, FR 2013 S. 354–359.

Hey, Erscheinungsformen steuerlicher Wirtschaftspolitik, in Sieker (Hrsg.), Steuerrecht und Wirtschaftspolitik, DStJG 39/2016 S. 11–52.

Hey, Die Pandemie als Bewährungsprobe für das Steuersystem: Steuerpolitik nach Corona, NJW 2021 S. 2777–2782.

Hey, Steuersystem und Steuerverfassungsrecht, in Tipke/Lang (Hrsg.), Steuerrecht, 25. Aufl. 2024, S. 75–167.

Hoebbel/Regendantz/Stender, Datengetriebene globale Steuerfunktion, beck.digitax 2021 S. 22–31.

Hörster, Steuerentlastungsgesetz 2022 – Steuerliche Entlastungen in Höhe von rund 16,3 Mrd. €, NWB 2022 S. 1542–1550.

Hörster, Viertes Corona-Steuerhilfegesetz – Bundesrat stimmt dem Gesetz zu, NWB 2022 S. 1832–1838.

Hubert, Ertragsteuerliche Fallstricke bei Einkünften von Influencern – Zur Relevanz des neuen Erlasses vom 2.7.2024 für die Beratungspraxis, StuB 2025 S. 45–50.

Junkers, Zur Missbräuchlichkeit der Entwicklung von Geschäftsmodellen, IStR 2019 S. 850–854.

Kälberer, Steuerliche Förderung der Energieeffizienz in Deutschland – Eine Analyse des ökonomischen und rechtlichen Rahmens zur Einführung einer steuerlichen Energieeffizienzförderung sowie eine Untersuchung des Einflusses von Energie- und Umweltpolitik auf das Wirtschafts- und Steuerrecht, 2019.

Kälberer, Steuerliche Förderung der Energieeffizienz in Deutschland – Eine ökonomische und rechtliche Analyse, StuW 2020 S. 91–102.

Kälberer, Blockchain-Technologie: Virtuelle Währungen aus handels- und steuerbilanzieller Sicht – Teil 1: Konzept und Funktionsweise – Ansatz sowie Ausweis in der Handels- und Steuerbilanz, BC 2021 S. 417–423.

Kälberer, Aufwendungen für ÖPNV-Zeitfahrkarten im Rahmen der Homeoffice-Pauschale, Die Steuerfachangestellten 6/2021 S. 7–8.

Kälberer, Energiepreispauschale – Zweifelsfragen und Gestaltungshinweise, Die Steuerfachangestellten 9/2022 S. 13–16.

Kälberer, Verlängerung der Steuererklärungsfristen, Die Steuerfachangestellten 10/2022 S. 2–4.

Kälberer, Digitaler Wandel im steuerberatenden Umfeld – Technologische Grundlagen, Die Steuerfachangestellten 5/2023 S. 2–6.

Kälberer, Der AI Act und die Quadratur des Kreises: Künstliche Intelligenz, digitale Souveränität und Cybersicherheit als Herausforderung für den steuerberatenden Beruf, RET 3/2024 S. 66–73.

Kälberer, Kontroll- und Verifikationsmöglichkeiten der Finanzverwaltung im Zeichen der Digitalisierung, Wissenschaftliche Beiträge aus dem Tectum Verlag: Rechtswissenschaft, 2025.

Kälberer/Gölz-Kälberer, Besteuerung der Einkünfte aus nichtselbstständiger Arbeit – Praxisleitfaden für Steuerfachangestellte, 2021.

Kanzler, Zum Abschlussbericht der Expertenkommission „Bürgernahe Einkommensteuer", FR 2024 S. 729–735.

Keller in Harte-Bavendamm et al. (Hrsg.), Gesetz gegen den unlauteren Wettbewerb (UWG), 5. Aufl. 2021, § 2 UWG.

Kirchhof, Die Kunst der Steuergesetzgebung, NJW 1987 S. 3217–3226.

Kirchhof, Steuergleichheit, StuW 1984 S. 297–314.

Kirchhof, Die Gleichheit vor dem Steuergesetz – Maßstab und Missverständnisse, StuW 2017 S. 3–16.

Kirchhof, Steuervereinfachung – Schritt für Schritt, DStR 2021, S. 2761–2768.

Klenk/Labus/Lindner/Orth, Der kommerzialisierbare Teil des Namensrechts ist kein Wirtschaftsgut und nicht einlagefähig – Anmerkung zum BFH-Urteil v. 12.6.2019 – X R 20/17, DStR 2023 S. 7–13.

Klenk/Labus/Lindner/Orth, Besteuerung des kommerzialisierbaren Teils des Namensrechts – Erwiderung auf Atilgan DStR 2023 S. 2425, DStR 2024 S. 278–281.

Kofler/Mayr/Schlager, Digitalisierung und Betriebsstättenkonzept, RdW 2017 S. 369–388.

Koke, Besteuerung von Influencern – Teil I: Einkommensteuer, SteuerStud 2023 S. 735–746.

Koke, Besteuerung von Influencern – Teil II: Umsatzsteuer, SteuerStud 2023 S. 810–820.

Körper, Neuregelung der einkommensteuerlichen Behandlung von Berufsausbildungskosten, SteuK 2010 S. 483.

Kreft in Hey/Klein/Wendt (Hrsg.), Einkommen- und Körperschaftsteuergesetz, Kommentar, 324. Erg.-Lfg. März 2024, § 9 EStG, Vor Anm. 1 bis Anm. 236.

Krüger, Verfahren und Rechtschutz im Lohnsteuerrecht, in Drüen (Hrsg.), Besteuerung von Arbeitnehmern, DStJG 40/2017 S. 145–176.

Krüger in Weber-Grellet (Hrsg.), Einkommensteuergesetz, Kommentar, 44. Aufl. 2025, § 9 EStG.

Lübbehüsen/Kahle, Besteuerung von Betriebsstätten und Grundfragen der internationalen Unternehmensbesteuerung, in Lübbehüsen/Kahle (Hrsg.), Brennpunkte der Besteuerung von Betriebsstätten, 2. Aufl. 2019, S. 61–86.

Mader, Neue BFH-Urteile zur Anerkennung von Ehegattenarbeitsverhältnissen, B+P 2021 S. 331–336.

Maier/Schanz, Vereinfachung der Einkommensteuererklärung für Arbeitnehmer durch Schaffung einer Hybrid-Work-Pauschale – Basierend auf einer empirischen Auswertung pseudonymisierter Steuerbescheide, DStR 2024 S. 1449–1464.

Mellinghoff, Digitalisierung im Steuerrecht – Zur Konferenz des LMUDigiTax am 24. und 25. März 2022, RET 3/2022 S. 42–48.

Mellinghoff, Schritte zu einer bürgerfreundlichen Einkommensteuer, DB 40–41/2024 S. M4–M5.

Micker, Verfassungsrechtliche Zweifel an der teilweisen Abschaffung der Pendlerpauschale, DStR 2007 S. 1145–1149.

Müller, Mögliche Auswirkungen der Corona-Pandemie auf die steuerrechtliche Beurteilung des häuslichen Arbeitszimmers, DStR 2020 S. 760–764.

Niemann/Schreiber, Herausforderungen und Entwicklungsperspektiven des Steuersystems, ZfbF 2020 S. 1–48.

Nürnberg, Beck'sches Steuer- und Bilanzrechtslexikon, Stichwort: Influencer, 70. Ed. 2025, Stand: 1.1.2025.

OECD, Taxing Wages 2024 – Tax and Gender through the Lens of the Second Earner, OECD Publishing, Paris.

Recktenwald, System der Steuerwirkungen, in Recktenwald (Hrsg.), Finanztheorie, 2. Aufl. 1970, S. 363–365.

Reimer, Der Ort der Arbeit, FR 2021 S. 1005–1010.

Reusch/Jüngling, Praktische Probleme der Einführung einer Digital Services Tax am Beispiel Frankreichs, beck.digitax 2020 S. 6–12.

Rodi, Die Zukunft der Energiesteuern im Rahmen der Energiewende, in Dünkel/Fahl/Hardtke/Harrendorf/Regge/Sowada (Hrsg.), Strafrecht, Wirtschaftsstrafrecht, Steuerrecht – Gedächtnisschrift für Wolfgang Joecks, 2018, S. 739–752.

Salzborn, Regulierung künstlicher Intelligenz – klima- und umweltschutzrelevant!, ZUR 2021 S. 513–515.

Schmidt, Quo vadis, „Bürgernahe Einkommensteuer"? – Der Abschlussbericht der vom BMF eingesetzten Expertenkommission auf dem Prüfstand (Teil I), DB 2024 S. 2451–2459.

Schmidt, Quo vadis, „Bürgernahe Einkommensteuer"? – Der Abschlussbericht der vom BMF eingesetzten Expertenkommission auf dem Prüfstand (Teil II), DB 2024 S. 2528–2533.

Schmidt, Quo vadis, „Bürgernahe Einkommensteuer"? – Der Abschlussbericht der vom BMF eingesetzten Expertenkommission auf dem Prüfstand (Teil III), DB 2024 S. 2594–2598.

Schober, Die Mobilitätsprämie – Eine beispiellose Steuerinnovation 2.0, FR 2021 S. 482–487.

Schön, Grenzüberschreitungen der Steuerrechtswissenschaft, StuW 2018 S. 201–215.

Schön, Der vollständige Steuerjurist – Joachim Lang (1940–2018) zum Gedenken, StuW 2018 S. 301–304.

Schurowski, Der automatische Austausch von Finanzkonteninformationen in Steuersachen – Eine datenschutzrechtliche Betrachtung internationaler Amtshilfe, StuW 2021 S. 61–79.

Seifert, Das Steuerentlastungsgesetz 2022, StuB 2022 S. 510–511.

Sievert, Grundlagen und Systematik, in Jesgarzewski/Schmittmann (Hrsg.), Steuerrecht – Grundlagen und Anwendungsfälle aus der Wirtschaft, 4. Aufl. 2023, S. 11–44.

Sixt, Der kommerzialisierbare Teil des Namensrechts – Auswirkungen auf die Tätigkeit von Influencern – Konsequenzen aus dem BFH-Urteil vom 12.6.2019 - X R 20/17, StuB 2023 S. 80–84.

Sopp/Gast/Ullmann, Arbeitszimmer, Homeoffice-Pauschale und Entfernungspauschale – Steuerliche Anreize bei Nutzung der Wohnung als Arbeitsstätte, FR 2022 S. 106–115.

Stache, Werbungskosten – Rechtsgrundlagen und Praxis, 3. Aufl. 2023.

Straßburger in Kirchhof/Kulosa/Ratschow (Hrsg.), Einkommensteuergesetz, Kommentar, Band 2, 2020, § 9 EStG.

Strohner, Impulse und Grenzen der steuerlichen Gestaltung im Arbeitsverhältnis, in Drüen (Hrsg.), Besteuerung von Arbeitnehmern, DStJG 40/2017 S. 501–531.

Tappe, Werbungskosten des Arbeitnehmers, in Drüen (Hrsg.), Besteuerung von Arbeitnehmern, DStJG 40/2017 S. 333–362.

Thürmer in Brandis/Heuermann (Hrsg.), Ertragsteuerrecht, Kommentar, 172. Erg.-Lfg. Juli 2024, Werkstand: 174. Erg.-Lfg. November 2024, § 9 EStG.

Tipke, Die Steuerrechtsordnung, Band 1 – Wissenschaftsorganisatorische, systematische und grundrechtlich-rechtsstaatliche Grundlagen, 2. Aufl. 2000.

Trinks/Trinks, Steuerliche Abzugsfähigkeit von Brillen – Großer Rechtsprechungsüberblick, NWB 2021 S. 2445–2448.

Tschatsch/Vrielink, Ertragsteuerliche Beurteilung der Überlassung des kommerzialisierbaren Teils des Namensrechts einer natürlichen Person, NWB 2020 S. 216–217.

Wagner, Die Lohnsteuer – die „graue Maus" des Steuerrechts?, FR 2023 S. 557–565.

Wagner, Werbungskosten, in Birk/Myßen/Seidel/Wagner (Hrsg.), Lohnsteuer – Steuerrecht – Arbeitsrecht – Sozialversicherungsrecht, Online-Aktualisierung (4. Edition) zum 1.9.2024.

Wagner, Über das Nettoprinzip bei der „Lohnsteuer" – und einige Meilensteine der Rechtsschutzgewährung in Wolsztynski/Coenen/Krumm (Hrsg.), Steuerrechtsschutz im Wandel der Zeit – Festschrift 75 Jahre Finanzgericht Münster, 2024, S. 427–440.

Weber-Grellet, Lenkungssteuern im Rechtssystem, NJW 2001 S. 3657–3664.

Weber-Grellet, Die Ethik des Steuerrechts, DStR 2018 S. 1398–1402.

Wernsmann, Die Neuregelung der Entfernungspauschale ist verfassungsgemäß, DStR 2007 S. 1149–1154.

Wernsmann, Die Einschränkungen des Werbungskosten- und Betriebsausgabenabzugs im Zusammenhang mit Pendlerpauschale, Arbeitszimmer, Alterseinkünften und Abgeltungssteuer, Beihefter zu DStR 17/2008 S. 37–48.

Werth, Zufluss von Arbeitslohn aufgrund der Zahlung von Verwarnungsgeldern durch den Arbeitgeber, DB 2021 S. 202–203.

Winterhalter/Niekler, Das Trilemma datenbasierter Besteuerungsansätze und seine Lösung durch digitale Dokumentation mithilfe von Process-Mining- und Blockchain-Verfahren, beck.digitax 2020 S. 49–53.

Wittwer, Aufwendungen für ein häusliches Arbeitszimmer: Plädoyer für eine Steuervereinfachung, FR 2021 S. 1019–1023.

Woitok, Bewahrt COVID-19 den Solidaritätszuschlag vor der Verfassungswidrigkeit? – Zu den Anforderungen an die Erhebung, Begründung und „Umwidmung" von Ergänzungsabgaben, StuW 2021 S. 17–28.

Wünnemann/Koller/Fochmann, Reformbedarf Unternehmensteuern zur Bundestagswahl 2025, DStR 2025 S. 2–9.

Zenthöfer et al., Einkommensteuer, 15. Aufl. 2024.

B. Nationale Gesetzesmaterialien

Abgabenordnung in der Fassung der Bekanntmachung vom 23. Januar 2025 (BGBl 2025 I Nr. 24).

Aktiengesetz vom 6. September 1965 (BGBl 1965 I S. 1089), das zuletzt durch Artikel 18 des Gesetzes vom 23. Oktober 2024 (BGBl 2024 I Nr. 323) geändert worden ist.

Außensteuergesetz vom 8. September 1972 (BGBl 1972 I S. 1713), das zuletzt durch Artikel 14 des Gesetzes vom 2. Dezember 2024 (BGBl 2024 I Nr. 387) geändert worden ist.

Bürgerliches Gesetzbuch in der Fassung der Bekanntmachung vom 2. Januar 2002 (BGBl 2002 I S. 42, 2909; 2003 I S. 738), das zuletzt durch Artikel 14 des Gesetzes vom 23. Oktober 2024 (BGBl 2024 I Nr. 323) geändert worden ist.

Bundesrechtsanwaltsordnung in der im Bundesgesetzblatt Teil III, Gliederungsnummer 303-8, veröffentlichten bereinigten Fassung, die zuletzt durch Artikel 13 des Gesetzes vom 23. Oktober 2024 (BGBl 2024 I Nr. 323) geändert worden ist.

Bundesumzugskostengesetz vom 11. Dezember 1990 (BGBl 1990 I S. 2682), das zuletzt durch Artikel 7 des Gesetzes vom 9. Dezember 2019 (BGBl 2019 I S. 2053) geändert worden ist.

Das Dritte Buch Sozialgesetzbuch – Arbeitsförderung – (Artikel 1 des Gesetzes vom 24. März 1997, BGBl 1997 I S. 594, 595), das zuletzt durch Artikel 60 des Gesetzes vom 23. Oktober 2024 (BGBl 2024 I Nr. 323) geändert worden ist.

Das Vierte Buch Sozialgesetzbuch – Gemeinsame Vorschriften für die Sozialversicherung – in der Fassung der Bekanntmachung vom 12. November 2009 (BGBl 2009 I S. 3710, 3973; 2011 I S. 363), das zuletzt durch Artikel 9 des Gesetzes vom 18. Dezember 2024 (BGBl 2024 I Nr. 423) geändert worden ist.

Einkommensteuergesetz in der Fassung der Bekanntmachung vom 8. Oktober 2009 (BGBl 2009 I S. 3366, 3862), das zuletzt durch Artikel 2 des Gesetzes vom 23. Dezember 2024 (BGBl 2024 I Nr. 449) geändert worden ist.

Forstschäden-Ausgleichsgesetz in der Fassung der Bekanntmachung vom 26. August 1985 (BGBl 1985 I S. 1756), das zuletzt durch Artikel 111 des Gesetzes vom 10. August 2021 (BGBl 2021 I S. 3436) geändert worden ist.

Gesetz gegen den unlauteren Wettbewerb in der Fassung der Bekanntmachung vom 3. März 2010 (BGBl 2010 I S. 254), das zuletzt durch Artikel 21 des Gesetzes vom 6. Mai 2024 (BGBl 2024 I Nr. 149) geändert worden ist.

Gesetz über Sonderabschreibungen und Abzugsbeträge im Fördergebiet (Fördergebietsgesetz) in der Fassung der Bekanntmachung vom 23. September 1993 (BGBl 1993 I

S. 1654), das zuletzt durch Art. 68 des Zweiten Gesetzes über die weitere Bereinigung von Bundesrecht vom 8. Juli 2016 (BGBl 2016 I S. 1594) geändert worden ist.

Gesetz über steuerliche Maßnahmen bei Auslandsinvestitionen der deutschen Wirtschaft vom 18. August 1969 (BGBl 1969 I S. 1211, 1214), das zuletzt durch Artikel 268 der Verordnung vom 31. August 2015 (BGBl 2015 I S. 1474) geändert worden ist.

Gesetz zur Änderung der Abgabenordnung und weiterer Gesetze vom 21. Juli 2004, BGBl 2004 I S. 1753.

Gesetz zur Förderung ganzjähriger Beschäftigung vom 24.04.2006, BGBl 2006 I S. 926.

Gesetz zur Fortentwicklung des Steuerrechts und zur Anpassung des Einkommensteuertarifs (Steuerfortentwicklungsgesetz) vom 23.12.2024, BGBl 2024 I Nr. 449.

Gesetz zur Stärkung von Wachstumschancen, Investitionen und Innovation sowie Steuervereinfachung und Steuerfairness (Wachstumschancengesetz) vom 27.03.2024, BGBl 2024 I Nr. 108.

Gesetz zur Umsetzung der Amtshilferichtlinie sowie zur Änderung steuerlicher Vorschriften (Amtshilferichtlinie-Umsetzungsgesetz – AmtshilfeRLUmsG) vom 26.06.2013, BGBl 2013 I S. 1809.

Grundgesetz für die Bundesrepublik Deutschland in der im Bundesgesetzblatt Teil III, Gliederungsnummer 100-1, veröffentlichten bereinigten Fassung, das zuletzt durch Artikel 1 des Gesetzes vom 20. Dezember 2024 (BGBl 2024 I Nr. 439) geändert worden ist.

Heimarbeitsgesetz in der im Bundesgesetzblatt Teil III, Gliederungsnummer 804-1, veröffentlichten bereinigten Fassung, das zuletzt durch Artikel 51 des Gesetzes vom 23. Oktober 2024 (BGBl 2024 I Nr. 323) geändert worden ist.

Hochschulrahmengesetz in der Fassung der Bekanntmachung vom 19. Januar 1999 (BGBl 1999 I S. 18), das zuletzt durch Artikel 1 des Gesetzes vom 15. November 2019 (BGBl 2019 I S. 1622) geändert worden ist.

Jahressteuergesetz 2020 vom 21. Dezember 2020, BGBl 2020 I S. 3096.

Jahressteuergesetz 2022 vom 16. Dezember 2022, BGBl 2022 I S. 2294.

Onlinezugangsgesetz vom 14. August 2017 (BGBl 2017 I S. 3122, 3138), das zuletzt durch Artikel 1 des Gesetzes vom 19. Juli 2024 (BGBl 2024 I Nr. 245) geändert worden ist.

Steuerentlastungsgesetz vom 23.05.2022, BGBl 2022 I S. 749.

Viertes Gesetz zur Entlastung der Bürgerinnen und Bürger, der Wirtschaft sowie der Verwaltung von Bürokratie (Viertes Bürokratieentlastungsgesetz) v. 23.10.2024, BGBl 2024 I Nr. 323.

Viertes Gesetz zur Umsetzung steuerlicher Hilfsmaßnahmen zur Bewältigung der Corona-Krise (Viertes Corona-Steuerhilfegesetz) vom 19.06.2022, BGBl 2022 I S. 911.

C. Rechtsakte und Verlautbarungen der Europäischen Union

Verordnung (EU) 2024/1689 des Europäischen Parlaments und des Rates vom 13. Juni 2024 zur Festlegung harmonisierter Vorschriften für künstliche Intelligenz und zur Änderung der Verordnungen (EG) Nr. 300/2008, (EU) Nr. 167/2013, (EU) Nr. 168/2013, (EU) 2018/858, (EU) 2018/1139 und (EU) 2019/2144 sowie der Richtlinien 2014/90/EU, (EU) 2016/797 und (EU) 2020/1828 (Verordnung über künstliche Intelligenz), ABl EU L v. 12.07.2024.

D. Verwaltungsanweisungen

Durchführungsverordnungen

Einkommensteuer-Durchführungsverordnung in der Fassung der Bekanntmachung vom 10. Mai 2000 (BGBl 2000 I S. 717), die zuletzt durch Artikel 7 des Gesetzes vom 2. Dezember 2024 (BGBl 2024 I Nr. 387) geändert worden ist.

Lohnsteuer-Durchführungsverordnung in der Fassung der Bekanntmachung vom 10. Oktober 1989 (BGBl 1989 I S. 1848), die zuletzt durch Artikel 2 der Verordnung vom 25. Juni 2020 (BGBl 2020 I S. 1495) geändert worden ist.

Erlasse

Anwendungserlass zur Abgabenordnung (AEAO) v. 31.1.2014 (BStBl 2014 I S. 290), zuletzt geändert durch BMF, Schreiben v. 3.3.2025 (DStR 2025 S. 594).

BMF, Schreiben v. 22.2.1991 - IV B 6 - S 2360-3/91, BStBl 1991 I S. 951.

BMF, Schreiben v. 30.6.1997 - IV B 6 - S 2334 - 148/97, BStBl 1997 I S. 696.

BMF, Schreiben v. 26.9.2003 - IV A 5 - S 2227 - 1/03, BStBl 2003 I S. 447.

BMF, Schreiben v. 28.10.2009 - IV C 5 - S 2332/09/10004, BStBl 2009 I S. 1275.

BMF, Schreiben v. 22.9.2010 - IV C 4 - S 2227/07/10002 :002, BStBl 2010 I S. 721.

BMF, Schreiben v. 13.4.2012 - IV C 5 - S 2332/07/0001, BStBl 2012 I S. 531.

BMF, Schreiben v. 18.4.2019 - IV C 1 - S 2211/16/10003 :005, BStBl 2019 I S. 461.

BMF, Schreiben v. 15.8.2019 - IV C 5 - S 2342/19/10007 :001, BStBl 2019 I S. 875.

BMF, Schreiben v. 25.11.2020 - IV C 5 - S 2353/19/10011 :006, BStBl 2020 I S. 1228.

BMF, Schreiben v. 21.7.2021 - IV C 5 - S 2353/20/10004 :002, BStBl 2021 I S. 1021.

BMF, Schreiben v. 18.11.2021 - IV C 5 - S 2351/20/10001 :002, BStBl 2021 I S. 2315.

BMF, Schreiben v. 15.3.2022 - IV C 5 - S 2334/19/10007 :007, BStBl 2022 I S. 242.

BMF, Schreiben v. 15.8.2023 - IV C 6 - S 2145/19/10006 :027, BStBl 2023 I S. 1551.

BMF, Schreiben v. 12.12.2023 - IV B 2 - S 1300/21/10024 :005, BStBl 2023 I S. 2179.

BMF, Schreiben v. 28.12.2023 - IV C 5 - S 2353/20/10004 :003, BStBl 2024 I S. 84.

BMF, Schreiben v. 11.11.2024 - IV C 5 - S 2332/23/10006 :001, BStBl 2024 I S. 1412.

BMF, Schreiben v. 2.12.2024 - IV C 5 - S 2353/19/10010 :006, BStBl 2024 I S. 1549.

FinMin Schleswig-Holstein, Erlass v. 2.7.2024 - VI 3010-S 2240-190, DB 2024 S. 2057.

BMF, Schreiben v. 13.12.2024 - IV C 5 - S 2363/19/10007 :004, BStBl 2025 I S. 64.

Verfügungen

OFD Münster, Verfügung v. 15.6.2007, Kurzinformation Einkommensteuer Nr. 016/2007, DStR 2007 S. 1165.

Verordnungen

Auslandsumzugskostenverordnung vom 26. November 2012 (BGBl 2012 I S. 2349), die zuletzt durch Artikel 2 der Verordnung vom 27. Juni 2018 (BGBl 2018 I S. 891) geändert worden ist.

Richtlinien

Einkommensteuer-Richtlinien 2012 (EStR 2012), Allgemeine Verwaltungsvorschrift zur Anwendung des Einkommensteuerrechts vom 16. Dezember 2005 (BStBl 2005 I Sondernummer 1), in der Fassung der Einkommensteuer-Änderungsrichtlinien 2012 v. 25. März 2013 (BStBl 2013 I S. 276), mit den Einkommensteuer-Hinweisen 2023.

Lohnsteuer-Richtlinien 2023 (LStR 2023), Allgemeine Verwaltungsvorschrift zur Besteuerung des Arbeitslohns 2023 vom 5. Dezember 2022 (BStBl 2022 I Sondernummer 2 S. 2) mit den Lohnsteuer-Hinweisen 2024.

Sonstige Verlautbarungen

FinMin Schleswig-Holstein, Kurzinformation v. 8.5.2023 - VI 3510 - S 7100-767, DStR 2023 S. 1358.

FinMin Schleswig-Holstein, Einkommensteuer-Kurzinformation Nr. 2024/6 v. 8.3.2024 - VI 308-S 2353-128, DStR 2024 S. 2179.

E. Entscheidungen oberster Gerichte

Bundesfinanzhof

BFH, Urteil v. 16.3.1951 - IV 197/50 U, BStBl 1951 III S. 97.

BFH, Urteil v. 15.11.1957 - VI 79/55 U, BStBl 1958 III S. 103.

BFH, Urteil v. 28.3.1958 - VI 233/56 S, BStBl 1958 III S. 268.

BFH, Urteil v. 14.5.1958 - IV 278/56 U, BStBl 1958 III S. 316.

BFH, Urteil v. 11.3.1960 - VI 172/58 U, BStBl 1960 III S. 214.

BFH, Urteil v. 4.8.1961 - VI 162/59 U, BStBl 1962 III S. 5.

BFH, Urteil v. 25.8.1961 - VI 99/59 S, BStBl 1961 III S. 482.

BFH, Urteil v. 3.11.1961 - VI 196/60 U, BStBl 1962 III S. 123.

BFH, Urteil v. 7.8.1967 - VI R 25/67, BStBl 1967 III S. 778.

BFH, Urteil v. 26.1.1968 - VI R 131/66, BStBl 1968 II S. 342.

BFH, Urteil v. 23.2.1968 - VI R 292/66, BStBl 1968 II S. 434.

BFH, Beschluss v. 19.10.1970 - GrS 2/70, BStBl 1971 II S. 17.

BFH, Urteil v. 10.12.1971 - VI R 112/70, BStBl 1972 II S. 251.

BFH, Urteil v. 18.1.1974 - VI R 221/69, BStBl 1974 II S. 301.

BFH, Urteil v. 31.1.1975 - VI R 230/71, BStBl 1975 II S. 358.

BFH, Urteil v. 10.10.1975 - VI R 33/74, BStBl 1975 II S. 852.

BFH, Urteil v. 20.1.1976 - VIII R 253/71, BStBl 1976 II S. 305.

BFH, Beschluss v. 2.4.1976 - VI B 85/75, BStBl 1976 II S. 452.

BFH, Urteil v. 10.9.1976 - VI R 80/74, BStBl 1977 II S. 178.

BFH, Urteil v. 17.12.1976 - VI R 145/74, BStBl 1977 II S. 294.

BFH, Urteil v. 18.2.1977 - VI R 182/75, BStBl 1977 II S. 464.

BFH, Urteil v. 4.3.1977 - VI R 213/75, BStBl 1977 II S. 507.

BFH, Urteil v. 10.3.1978 - VI R 111/76, BStBl 1978 II S. 459.

BFH, Urteil v. 23.6.1978 - VI R 133/76, BStBl 1978 II S. 457.

BFH, Urteil v. 14.7.1978 - VI R 158/76, BStBl 1978 II S. 553.

BFH, Urteil v. 10.11.1978 - VI R 21/76, BStBl 1979 II S. 219.

BFH, Urteil v. 14.12.1978 - I R 121/76, BStBl 1979 II S. 188.

BFH, Urteil v. 20.2.1979 - VIII R 52/77, BStBl 1979 II S. 414.

BFH, Urteil v. 11.7.1980 - VI R 55/79, BStBl 1980 II S. 655.

BFH, Urteil v. 7.11.1980 - VI R 50/79, BStBl 1981 II S. 216.

BFH, Urteil v. 28.11.1980 - VI R 193/77, BStBl 1981 II S. 368.

BFH, Urteil v. 2.12.1980 - VIII R 32/75, BStBl 1981 II S. 170.

BFH, Urteil v. 19.2.1982 - VI R 31/78, BStBl 1982 II S. 467.

BFH, Urteil v. 1.10.1982 - VI R 192/79, BStBl 1983 II S. 17.

BFH, Urteil v. 9.11.1982 - VIII R 198/81, BStBl 1983 II S. 297.

BFH, Urteil v. 20.12.1982 - VI R 123/81, BStBl 1983 II S. 269.

BFH, Urteil v. 29.4.1983 - VI R 139/80, BStBl 1983 II S. 586.

BFH, Urteil v. 13.1.1984 - VI R 194/80, BStBl 1984 II S. 315.

BFH, Urteil v. 9.5.1984 - VI R 63/80, BStBl 1984 II S. 560.

BFH, Urteil v. 18.5.1984 - VI R 130/80, BStBl 1984 II S. 588.

BFH, Urteil v. 28.9.1984 - VI R 127/80, BStBl 1985 II S. 87.

BFH, Urteil v. 28.9.1984 - VI R 144/83, BStBl 1985 II S. 89.

BFH, Urteil v. 11.10.1984 - VI R 48/81, BStBl 1985 II S. 10.

BFH, Urteil v. 4.7.1985 - IV R 136/83, BStBl 1985 II S. 576.

BFH, Urteil v. 3.10.1985 - VI R 168/84, BStBl 1986 II S. 95.

BFH, Urteil v. 3.10.1985 - VI R 129/82, BStBl 1986 II S. 369.

BFH, Urteil v. 4.7.1986 - VI R 227/83, BStBl 1986 II S. 771.

BFH, Urteil v. 11.7.1986 - VI R 39/83, BStBl 1986 II S. 866.

BFH, Urteil v. 25.7.1986 - VI R 203/83, BStBl 1986 II S. 868.

BFH, Urteil v. 29.7.1986 - IX R 206/84, BStBl 1986 II S. 747.

BFH, Urteil v. 6.11.1986 - VI R 106/85, BStBl 1987 II S. 81.

BFH, Urteil v. 26.6.1987 - VI R 124/83, BStBl 1987 II S. 818.

BFH, Urteil v. 15.7.1987 - X R 19/80, BStBl 1987 II S. 746.

BFH, Urteil v. 7.8.1987 - VI R 60/84, BStBl 1987 II S. 780.

BFH, Urteil v. 28.1.1988 - IV R 186/85, BStBl 1988 II S. 635.

BFH, Urteil v. 25.2.1988 - IV R 32/86, BStBl 1988 II S. 827.

BFH, Urteil v. 18.3.1988 - VI R 90/84, BStBl 1988 II S. 988.

BFH, Urteil v. 25.3.1988 - VI R 207/84, BStBl 1988 II S. 706.

BFH, Urteil v. 28.4.1988 - IV R 42/86, BStBl 1988 II S. 777.

BFH, Urteil v. 9.6.1988 - VI R 85/85, BStBl 1988 II S. 990.

BFH, Urteil v. 26.8.1988 - VI R 175/85, BStBl 1989 II S. 91.

BFH, Urteil v. 21.10.1988 - VI R 18/86, BStBl 1989 II S. 356.

BFH, Urteil v. 9.12.1988 - VI R 199/84, BStBl 1989 II S. 296.

BFH, Urteil v. 14.2.1989 - IX R 109/84, BStBl 1989 II S. 922.

BFH, Urteil v. 7.4.1989 - VI R 176/85, BStBl 1989 II S. 360.

BFH, Urteil v. 6.7.1989 - IV R 91-92/87, BStBl 1990 II S. 49.

BFH, Urteil v. 21.7.1989 - VI R 129/86, BStBl 1989 II S. 917.

BFH, Urteil v. 19.10.1989 - VI R 155/88, BStBl 1990 II S. 134.

BFH, Urteil v. 31.10.1989 - VIII R 210/83, BStBl 1990 II S. 532.

BFH, Urteil v. 2.2.1990 - VI R 15/86, BStBl 1990 II S. 472.

BFH, Urteil v. 2.2.1990 - VI R 22/86, BStBl 1990 II S. 684.

BFH, Urteil v. 16.2.1990 - VI R 85/87, BStBl 1990 II S. 883.

BFH, Urteil v. 9.3.1990 - VI R 48/87, BStBl 1990 II S. 447.

BFH, Beschluss v. 4.7.1990 - GrS 1/89, BStBl 1990 II S. 830.

BFH, Urteil v. 30.10.1990 - VIII R 42/87, BStBl 1991 II S. 340.

BFH, Urteil v. 18.1.1991 - VI R 132/86, BStBl 1991 II S. 408.

BFH, Urteil v. 11.7.1991 - IV R 33/90, BStBl 1992 II S. 353.

BFH, Urteil v. 27.9.1991 - VI R 1/90, BStBl 1992 II S. 195.

BFH, Urteil v. 15.11.1991 - VI R 81/88, BStBl 1992 II S. 367.

BFH, Urteil v. 22.11.1991 - VI R 77/89, BStBl 1992 II S. 494.

BFH, Urteil v. 31.1.1992 - VI R 57/88, BStBl 1992 II S. 401.

BFH, Urteil v. 7.2.1992 - VI R 93/90, BStBl 1992 II S. 531.

BFH, Urteil v. 28.2.1992 - VI R 146/87, BStBl 1992 II S. 733.

BFH, Urteil v. 6.3.1992 - VI R 163/88, BStBl 1992 II S. 661.

BFH, Urteil v. 20.3.1992 - VI R 55/89, BStBl 1993 II S. 192.

BFH, Urteil v. 27.3.1992 - VI R 145/89, BStBl 1992 II S. 837.

BFH, Urteil v. 24.4.1992 - VI R 105/89, BStBl 1992 II S. 664.

BFH, Beschluss v. 29.4.1992 - VI B 152/91, BStBl 1992 II S. 752.

BFH, Urteil v. 17.7.1992 - VI R 96/88, DStR 1992 S. 1396.

BFH, Urteil v. 24.7.1992 - VI R 126/88, BStBl 1993 II S. 155.

BFH, Urteil v. 2.10.1992 - VI R 11/90, BStBl 1993 II S. 53.

BFH, Urteil v. 16.10.1992 - VI R 132/88, BStBl 1993 II S. 610.

BFH, Urteil v. 23.10.1992 - VI R 31/92, BStBl 1993 II S. 193.

BFH, Urteil v. 23.10.1992 - VI R 59/91, BStBl 1993 II S. 303.

BFH, Urteil v. 15.1.1993 - VI R 98/88, BStBl 1993 II S. 348.

BFH, Urteil v. 11.2.1993 - VI R 66/91, BStBl 1993 II S. 450.

BFH, Urteil v. 11.2.1993 - VI R 82/92, BStBl 1993 II S. 518.

BFH, Beschluss v. 19.2.1993 - VI B 137/92, BStBl 1993 II S. 403.

BFH, Urteil v. 19.2.1993 - VI R 42/92, BStBl 1993 II S. 519.

BFH, Urteil v. 12.3.1993 - VI R 92/92, BStBl 1993 II S. 506.

BFH, Urteil v. 25.3.1993 - VI R 14/90, BStBl 1993 II S. 559.

BFH, Urteil v. 25.3.1993 - VI R 58/92, BStBl 1993 II S. 639.

BFH, Urteil v. 7.5.1993 - VI R 38/91, BStBl 1993 II S. 663.

BFH, Urteil v. 29.6.1993 - VI R 77/91, BStBl 1993 II S. 837.

BFH, Urteil v. 29.6.1993 - VI R 53/92, BStBl 1993 II S. 838.

BFH, Urteil v. 22.7.1993 - VI R 122/92, BStBl 1994 II S. 510.

BFH, Urteil v. 13.8.1993 - VI R 51/92, BStBl 1994 II S. 33.

BFH, Urteil v. 8.10.1993 - VI R 10/90, BStBl 1994 II S. 114.

BFH, Urteil v. 29.10.1993 - VI R 26/92, BStBl 1994 II S. 197.

BFH, Urteil v. 9.11.1993 - IX R 81/90, BStBl 1994 II S. 289.

BFH, Urteil v. 26.11.1993 - VI R 3/92, BStBl 1994 II S. 242.

BFH, Urteil v. 30.11.1993 - VI R 21/92, BStBl 1994 II S. 256.

BFH, Urteil v. 1.12.1993 - I R 61/93, BStBl 1994 II S. 323.

BFH, Urteil v. 21.1.1994 - VI R 112/92, BStBl 1994 II S. 418.

BFH, Urteil v. 27.5.1994 - VI R 67/92, BStBl 1995 II S. 17.

BFH, Urteil v. 1.7.1994 - VI R 67/93, BStBl 1995 II S. 273.

BFH, Urteil v. 15.7.1994 - VI R 70/93, BStBl 1994 II S. 896.

BFH, Urteil v. 4.8.1994 - VI R 94/93, BStBl 1994 II S. 944.

BFH, Urteil v. 5.10.1994 - VI R 62/90, BStBl 1995 II S. 180.

BFH, Urteil v. 6.10.1994 - VI R 136/89, BStBl 1995 II S. 184.

BFH, Urteil v. 6.3.1995 - VI R 76/94, BStBl 1995 II S. 393.

BFH, Urteil v. 12.5.1995 - VI R 64/94, BStBl 1995 II S. 644.

BFH, Urteil v. 30.6.1995 - VI R 26/95, BStBl 1995 II S. 744.

BFH, Urteil v. 27.7.1995 - VI R 17/95, BStBl 1995 II S. 728.

BFH, Urteil v. 10.10.1995 - VIII R 56/91, NWB RAAAB-37553.

BFH, Urteil v. 13.3.1996 - VI R 103/95, BStBl 1996 II S. 375.

BFH, Urteil v. 27.9.1996 - VI R 44/96, BStBl 1997 II S. 146.

BFH, Urteil v. 8.11.1996 - VI R 65/94, BStBl 1997 II S. 207.

BFH, Beschluss v. 9.6.1997 - GrS 1/94, BStBl 1998 II S. 307.

BFH, Urteil v. 2.12.1998 - X R 83/96, BStBl 1999 II S. 534.

BFH, Urteil v. 23.9.1999 - VI R 74/98, BStBl 2000 II S. 7.

BFH, Urteil v. 24.2.2000 - IV R 75/98, BStBl 2000 II S. 314.

BFH, Urteil v. 24.5.2000 - VI R 28/97, BStBl 2000 II S. 474.

BFH, Urteil v. 24.5.2000 - VI R 147/99, BStBl 2000 II S. 476.

BFH, Urteil v. 24.5.2000 - VI R 17/96, BStBl 2000 II S. 584.

BFH, Urteil v. 24.5.2000 - VI R 188/97, BStBl 2000 II S. 586.

BFH, Urteil v. 21.9.2000 - IV R 78/99, BStBl 2001 II S. 70.

BFH, Urteil v. 23.11.2000 - VI R 38/97, BStBl 2001 II S. 132.

BFH, Urteil v. 23.11.2000 - VI R 93/98, BStBl 2001 II S. 199.

BFH, Urteil v. 29.11.2000 - I R 102/99, BStBl 2001 II S. 195.

BFH, Urteil v. 23.3.2001 - VI R 189/97, BStBl 2002 II S. 56.

BFH, Urteil v. 23.3.2001 - VI R 175/99, BStBl 2001 II S. 585.

BFH, Urteil v. 12.9.2001 - VI R 72/97, BStBl 2001 II S. 775.

BFH, Urteil v. 19.12.2001 - I R 63/00, BStBl 2003 II S. 302.

BFH, Urteil v. 15.5.2002 - I R 40/01, BStBl 2002 II S. 660.

BFH, Urteil v. 6.6.2002 - VI R 178/97, BStBl 2003 II S. 34.

BFH, Urteil v. 13.6.2002 - VI R 168/00, BStBl 2003 II S. 765.

BFH, Urteil v. 19.9.2002 - VI R 70/01, BStBl 2003 II S.139.

BFH, Urteil v. 16.10.2002 - XI R 89/00, BStBl 2003 II S.185.

BFH, Urteil v. 13.11.2002 - VI R 28/02, BStBl 2004 II S.59.

BFH, Urteil v. 13.11.2002 - VI R 82/01, BStBl 2004 II S.62.

BFH, Urteil v. 13.11.2002 - VI R 104/01, BStBl 2004 II S.65.

BFH, Urteil v. 4.12.2002 - VI R 120/01, BStBl 2003 II S.403.

BFH, Urteil v. 5.12.2002 - IV R 7/01, BStBl 2003 II S.463.

BFH, Urteil v. 17.12.2002 - VI R 188/98, BStBl 2003 II S.314.

BFH, Urteil v. 23.1.2003 - IV R 71/00, BStBl 2004 II S.43.

BFH, Urteil v. 21.2.2003 - VI R 14/02, BStBl 2004 II S.68.

BFH, Urteil v. 26.2.2003 - VI R 124/01, BStBl 2004 II S.69.

BFH, Urteil v. 26.2.2003 - VI R 125/01, BStBl 2004 II S.72.

BFH, Urteil v. 26.2.2003 - VI R 130/01, BStBl 2004 II S.74.

BFH, Urteil v. 26.2.2003 - VI R 160/99, BStBl 2003 II S.515.

BFH, Urteil v. 29.4.2003 - VI R 78/02, BStBl 2004 II S.76.

BFH, Urteil v. 26.6.2003 - IV R 9/03, BStBl 2004 II S.50.

BFH, Urteil v. 22.7.2003 - VI R 137/99, BStBl 2004 II S.888.

BFH, Urteil v. 7.8.2003 - VI R 16/01, BStBl 2004 II S.77.

BFH, Urteil v. 7.8.2003 - VI R 17/01, BStBl 2004 II S.78.

BFH, Urteil v. 7.8.2003 - VI R 41/98, BStBl 2004 II S.80.

BFH, Urteil v. 7.8.2003 - VI R 162/00, BStBl 2004 II S.83.

BFH, Urteil v. 28.8.2003 - IV R 53/01, BStBl 2004 II S.55.

BFH, Beschluss v. 11.9.2003 - VI B 101/03, BStBl 2003 II S.89.

BFH, Urteil v. 13.10.2003 - VI R 27/02, BStBl 2004 II S.771.

BFH, Urteil v. 4.11.2003 - VI R 96/01, BStBl 2004 II S.891.

BFH, Urteil v. 19.11.2003 - I R 19/03, BStBl 2004 II S.549.

BFH, Urteil v. 19.2.2004 - VI R 135/01, BStBl 2004 II S.958.

BFH, Urteil v. 5.8.2004 - VI R 40/03, BStBl 2004 II S.1074.

BFH, Urteil v. 6.10.2004 - VI R 27/01, BStBl 2004 II S.1071.

BFH, Urteil v. 16.12.2004 - IV R 19/03, BStBl 2005 II S. 212.

BFH, Urteil v. 18.8.2005 - VI R 39/04, BStBl 2006 II S. 428.

BFH, Urteil v. 5.10.2005 - VI R 152/01, BStBl 2006 II S. 94.

BFH, Urteil v. 2.12.2005 - VI R 63/03, BStBl 2006 II S. 329.

BFH, Urteil v. 21.2.2006 - IX R 79/01, BStBl 2006 II S. 598.

BFH, Urteil v. 4.4.2006 - VI R 44/03, BStBl 2006 II S. 567.

BFH, Urteil v. 5.4.2006 - IX R 109/00, BStBl 2006 II S. 541.

BFH, Urteil v. 5.4.2006 - IX R 111/00, BStBl 2006 II S. 654.

BFH, Urteil v. 11.4.2006 - VI R 60/02, BStBl 2006 II S. 691.

BFH, Urteil v. 23.5.2006 - VI R 21/03, BStBl 2006 II S. 600.

BFH, Urteil v. 22.6.2006 - VI R 5/03, BStBl 2007 II S. 4.

BFH, Urteil v. 22.6.2006 - VI R 5/04, BStBl 2006 II S. 717.

BFH, Urteil v. 22.6.2006 - VI R 61/02, BStBl 2006 II S. 782.

BFH, Urteil v. 22.6.2006 - VI R 21/05, BStBl 2006 II S. 915.

BFH, Urteil v. 5.9.2006 - VI R 65/03, BStBl 2007 II S. 312.

BFH, Urteil v. 20.9.2006 - I R 59/05, BStBl 2007 II S. 756.

BFH, Urteil v. 22.11.2006 - X R 1/05, BStBl 2007 II S. 304.

BFH, Urteil v. 11.1.2007 - VI R 52/03, BStBl 2007 II S. 317.

BFH, Urteil v. 11.1.2007 - VI R 8/05, BStBl 2007 II S. 457.

BFH, Urteil v. 16.1.2007 - IX R 69/04, BStBl 2007 II S. 579.

BFH, Urteil v. 1.2.2007 - VI R 25/03, BStBl 2007 II S. 459.

BFH, Urteil v. 15.3.2007 - VI R 14/04, BStBl 2007 II S. 814.

BFH, Urteil v. 12.4.2007 - VI R 53/04, BStBl 2007 II S. 536.

BFH, Urteil v. 3.5.2007 - VI R 37/05, BStBl 2007 II S. 71.

BFH, Urteil v. 24.5.2007 - VI R 78/04, BStBl 2007 II S. 721.

BFH, Urteil v. 24.5.2007 - VI R 73/05, BStBl 2007 II S. 766.

BFH, Urteil v. 26.7.2007 - VI R 64/06, BStBl 2007 II S. 892.

BFH, Urteil v. 9.8.2007 - VI R 23/05, BStBl 2009 II S. 722.

BFH, Urteil v. 18.10.2007 - VI R 42/04, BStBl 2008 II S. 223.

BFH, Urteil v. 17.1.2008 - VI R 26/06, BStBl 2008 II S. 378.

BFH, Urteil v. 7.2.2008 - VI R 75/06, BStBl 2020 II S. 48.

BFH, Urteil v. 8.5.2008 - VI R 50/05, BStBl 2008 II S. 868.

BFH, Urteil v. 10.6.2008 - VIII R 76/05, BStBl 2008 II S. 937.

BFH, Urteil v. 19.6.2008 - VI R 33/07, BStBl 2009 II S. 11.

BFH, Urteil v. 19.6.2008 - VI R 48/07, BStBl 2008 II S. 870.

BFH, Urteil v. 22.7.2008 - VI R 47/06, BStBl 2009 II S. 151.

BFH, Urteil v. 22.7.2008 - VI R 51/05, BStBl 2008 II S. 981.

BFH, Urteil v. 28.8.2008 - VI R 44/04, BStBl 2009 II S. 106.

BFH, Urteil v. 28.8.2008 - VI R 35/05, BStBl 2009 II S. 108.

BFH, Urteil v. 30.9.2008 - VI R 4/07, BStBl 2009 II S. 111.

BFH, Urteil v. 11.12.2008 - VI R 9/05, BStBl 2009 II S. 385.

BFH, Urteil v. 15.1.2009 - VI R 37/06, BStBl 2010 II S. 111.

BFH, Urteil v. 29.1.2009 - VI R 56/07, BStBl 2010 II S. 1067.

BFH, Urteil v. 11.2.2009 - I R 25/08, BStBl 2010 II S. 536.

BFH, Urteil v. 12.2.2009 - VI R 32/08, BStBl 2009 II S. 462.

BFH, Urteil v. 26.3.2009 - VI R 15/07, BStBl 2009 II S. 598.

BFH, Urteil v. 23.4.2009 - VI R 39/08, BStBl 2009 II S. 668.

BFH, Urteil v. 7.5.2009 - VI R 16/07, BStBl 2010 II S. 130.

BFH, Urteil v. 7.5.2009 - VI R 8/07, BStBl 2010 II S. 194.

BFH, Urteil v. 17.6.2009 - VI R 46/07, BStBl 2010 II S. 72.

BFH, Urteil v. 18.6.2009 - VI R 14/07, BStBl 2010 II S. 816.

BFH, Urteil v. 17.9.2009 - VI R 24/08, BStBl 2010 II S. 198.

BFH, Urteil v. 17.9.2009 - VI R 17/08, BStBl 2010 II S. 299.

BFH, Beschluss v. 21.9.2009 - GrS 1/06, BStBl 2010 II S. 672.

BFH, Urteil v. 12.11.2009 - VI R 20/07, BStBl 2010 II S. 845.

BFH, Urteil v. 11.3.2010 - VI R 7/08, BStBl 2010 II S. 763.

BFH, Urteil v. 15.4.2010 - VI R 20/08, BStBl 2010 II S. 805.

BFH, Urteil v. 6.5.2010 - VI R 25/09, BStBl 2010 II S. 851.

BFH, Urteil v. 20.5.2010 - VI R 53/09, BStBl 2011 II S. 723.

BFH, Urteil v. 20.5.2010 - VI R 12/08, BStBl 2010 II S. 1069.

BFH, Urteil v. 30.6.2010 - VI R 45/09, BStBl 2011 II S. 45.

BFH, Urteil v. 8.7.2010 - VI R 10/08, BStBl 2011 II S. 32.

BFH, Urteil v. 20.7.2010 - IX R 23/09, BStBl 2011 II S. 218.

BFH, Urteil v. 10.8.2010 - VI R 1/08, BStBl 2010 II S. 1074.

BFH, Urteil v. 25.11.2010 - VI R 34/08, BStBl 2012 II S. 24.

BFH, Urteil v. 9.12.2010 - VI R 42/09, BStBl 2011 II S. 522.

BFH, Urteil v. 13.1.2011 - VI R 61/09, BStBl 2011 II S. 479.

BFH, Urteil v. 24.2.2011 - VI R 12/10, BStBl 2011 II S. 796.

BFH, Urteil v. 14.4.2011 - VI R 24/10, BStBl 2011 II S. 767.

BFH, Urteil v. 13.7.2011 - VI R 2/11, BStBl 2012 II S. 104.

BFH, Urteil v. 28.7.2011 - VI R 7/10, BStBl 2012 II S. 557.

BFH, Urteil v. 18.10.2011 - IX R 58/10, BStBl 2012 II S. 286.

BFH, Urteil v. 27.10.2011 - VI R 71/10, BStBl 2012 II S. 234.

BFH, Urteil v. 27.10.2011 - VI R 52/10, BStBl 2012 II S. 825.

BFH, Urteil v. 16.11.2011 - VI R 97/10, BStBl 2012 II S. 343.

BFH, Urteil v. 16.11.2011 - VI R 46/10, BStBl 2012 II S. 470.

BFH, Urteil v. 16.11.2011 - VI R 19/11, BStBl 2012 II S. 520.

BFH, Urteil v. 8.12.2011 - VI R 13/11, BStBl 2012 II S. 236.

BFH, Beschluss v. 15.12.2011 - VI R 26/11, BStBl 2012 II S. 415.

BFH, Urteil v. 19.1.2012 - VI R 3/11, BStBl 2012 II S. 416.

BFH, Urteil v. 9.2.2012 - VI R 23/10, BStBl 2012 II S. 829.

BFH, Urteil v. 28.3.2012 - VI R 48/11, BStBl 2012 II S. 926.

BFH, Urteil v. 5.7.2012 - VI R 50/10, BStBl 2013 II S. 282.

BFH, Urteil v. 26.7.2012 - VI R 10/12, BStBl 2013 II S. 208.

BFH, Urteil v. 19.9.2012 - VI R 78/10, BStBl 2013 II S. 284.

BFH, Urteil v. 13.11.2012 - VI R 50/11, BStBl 2013 II S. 286.

BFH, Urteil v. 15.1.2013 - VIII R 7/10, BStBl 2013 II S. 374.

BFH, Urteil v. 21.3.2013 - VI R 31/10, BStBl 2013 II S. 700.

BFH, Urteil v. 11.7.2013 - VI R 37/12, BStBl 2013 II S. 815.

BFH, Urteil v. 24.9.2013 - VI R 8/11, BStBl 2014 II S. 124.

BFH, Urteil v. 24.9.2013 - VI R 20/13, BStBl 2014 II S. 259.

BFH, Urteil v. 5.11.2013 - VIII R 20/11, BStBl 2014 II S. 275.

BFH, Urteil v. 14.11.2013 - VI R 36/12, BStBl 2014 II S. 278.

BFH, Urteil v. 26.2.2014 - VI R 40/12, BStBl 2014 II S. 568.

BFH, Urteil v. 26.2.2014 - VI R 11/12, BStBl 2014 II S. 674.

BFH, Urteil v. 20.3.2014 - VI R 29/13, BStBl 2014 II S. 849.

BFH, Urteil v. 10.4.2014 - VI R 57/13, BStBl 2014 II S. 850.

BFH, Urteil v. 7.5.2014 - VI R 73/12, BStBl. 2014 II S. 904.

BFH, Urteil v. 26.6.2014 - VI R 94/13, BStBl 2014 II S. 864.

BFH, Urteil v. 17.7.2014 - VI R 69/13, BStBl 2015 II S. 41.

BFH, Urteil v. 21.10.2014 - VIII R 44/11, BStBl 2015 II S. 593.

BFH, Urteil v. 11.11.2014 - VIII R 3/12, BStBl 2015 II S. 382.

BFH, Urteil v. 10.3.2015 - VI R 6/14, BStBl 2015 II S. 767.

BFH, Urteil v. 8.7.2015 - VI R 46/14, BStBl 2015 II S. 1013.

BFH, Urteil v. 8.7.2015 - VI R 77/14, BStBl 2016 II S. 60.

BFH, Beschluss v. 27.7.2015 - GrS 1/14, BStBl 2016 II S. 265.

BFH, Urteil v. 3.9.2015 - VI R 58/13, BStBl 2016 II S. 305.

BFH, Urteil v. 20.1.2016 - VI R 24/15, BStBl 2016 II S. 744.

BFH, Urteil v. 22.3.2016 - VIII R 10/12, BStBl 2016 II S. 881.

BFH, Urteil v. 22.3.2016 - VIII R 24/12, BStBl 2016 II S. 884.

BFH, Urteil v. 14.6.2016 - IX R 2/16, BStBl 2016 II S. 901.

BFH, Urteil v. 1.9.2016 - VI R 67/14, BStBl 2017 II S. 69.

BFH, Urteil v. 8.9.2016 - III R 62/11, BStBl 2017 II S. 163.

BFH, Beschluss v. 29.9.2016 - III R 62/13, BStBl 2017 II S. 259.

BFH, Urteil v. 19.10.2016 - VI R 22/14, BStBl 2017 II S. 999.

BFH, Urteil v. 10.11.2016 - VI R 7/16, BStBl 2017 II S. 409.

BFH, Urteil v. 15.12.2016 - VI R 53/12, BStBl 2017 II S. 938.

BFH, Urteil v. 15.12.2016 - VI R 86/13, BStBl 2017 II S. 941.

BFH, Urteil v. 17.5.2017 - VI R 1/16, BStBl 2017 II S. 1073.

BFH, Urteil v. 12.7.2017 - VI R 42/15, BStBl 2018 II S. 13.

BFH, Urteil v. 27.7.2017 - III R 1/09, BStBl 2018 II S. 96.

BFH, Urteil v. 23.8.2017 - VI R 4/16, BStBl 2018 II S. 208.

BFH, Urteil v. 6.12.2017 - VI R 41/15, BStBl 2018 II S. 355.

BFH, Urteil v. 15.3.2018 - VI R 8/16, BStBl 2018 II S. 550.

BFH, Beschluss v. 4.7.2018 - IX B 114/17, NWB SAAAG-92055.

BFH, Urteil v. 21.11.2018 - VI R 10/17, BStBl 2019 II S. 404.

BFH, Urteil v. 16.1.2019 - VI R 24/16, BStBl 2019 II S. 376.

BFH, Urteil v. 12.3.2019 - IX R 44/17, BStBl 2019 II S. 574.

BFH, Urteil v. 3.4.2019 - VI R 46/17, BStBl 2022 II S. 35.

BFH, Urteil v. 4.4.2019 - VI R 18/17, BStBl 2019 II S. 449.

BFH, Urteil v. 4.4.2019 - VI R 27/17, BStBl 2019 II S. 536.

BFH, Urteil v. 11.4.2019 - VI R 40/16, BStBl 2019 II S. 546.

BFH, Urteil v. 11.4.2019 - VI R 12/17, BStBl 2019 II S. 551.

BFH, Urteil v. 14.5.2019 - VIII R 16/15, BStBl 2019 II S. 510.

BFH, Urteil v. 12.6.2019 - X R 20/17, BStBl 2020 II S. 3.

BFH, Urteil v. 19.12.2019 - VI R 8/18, BStBl 2020 II S. 291.

BFH, Urteil v. 29.1.2020 - VIII R 11/17, BStBl 2020 II S. 445.

BFH, Urteil v. 12.2.2020 - VI R 42/17, BStBl 2020 II S. 473.

BFH, Urteil v. 12.2.2020 - VI R 17/20, BStBl 2020 II S. 719.

BFH, Urteil v. 28.4.2020 - VI R 5/18, BStBl 2021 II S. 715.

BFH, Urteil v. 14.5.2020 - VI R 3/18, BStBl 2021 II S. 302.

BFH, Urteil v. 16.6.2020 - VIII R 4/20 (VIII R 49/11), BStBl 2021 II S. 11.

BFH, Urteil v. 13.8.2020 - VI R 1/17, BStBl 2021 II S. 103.

BFH, Urteil v. 30.9.2020 - VI R 10/19, BStBl 2021 II S. 306.

BFH, Urteil v. 30.9.2020 - VI R 11/19, BStBl 2021 II S. 308.

BFH, Urteil v. 1.10.2020 - VI R 11/18, BStBl 2021 II S. 352.

BFH, Urteil v. 1.10.2020 - VI R 12/18, BStBl 2021 II S. 356.

BFH, Urteil v. 28.10.2020 - X R 1/19, BStBl 2021 II S. 283.

BFH, Urteil v. 18.11.2020 - VI R 28/18, BStBl 2021 II S. 450.

BFH, Urteil v. 16.12.2020 - VI R 35/18, BStBl 2021 II S. 525.

BFH, Urteil v. 17.12.2020 - VI R 21/18, BStBl 2021 II S. 506.

BFH, Urteil v. 11.2.2021 - VI R 50/18, BStBl 2021 II S. 440.

BFH, Urteil v. 14.4.2021 - III R 34/19, BStBl 2021 II S. 848.

BFH, Urteil v. 19.4.2021 - VI R 6/19, BStBl 2021 II S. 727.

BFH, Urteil v. 12.7.2021 - VI R 1/19, NWB ZAAAH-95450.

BFH, Urteil v. 12.7.2021 - VI R 27/19, BStBl 2021 II S. 642.

BFH, Urteil v. 8.3.2022 - VI R 19/20, BStBl 2022 II S. 633.

BFH, Beschluss v. 31.3.2022 - VI B 88/21, NZG 2023 S. 189.

BFH, Urteil v. 12.5.2022 - VI R 32/50, BStBl 2023 II S. 35.

BFH, Urteil v. 9.6.2022 - VI R 26/20, BStBl 2023 II S. 43.

BFH, Urteil v. 21.6.2022 - VI R 20/20, BStBl 2023 II S. 87.

BFH, Urteil v. 4.8.2022 - VI R 35/20, BStBl 2022 II S. 802.

BFH, Urteil v. 29.9.2022 - VI R 34/20, BStBl 2023 II S. 142.

BFH, Urteil v. 26.10.2022 - VI R 48/20, BStBl 2023 II S. 582.

BFH, Urteil v. 12.1.2023 - VI R 39/19, BStBl 2023 II S. 747.

BFH, Urteil v. 15.2.2023 - VI R 4/21, BStBl 2023 II S. 829.

BFH, Urteil v. 15.2.2023 - VI R 22/21, DStR 2023 S. 882.

BFH, Urteil v. 3.5.2023 - IX R 6/21, BStBl 2023 II S. 1002.

BFH, Urteil v. 28.6.2023 - VI R 17/21, BStBl 2024 II S. 274.

BFH, Urteil v. 9.8.2023 - VI R 20/21, DStR 2023 S. 2481.

BFH, Urteil v. 14.9.2023 - VI R 27/21, BStBl 2024 II S. 38.

BFH, Beschluss v. 10.1.2024 - VI R 16/21, BStBl 2024 II S. 442.

BFH, Urteil v. 8.2.2024 - VI R 26/21, BStBl 2024 II S. 574.

BFH, Urteil v. 24.10.2024 - VI R 7/22, DStR 2025 S. 201.

BFH, Urteil v. 21.11.2024 - VI R 12/22, DStR 2025 S. 635.

BFH, Urteil v. 5.2.2025 - VI R 3/23, BeckRS 2025, 7414.

Bundesverfassungsgericht

BVerfG, Urteil v. 20.12.1966 - 1 BvR 320/57, 1 BvR 70/63, NJW 1967 S. 147.

BVerfG, Beschluss v. 7.11.1995 - 2 BvR 413/88 u. a., NVwZ 1996 S. 469.

BVerfG, Beschluss v. 10.4.1997 - 2 BvL 77/92, NJW 1997 S. 2101.

BVerfG, Urteil v. 9.12.2008 - 2 BvL 1/07, 2 BvL 2/07, 2 BvL 1/08, 2 BvL 2/08, DStR 2008 S. 2460.

BVerfG, Beschluss v. 19.11.2019 - 2 BvL 22-27/14, DStR 2020 S. 93.

BVerfG, Urteil v. 26.3.2025 - 2 BvR 1505/20, DStR 2025 S. 761.

F. Sonstige Entscheidungen

FG Baden-Württemberg, Urteil v. 13.10.2023 - 5 K 2508/22, EFG 2024 S. 1414.

FG Berlin-Brandenburg, Gerichtsbescheid v. 16.6.2022 - 16 K 4259/17, DStRK 2023 S. 32.

FG Berlin-Brandenburg, Urteil v. 20.3.2024 - 16 K 16092/23, DStR 2024 S. 1985.

FG Düsseldorf, Urteil v. 12.1.2021 - 10 K 2192/17 E, DStRE 2021 S. 1186.

FG Düsseldorf, Urteil v. 4.3.2022 - 1 K 2812/19 U, DStR 2022 S. 819.

FG Hamburg, Urteil v. 1.2.2000 - II 278/99, EFG 2000 S. 616.

FG Köln, Urteil v. 22.9.2021 - 12 K 1016/19, EFG 2024 S. 1014.

FG Münster, Urteil v. 7.10.2020 - 13 K 1756/18 E, NWB 2020 S. 3678.

FG Münster, Urteil v. 22.3.2023 - 9 K 1136/20, DStRK 2023 S. 216.

FG Münster, Urteil v. 2.9.2024 - 15 K 698/22 E, DStRK 2025 S. 17.

Niedersächsisches FG, Urteil v. 17.2.1999 - IX 647/97, EFG 1999 S. 543.

Niedersächsisches FG, Urteil v. 21.9.2022 - 9 K 309/20, DStRE 2023 S. 845.

Niedersächsisches FG, Urteil v. 13.11.2023 - 3 K 11195/21, NWB 2024 S. 844.

Niedersächsisches FG, Urteil v. 3.4.2024 - 9 K 117/21, DStRK 2024 S. 257.

Bundestagsdrucksachen

BT-Drucks. 16/429 v. 24.1.2006.

BT-Drucks. 16/12099 v. 3.3.2009.

BT-Drucks. 19/14338 v. 22.10.2019.

BT-Drucks. 19/25160 v. 10.12.2020.

BT-Drucks. 20/13015 v. 25.9.2024.